Lambert Bolterauer
DIE MACHT DER BEGEISTERUNG
Fanatismus und Enthusiasmus
in tiefenpsychologischer Sicht

Skulptur „Der Fanatiker" (unbekannter Künstler)

Lambert Bolterauer

Die Macht der Begeisterung

Fanatismus und Enthusiasmus
in tiefenpsychologischer Sicht

edition diskord

CIP-Titelaufnahme der Deutschen Bibliothek

Bolterauer, Lambert:
Die Macht der Begeisterung: Fanatismus und Enthusiasmus in tiefenpsychologischer Sicht / Lambert Bolterauer. – Tübingen: Ed. Diskord, 1989
  ISBN 3-89295-538-7

© 1989 edition diskord, Tübingen
Satz: Helga Lindow, Lichtenau
Druck: Fuldaer Verlagsanstalt

ISBN 3-89295-538-7

INHALT

Erster Teil: EINFÜHRUNG
1. Kapitel: Die Eigenart und die Funktion des
   Begeisterungserlebnisses 9
2. Kapitel: Ergänzungen und Erläuterungen
   2.1 Die sozialpsychologische Bedeutung
       des Wortes „Masse" 27
   2.2 Eine erdichtete Predigt des religiösen
       Fanatikers Savonarola 28
   2.3 Die Definitionsversuche des Wortes
       „Begeisterung" in den großen
       Konversationslexika 33

Zweiter Teil: DER FANATISMUS
1. Kapitel: Der originäre und der
   induzierte Fanatismus 37
2. Kapitel: Ergänzungen und Erläuterungen
   zum originären Fanatismus
   2.1 Über die Fanatikerpersönlichkeit Adolf Hitlers . 70
   2.2 Die fanatische Seele Hitlers 74
   2.3 Dokumentation der Fanatismusgenese
       Hitlers aus „Mein Kampf" 78
   2.4 Kohlhaas und Hitler
       Ein Vergleich ihrer Fanatismusstrukturierung . 80
3. Kapitel: Ergänzungen und Erläuterungen
   zum induzierten Fanatismus
   3.1 Über die Voraussetzungen der induzierten
       Fanatisierbarkeit 82
   3.2 Die sozialpsychologischen Voraussetzungen
       der begeisterten Hitlerverehrung
       („Hitlermythos") 86
   3.3 Über H. Dahmers Kritik meiner
       Fanatismusstudie 89

Dritter Teil: DER ENTHUSIASMUS
1. Kapitel: Lebenssinngebung durch begeisternde Gruppenideale. Aufgezeigt am Gemeinschaftsexperiment der ersten deutschen Jugendbewegung . 93
2. Kapitel: Ergänzungen und Erläuterungen
   2.1 Von den zwei Typen der Massenführerschaft . 128
   2.2 Warum es ein friedliches Zusammenleben in einer Großgruppe ohne die Institution Staat nicht geben kann 131
   2.3 Was die Studentenprotestbewegung von der ersten deutschen Jugendbewegung lernte . . . 134
   2.4 Die Grundgedanken der zweiten deutschen Jugendbewegung 136

Vierter Teil:
PHILOSOPHIE ALS RELIGIONSERSATZ
1. Kapitel: Das Ringen der neuzeitlichen Philosophie um den Sinn des Lebens 143
2. Kapitel: Ergänzungen und Erläuterungen
   2.1 Ist Agnostizismus Atheismus 157
   2.2 Ein philosophisches Selbstgespräch 159

Anhang:
ÜBER DIE LEBENSWERTHEIT DES LEBENS
1. Kapitel: Über das Lebenssinnbedürfnis und die sinngebenden Werte des Lebens 165
   1.1 Über den Sinn der Leiden 181
   1.2 Über die sinngebenden Werte des Lebens . . 183
   1.3 Exkurs über den Tod 195
2. Kapitel: Ergänzungen und Erläuterungen Stellungnahme zu Viktor Frankls Lösung der Lebenssinnfrage 199

Nachwort: DIE FANATISMUSGEFAHR IM NUKLEAREN ZEITALTER 203

Anmerkungen und Literatur 208

Drucknachweise 219

Bibliographie 220

Erster Teil

EINFÜHRUNG

Erstes Kapitel

DIE EIGENART UND DIE FUNKTION DES BEGEISTERUNGSERLEBNISSES

Begeisterung ohne Vernunft ist blind.
Vernunft ohne Begeisterung ist lahm.

Den Inhalt des Buches bilden vier Vorträge, die nach dem zweiten Weltkrieg aus verschiedenen Anlässen vom Verfasser gehalten wurden. Drei dieser Vorträge wurden bereits in Zeitschriften oder in einem Sammelwerk veröffentlicht. Sie werden hier in Buchform herausgegeben, da sie sich alle, wenn auch von sehr unterschiedlichen Aspekten aus, direkt oder doch indirekt mit der gleichen Thematik beschäftigen, nämlich mit der Frage: Braucht der Mensch die Fähigkeit, das sehr eigenartige, erregende und belebende Gefühl der Begeisterung zu erleben und wenn ja, wofür und weshalb braucht er es? Die Frage nach der Funktion der Begeisterungsfähigkeit würde kaum auf ein besonderes Interesse stoßen, wenn dieser Gefühlsantrieb ein Alltagsgefühl wäre, also von jedermann jederzeit beliebig erfahrbar, so etwa wie das Gefühl des Hungers oder der Müdigkeit oder der Angst. Das Gefühl der Begeisterung, im spezifischen Wortsinn, regt sich erst ab einem gewissen Lebensalter, nämlich erst ab der Pubertät. Um im Seelenleben überhaupt existent zu werden, benötigt es eine bestimmt geartete Lebenslage, ein Zusammenwirken von äußeren Anreizen und von einer bestimmten Erlebnisbereitschaft. Ihre subjektive Voraussetzung ist eine Art von Begeisterungsbedürftigkeit. Daher ist der Mensch auch nicht immer gleich leicht und gleich tief begeisterungsfähig. Näheres über die Eigenart und die anthropologische Funktion des Begeisterungsgefühls in Erfahrung zu bringen, dazu veranlaßte den Verfasser aber nicht in erster Linie die wissenschaftliche Neugier (und die Begeisterungsfähigkeit des Menschen ist noch ein sehr rätselhaftes Phänomen). Ausgelöst wurde das Interesse durch die persönliche geschichtliche Erfahrung, nämlich ein Angehöriger des Hitlerreiches gewesen zu sein. Jeder Kenner dieser Zeit muß bestätigen, daß es Adolf Hitler ohne seine überdurchschnittliche Fähigkeit, die Massen zu begeistern, niemals gelungen wäre, der mächtigste Mann des Reiches zu werden und einem so großen Volk wie dem Deutschen seinen Willen totalitär aufzuzwingen. Die Zahl der Menschen, die er zu begeistern vermochte, geht ja in die Abermillionen. Natürlich begünstigten auch eine Reihe anderer Zeitumstände seinen Aufstieg. Aber dies beeinträchtigt nicht die enorme Bedeutung des Machtmittels Massenbegeisterung für Hitlers innenpolitischen Sieg und dessen Folgewirkung, die Umgestaltung der gesamten politischen Weltlage, denn „die Welt von heute, ob es uns gefällt oder nicht, ist das Werk Hitlers" (S. Haffner)[1]. Aber bekanntlich hat es schon vor Hitler fast in jedem Jahrhundert Ereignisse gegeben, welche ohne entscheidende Mitbeteiligung der Massenbegeisterung nicht hätten stattfinden können, und auch in der Gegenwart fehlt es nicht an informativen Beispielen. Die geschichtliche Erfahrung belehrt uns aber nicht bloß über die Macht der Begeisterung, sondern auch über den Wert der von der Massenbegeisterung entscheidend mitverursachten Veränderungen der menschlichen Lebenslage für die betroffenen Menschengruppen. Die Folgewirkung kann segensreich, aber auch sehr unheilvoll sein. Welcher Fall sich im Laufe der Menschheitsgeschichte häufiger ergab, läßt sich wohl nur schwer sagen. Die Unheilvollen sind auffälliger und fallen mehr ins Gewicht. Fest steht jedenfalls, daß der von Hitler entfachte Begeisterungssturm das deutsche Volk in das größte Unglück seiner Geschichte stürzte.

Bekanntlich ist es klug, erfolgloses Verhalten in Zukunft nicht mehr zu wiederholen. Aber es ist noch klüger, es durch ein Verhalten zu ersetzen, welches durch das Wissen von den Ursachen der früheren Mißerfolge erfolgsgesicherter gemacht werden kann. Es war nun nach dem Untergang des Hitlerreiches zu erwarten und auch ich erwartete dies, daß alle Deutschen die Frage stellen werden, wovon es konkret abhänge, ob sich ein Begeisterungsverhalten segensreich oder unheilvoll auswirke. Die zur Beantwortung dieser Fragen berufenen Wissenschaftler beantworteten sie mit dem Hinweis, es bestehe bisher historisch nachweislich bei jeder Massenbewegung dieser Art die große Gefahr, daß die sich anfangs friedlich verhaltende Massenbegeisterung sich in eine gewalttätige fanatische umwandle. Diese aber endeten immer unheilvoll. Und da das deutsche Volk eine nochmalige Verführung durch einen zweiten Hitler nicht überleben würde, so sei es dringend erforderlich, jede politische Massenbegeisterung größeren Umfangs in Zukunft völlig zu vermeiden. Also jede solche Gefühlsaufwallung rechtzeitig zu ersticken. Das deutsche Volk müsse lernen, sich des Pathos der Begeisterung überhaupt zu enthalten und in Zukunft streng vernunftgeleitet, also rational denkend und handelnd zu leben. Diese eindringliche Warnung und Verurteilung der Massenbegeisterung schlechthin, besonders gefordert von dem Soziologen Geiger[2], die fast einer Tabuisierung gleichkommt, ist durchaus verständlich als eine erste, fast unvermeidbare Reaktion auf die entsetzlichen Leidensfolgen des total fanatisierten Hitlerismus. Aber sie ist von der Warte einer größeren zeitlichen Distanz aus deutlich korrekturbedürftig. Man vermißt folgenden Nachsatz: Dieses totale Vermeidungsgebot gelte natürlich nur so lange, bis die sofort einsetzende intensive massenpsychologische Forschung unsere oben gestellte Frage zu beantworten vermag. Diese lautet: Was sind die Ursachen des Abgleitens der anfangs durchaus Vernunftgründen zugänglichen, jede nicht unbedingt notwendige Gewalttätigkeit vermeidende Massenbegeisterung – wir nennen sie im folgenden „Massenenthusiasmierung" – also des Abgleitens in einen intoleranten, jedes Machtmittel bedenkenlos und rücksichtslos einsetzenden Massenfanatismus? Durch die geglückte Aufdeckung aller wesentlichen Ursachen läßt sich erwarten, daß sich in Zukunft schon jeder sich anbahnende Massenfanatismus rechtzeitig vermeiden läßt. Ein Versuch, die

Begeisterung schlechthin zu tabuisieren, würde heißen, das Kind mit dem Bade auszuschütten. Freilich kann mit der Rehabilitierung oder der Enttabuisierung der Massenbegeisterung in der Form des Enthusiasmus erst dann begonnen werden, wenn nicht nur die Ursachen des Abgleitens in den Fanatismus klar gestellt, sondern auch die Mittel und Wege zur sicheren Verhinderung bekannt geworden sind. Denn jegliche Massenbegeisterung zu verhindern, hieße auf die Möglichkeit zu verzichten, das Leben der Menschen und Menschengruppen lebenswerter zu machen.

Die über das Ziel hinausschießende Verurteilung jeglicher Massenbegeisterung hatte eine sehr bedauerliche Folge. Sie erzeugte ein Desinteresse am Studium der massenpsychologischen Phänomene, weshalb sich auch nur recht wenige mit der Erforschung der Fanatismusursachen beschäftigten. Hingegen war das Studium der Massenpsychologie in der Vor-Hitlerzeit weit verbreitet. Der massenpsychologischen Arbeit der damaligen Zeit gelangen auch einige sehr grundlegende Einsichten in den Vorgang der Begeisterungsentstehung, die sich auch bereits in der Praxis als Technik der Massenbegeisterungserweckung erfolgreich verwenden ließen. Hitler machte von diesem neuen Wissen sicherlich Gebrauch. Die Tradition der älteren Massenpsychologie, begründet von Le Bon[3], weitergeführt von Tarde[4] und vertieft vor allem von Sigmund Freud[5] und später seinen Schülern A. Mitscherlich[6] und W. Reich[7], wurde von der Sozialpsychologie der Nachkriegszeit nicht weitergetragen. Diese beschäftigte sich vornehmlich mit der Kleingruppenforschung und der allgemeinen Kommunikationswissenschaft. Richtig ist, daß diese Forschungszweige sich methodisch viel leichter exakt betreiben lassen, als die Massenpsychologie. Ihre Thematik wurde in die Großgruppenforschung eingegliedert. Aber dies ist sicherlich nicht der Hauptgrund für die Blockierung der Massenpsychologie. Als Hauptgrund dürfte vielmehr gelten der erstaunliche, sehr bald nach Kriegsende einsetzende starke Interessenschwund, bedingt durch die erwähnte totale Tabuisierung der Massenbegeisterung, selbst wiederum eine Erscheinung der allgemeinen Verdrängungsneigung in der Nachkriegszeit. Das Studium der

Massenbegeisterung wird ja überflüssig, wenn es sie nicht mehr gibt. Eine andere Erklärung für das Desinteresse lautet: Die nach dem Krieg einsetzende Demokratisierungswelle erschwere oder verhindere in Zukunft ohnedies vielleicht sogar die Entstehung oder doch die Ausbreitung eines Massenfanatismus. Auch diese Erklärung ist nur sehr bedingt richtig. Denn dieser optimistischen Lagebeurteilung widerspricht die geschichtliche Erfahrung. Diese lehrt: Zu einer Fanatismusverhinderung sind nur solche Demokratien fähig, die auch in kritischen Zeitlagen ihre überlegene Leistungsfähigkeit unter Beweis stellen können und in denen sich die Voraussetzungen einer Massenfanatisierung und die Entwicklung einer Fanatismusbereitschaft nicht entfalten können. Diese seelische Widerstandskraft verlangt den Besitz von Eigenschaften, über die in der Regel nur die älteren Demokratien verfügen.

Diese sind, um nur die wichtigsten zu nennen, eine längere positive Erfahrung im Umgang mit der demokratischen Staatsform (Tradition), eine große politische Reife der Staatsbürger (Bildung), ferner die Möglichkeit einer vielfältigen politischen Mitarbeit aller Bevölkerungsschichten und last not least, eine starke Verankerung im Herzen der Bürger, also eine Liebe zum demokratischen Staat, dem man angehört. Demokratien, bei denen diese Eigenschaften ganz oder teilweise fehlen, sind in Krisenzeiten fanatismusanfällig und daher eine latente Gefahr für die friedliche Völkerfamilie. Ich glaube daran, daß nebst anderen Verhütungsmöglichkeiten die Wiedererweckung des wissenschaftlichen Interesses, und eine kräftige Förderung der massenpsychologischen Forschung viel zur Heilung der „politischen Immunschwäche" der erwähnten Staaten beitragen könnte. Einen bescheidenen Beitrag zum Thema der Fanatismusforschung hoffe ich mit den beiden ersten Vorträgen des Buches leisten zu können. Sie heißen: „Der Fanatismus. Eine tiefenpsychologische Studie" und „Lebenssinngebung durch Gruppenideale. Aufgezeigt am großen Gemeinschaftsexperiment der ersten deutschen Jugendbewegung." Der Zweck und die Sinnfunktion jeglicher Massenbegeisterung, also sowohl bei enthusiastischer wie fanatischer, sind leicht zu erraten. Sie ermöglichen beide einigermaßen, wenn sie erfolgreich sind – und völlig folgenlos bleiben sie nie –, eine rasche, gewünschte Veränderung des Zusammenlebens und Zusammenarbeitens der Menschen. Dies durch die Mobilität einer begeisterten Massenbewegung zu erreichen, liegt die Überzeugung zugrunde, es ließen sich durch langsam durchgeführte Teilreformen gewisse unerträgliche soziale Übel nicht gründlich und rechtzeitig genug beseitigen. Dazu seien die bestehenden Regierungen auch wegen ihrer Starrheit und unkritischer Selbstsicherheit (Präpotenz) weder gewillt noch fähig. Nur die geballte Kraft vieler gleichgesinnter und begeisterter Menschen würde es vermögen.

Mit dem Studium des Fanatismus begann ich unmittelbar nach Beendigung der Hitlerherrschaft. Ich erwartete, die Fanatismusforschung würde nicht nur bei allen Deutschen, sondern auch im Ausland auf großes Interesse stoßen. Als ich jedoch auf dem internationalen Psychoanalytikerkongreß in Amsterdam im Jahre 1951 meine ersten Ergebnisse bekannt gab, interessierte sich fast niemand für mein Thema. Erklärung: Die fast ausschließlich ausländischen Besucher des Kongresses kannten aus eigener Erfahrung das Phänomen des Fanatismus nicht, und das massive Vorhandensein dieses Phänomens im deutschen Volk während der Hitlerherrschaft war ihnen unbekannt. Von der Richtigkeit dieser Erklärung konnte ich mich auf dem etwa zehn Jahre später in Wien stattfindenden Psychoanalytikerkongreß überzeugen, dessen zentrales Thema das Studium der Gründe und Hintergründe der menschlichen Aggressivität war. Es wurde von keinem Vortragenden der Aggressionsfaktor Fanatismus auch nur mit einem Worte erwähnt. Auf mein Ersuchen, auf diesem Kongreß über das Thema „Fanatismus" ein Referat halten zu dürfen, wurde mir geantwortet –(eine bezeichnende Lesefehlleistung)–, über Phantasie zu sprechen, passe wohl nicht in die Thematik des Kongresses! Hingegen stieß das Thema „Massenfanatismus" bei einigen namhaften Literaten auf ein stärkeres Interesse. So z.B. bei E. Canetti[8] und H. Broch[9]. Was mich ermutigte, meine Studien dennoch fortzusetzen, war ein sehr bald nach Kriegsende erschienenes Buch von H. Thirring[10], Professor für theoretische Physik in Wien. Mein Forschungsvorhaben war eines der zentralen Themen seines Buches, betitelt: „Homo sapiens". Thirring bemühte sich, alle zur Entstehung der Fanatismusbereitschaft möglicherweise beitragenden Faktoren aufzuspüren. Aber infolge seiner elementenpsychologischen Auffassung des Seelenlebens mißlang ihm die nötige ganzheitliche Synthese. Jedoch die Absichtserklärung seines Buches, mit Hilfe der Psychologie und Soziologie die Gefahr fanatisierter Massenbewegungen zu vermeiden, sowie seine eindringlich vorgebrachte Warnung vor den verheerenden, unausdenkbaren Folgen eines Atomkrieges, beeindruckten mich sehr. Daß sich aus den gleichen Beweggründen der spätere Nobelpreisträger Konrad Lorenz mit dem Thema der massenpsychologischen Begeisterung lebhaft beschäftigte, und zwar in seinem sehr bekannten 1963 erschienenen Buch „Das sogenannte Böse", entdeckte ich leider erst viel später. Es beinhaltet massenpsychologisch bedeutsame Erkenntnisse und Vermutungen über das Begeisterungsvermögen. Es war das erste Mal, daß dieses Thema vom Standpunkt der Verhaltensforschung aus untersucht worden ist. Lorenz stellte fest, es gäbe zwischen dem menschlichen und dem tierischen Begeisterungsverhalten „homologe" Ähnlichkeiten und zwar vor allem zwischen dem Menschen und seinem nächsten tierischen Verwandten, dem Schimpansen. Diese Auskunft überrascht sehr, da das Wort „Begeisterung" an ein vom Geist durchdrungenes Erlebnis denken läßt. Geist zu besitzen aber, so glaubten wir mit Recht, unterscheide den Menschen vom Tier. Lorenz' verhaltensbiologischer Erklärungsansatz muß auch bei der Erklärung der spezifisch menschlichen Begeisterungsfähigkeit mitberücksichtigt werden. Er enthüllt nämlich, daß auch das durchgeistigte menschliche Erleben triebhafte Wurzeln hat. Was aber zu dieser triebhaften Verwurzelung des Begeisterungserlebens im menschlichen Seelenleben hinzukommen muß, um das spezifische menschliche Begeisterungserlebnis zu ermöglichen, dies zu erforschen ist und bleibt die Aufgabe der Humanpsychologie.

Da in meinen beiden Vorträgen der Lorenz'sche Aspekt nicht berücksichtigt ist, schlage ich vor, um diesen Mangel zu beseitigen, den Leser dieses Buches gleich am Beginn über den wertvollen Beitrag von Lorenz zu informieren. Da Lorenz es versteht, sehr verständlich und fesselnd zu schreiben, so lasse ich ihn ausführlich selbst zu Wort kommen[11]:

„Dem Begeisterungserlebnis ist das folgende objektiv beobachtbare Verhalten korreliert: Der Tonus der gesamten quergestreiften Muskulatur erhöht sich, die Körperhaltung strafft sich, die Arme werden etwas seitlich abgehoben und ein wenig nach innen rotiert, so daß die Ellbogen etwas nach außen zeigen. Der Kopf wird stolz angehoben, das Kinn vorgestreckt und die Gesichtsmuskulatur bewirkt eine ganz bestimmte Mimik, die wir alle aus dem Film als das „Heldengesicht" kennen. Auf dem Rücken und entlang der Außenseite der Arme sträuben sich die Körperhaare, eben dies ist die objektive Seite des sprichwörtlich gewordenen „heiligen Schauers". Der Vergleich des sichtbaren menschlichen und tierischen Begeisterungsverhalten ergibt folgendes: Auch der Schimpansenmann schiebt das Kinn vor, strafft seinen Körper und hebt die Ellbogen ab, wenn er sich zur Verteidigung seiner Horde oder Familie anschickt. Auch ihm sträuben sich die Haare, was eine gewaltige und sicher einschüchternd wirkende Vergrößerung der Körperkonturen bei Ansicht von vorne bewirkt. Die Innenrotation der Arme zielt ganz offensichtlich darauf ab, ihre am längsten behaarte Seite nach außen zu kehren, um so zu diesem Effekt beizutragen. Die ganze Kombination von Körperstellung und Haaresträuben dient also genau wie bei der buckel-machenden Katze einem „Bluff", nämlich der Aufgabe, das Tier größer und gefährlicher erscheinen zu lassen, als es tatsächlich ist. Unser „heiliger Schauer" aber ist nichts anderes als das Sträuben unseres nur mehr in Spuren vorhandenen Pelzes."

Doch fragen wir, bevor wir diesen schwierigen, aber sehr wichtigen Sachverhalt eingehender überdenken, nochmals Konrad Lorenz, worin nach seiner Meinung tierisches und menschliches Begeisterungsverhalten übereinstimmen und worin sie sich unterscheiden, und zwar sowohl hinsichtlich der Auslösungssituation wie auch in ihren Auswirkungen. Vorangestellt seien folgende zwei Forschungsgedanken von Lorenz: 1. Ein altes chinesisches Sprichwort sagt: „Es steckt zwar alles Tier im Menschen, nicht aber aller Mensch im Tiere". 2. Die allgemeine Meinung geht dahin, alle menschlichen Verhaltensweisen, die nicht dem Wohle des Individuums, sondern der Gemeinschaft dienen, seien diktiert von der vernunftmäßigen Verantwortung. Diese Meinung ist nachweislich falsch. Die Begeisterung ist sogar diejenige Reaktion des Menschen, die besser als jede andere geeignet ist, zu demonstrieren, wie völlig unentbehrlich eine eindeutig „tierische", von den anthropoiden Ahnen ererbte Verhaltensweise sein kann, und zwar für Handlungen, die nicht nur für spezifisch menschlich und hoch moralisch gelten, sondern es tatsächlich sind. Nicht ein Gott ergreift im Erleben des „heiligen Schauers" der Begeisterung vom Menschen Besitz, sondern die angeborene intraspezifische Aggression. Sie wird dementsprechend mit geradezu reflexhafter Voraussagbarkeit durch solche Außenreize ausgelöst, die kämpferischen Einsatz für soziale Belange erheischen, besonders für solche, die durch kulturelle Tradition geheiligt sind. Sie können konkret durch die Familie, die Nation, die Alma mater oder den Sportverein repräsentiert sein, oder durch abstrakte Begriffe, wie die Unbestechlichkeit künstlerischen Schaffens, die alte Burschenherrlichkeit oder das Arbeitsethos induktiver Forschung. Ich nenne in einem Atem Dinge, die mir selbst als Werte erscheinen und solche, die unbegreiflicherweise von anderen als solche empfunden werden, und zwar in der Absicht, den Mangel an Selektivität zu illustrieren, der die Begeisterung gelegentlich so gefährlich werden läßt.

Zu der Reiz-Situation, die Begeisterung optimal auslöst und die von Demagogen zielbewußt hergestellt wird, gehört erstens eine Bedrohung der oben erwähnten Werte. Der Feind oder die Feindattrappe kann fast beliebig gewählt werden und, ähnlich wie die bedrohten Werte, konkret oder abstrakt sein. Beispiele hierfür: „Die" Juden, Boches, der Weltkapitalismus, der Kommunismus, der Faschismus, der Imperialismus. Zweitens gehört zu der in Rede stehenden Reiz-Situation eine möglichst mitreißende Führerfigur. Dann bekanntlich drittens, und als beinahe wichtigstes Moment, gehört zur stärkeren Auslösung der Begeisterung eine möglichst große Zahl von Mit-Hingerissenen. Die mitreißende Wirkung nimmt mit zunehmender Individuenzahl in wahrscheinlich geometrischer Progession zu.

Über die Auswirkung der Begeisterung beim Menschen sagt Lorenz: „Man fühlt sich aus allen Bindungen der alltäglichen Welt heraus- und emporgehoben, man ist bereit, alles liegen und stehen zu lassen, um dem Rufe der heiligen Pflicht zu gehorchen. Alle Hindernisse, die ihrer Erfüllung im Wege stehen, verlieren an Bedeutung und Wichtigkeit. Die instinktiven Hemmungen, Artgenossen zu schädigen und zu töten, verlieren leider viel an Macht. Vernunftmäßige Erwägungen, alle Kritik sowohl wie die Gegengründe, die gegen das von der mitreißenden Begeisterung diktierte Verhalten sprechen, werden dadurch zum Schweigen gebracht, daß eine merkwürdige Umwertung aller Werte sie nicht nur haltlos, sondern geradezu niedrig und entehrend erscheinen läßt. Kurz, wie ein ukrainisches Sprichwort so wunderschön sagt: „Wenn die Fahne fliegt, ist der Verstand in der Trompete!" An der Heiligkeit des „heiligen Schauers" sowie an der Geistigkeit der Begeisterung wird derjenige zweifeln, der je die entsprechende Verhaltensweise eines Schimpansenmannes gesehen hat. Was der Affe bei seiner sozialen Verteidigungsreaktion erlebt, wissen wir nicht, wohl aber, daß er ebenso selbstlos und heldenhaft sein Leben aufs Spiel setzt wie der begeisterte Mensch. An der echten stammesgeschichtlichen Homologie (Durch Abstammung von gemeinschaftlichen Ahnen deutbare Entsprechungen werden als Homologie bezeichnet. Anm. d. Verf.) der schimpanslichen Hordenverteidigungsreaktion und der menschlichen Begeisterung ist nicht zu zweifeln, ja man kann sich recht gut vorstellen, wie eines aus dem anderen hervorgegangen ist. Auch bei uns sind ja die Werte, für deren Verteidigung wir uns begeistert einsetzen, primär sozialer Natur. Es ist beim Menschen freilich unausbleiblich, daß seine Reaktion, die ursprünglich der Verteidigung der individuell bekannten, anderen Sozietätsmitgliedern diente, mehr und mehr die überindividuellen, durch Tradition überlieferten Kulturwerte unter ihren Schutz nahm, die dauerhafter sind als Gruppen von Einzelmenschen.

Ich empfinde es nicht als ernüchternd, sondern als eine tiefernste Mahnung zur Selbstbesinnung, daß unser mutiges Eintreten für das, was uns das Höchste scheint, auf homologen Nervenbahnen verläuft, wie die sozialen Verteidigungsreaktionen unserer anthropoiden Ahnen. Ein Mensch, der ihrer entbehrt, ist ein Instinktkrüppel, den ich nicht zum Freunde haben möchte. Ein solcher aber, der sich von ihrer blinden Reflexhaftigkeit hinreißen läßt, ist eine Gefahr für die Menschheit, denn er ist ein leichtes Opfer für jene Demagogen, die den Menschen kampfauslösende Reizsituationen ebensogut vorzugaukeln verstehen, wie wir Verhaltensphysiologen unseren Versuchstieren. Wenn mich beim Hören alter Lieder, oder gar von Marschmusik, ein „heiliger Schauer" überlaufen will, wehre ich der Verlockung, indem ich mir sage, daß auch die Schimpansen, wenn sie sich zum sozialen Angriff aufstacheln wollen, rhythmische Geräusche hervorbringen. Mitsingen heißt dem Teufel den kleinen Finger reichen. Wiederholen wir: Die Begeisterung ist ein echter, autonomer Instinkt des Menschen, wie etwa das Triumphgeschrei einer der Graugänse ist. Die Begeisterung hat ihr eigenes Appetenzverhalten, ihre eigenen Auslösemechanismen und stellt, wie jedermann aus eigener Erfahrung weiß, ein außerordentlich befriedigendes Erlebnis dar, daß seine verlokkende Wirkung schier unwiderstehlich ist. Sie ist massenpsychologisch formuliert, ein Ergebnis einer irrationalen psychischen Gefühlsansteckung.

Dies ist der Januskopf des Menschen: Das Wesen, das allein imstande ist, sich begeistert dem Dienste des Höchsten zu weihen, bedarf dazu einer verhaltensphysiologischen Organisation, deren tierische Eigenschaften die Gefahr mit sich bringen, daß es seine Brüder totschlägt, und zwar in der Überzeugung, dies im Dienste dieses Höchsten tun zu müssen."

Hierin stimmen wir Lorenz zu: Es besteht eine Homologie zwischen menschlichem und tierischem Begeisterungsverhalten. Es hat in beiden Fällen die Funktion, das Individuum zu befähigen zum selbstlosen Einsatz für die Sozietät. Aber was heißt „selbstlos"? Ich sage hierfür: altruistisch motiviert, altruistisch zu handeln. Die altruistische Motivation unterscheidet dieses Verhalten sehr vom altruistischen Handeln aus egoistischer Motivation. Dieses ist leicht zu verstehen. Man nützt dem anderen, weil man sich selbst dadurch nützt. Bekanntlich kann man aber in diesen Fällen eine altruistische Motivation vortäuschen, sich selbst und die anderen dies glauben machen. Viele altruistische Motivationen stehen mit Recht unter einem solchen Ideologieverdacht. Unbezweifelbar ist die altruistische Motivation eigentlich nur in den Fällen, in denen ein Mensch für den altruistischen Einsatz bewußt sein eigenes Leben riskiert. Zu dieser erstaunlichen Leistung befähigt den Menschen entweder eine starke und echte Liebe zu ihm sehr nahestehenden Menschen, z. B. seinen eigenen Kindern, über diesen Bereich hinaus, aber lediglich die kollektive Begeisterung. Man tut dies zum Schutze derjenigen Einrichtungen der öffentlichen Lebenswelt, ohne die das Überleben, aber auch die Lebenswertheit des Lebens nicht nur der eigenen Angehörigen und Freunde, sondern aller Mitbürger des Landes, in dem ich wohne, unmöglich wäre. Zu diesen „heiligen Gütern", wie Lorenz dies nennt, gehört zum Beispiel der umfassendste Überlebensschutzverband, der Staat genannt wird, dem ich angehöre. Nicht alle kollektiven Begeisterungsziele, die Lorenz nennt, haben diesen hohen Wert, zum Beispiel nicht der Kampf um die Ehre meines Fußballclubs oder meiner Universität. Diese Überlegungen machen uns unwillkürlich darauf aufmerksam, daß die Leistungen der kollektiven Begeisterung im menschlichen Leben viel umfassender sind als im tierischen Leben. Lorenz erwähnt diese Verschiedenartigkeit ebenfalls. Er beschreibt sie auch in Übereinstimmung mit dem damaligen massenpsychologischen Wissen richtig und eindrucksvoll. Aber seine Erklärungshinweise befriedigen mich nicht. Sie berücksichtigen viel zu wenig, daß sich die Eigenart der menschlichen Begeisterungsfähigkeit primär daraus erklärt, daß sie verursacht ist durch Kräfte und Fähigkeiten, über die nur der Mensch, aber nicht das Tier verfügt. Der Ausdruck „Begeisterung", der ausschließlich auf diese Kräfte und Fähigkeiten verweist, paßt daher eigentlich nur für die menschliche, aber nicht für die tierische Begeisterungsfähigkeit. Leider verfügen wir nicht über einen übergeordneten Begriffsnamen. Am meisten bedürfen einer angemessenen Erklärung folgende Eigenheiten des menschlichen Begeisterungsverhaltens. Die kollektive Begeisterung muß den Menschen befähigen, sich völlig uneigennützig zum Wohle völlig unbekannter Mitmenschen und sehr vieler Menschen einzusetzen, zu denen am Beginn der Begegnung keinerlei Gefühlsbeziehung besteht. Bei den Schimpansen jedoch erfaßt die Gefühlsansteckung nur die Mitglieder der eigenen kleinen Horde, bei denen von Geburt an eine starke Primärgruppenbindung vorhanden ist. Sie erklärt die prompt einsetzende intensive Kampfbereitschaftsreaktion durch das Kampfaufforderungsverhalten des Rudelführers. Auch in der Begeisterungszielsetzung unterscheidet sich der Mensch sehr vom Tier. Er kann sich für sehr viele und verschiedenartige Ziele begeistert einsetzen. Dies ist bedingt durch die „kulturelle Existenzweise" des Menschen. Er paßt nicht nur sich an die Natur, sondern vor allem die Natur, sie aktiv umgestaltend, an seine Bedürfnisse an. Bei der tierischen Begeisterung geht es lediglich um den Kampf gegen die Feinde der eigenen Horde. Aber auch die zum selbstlosen kämpferischen Einsatz motivierenden Antriebe sind sehr verschieden. Das Kampfmotiv des Tieres ist der durch die Gefühlsansteckung ausgelöste Affekt. Anders verhält es sich beim Menschen. Unerwartet ausgelöster Zorn und starke Wut können auch einen feigen Menschen zu einem todesmutigen, blinden Dreinschlagen veranlassen, aber sie stimulieren ihn nur kurzfristig zu diesem Verhalten. Beim Menschen muß sich der im Begeisterungssturm ausgelöste Kampfaffekt umwandeln lassen in eine dauerhafte idealistische Kampfbereitschaft und hiezu bedarf es des Eingreifens neuer Antriebskräfte. Diese sind nicht triebhafter Natur, sondern werden vom Verstand und vom Willen bestimmt, aber auch vom Über-Ich (Gewissen, Ideale). Zur letzteren Gruppe gehört das von Lorenz etwas geringschätzig eingestufte menschliche Verantwortungsbewußtsein. Aber über Verstand, Wille und Über-Ich verfügt nur der Mensch.

Versuchen wir kurz die eben erwähnten Eigenheiten der menschlichen Begeisterungsentstehung dadurch zu veranschaulichen, daß wir uns im Geiste mit einem Menschen in eine Massenansammlung von Menschen hineinbegeben. Die alltägliche Neugier bewegt ihn stehenzubleiben und einem Redner zuzuhören. Unwillkürlich beginnt er sich für die Worte des Massenredners zu interessieren und er fühlt sich veranlaßt, den lautstark und erregt vorgetragenen Mitteilungen des Massenredners, seiner Warnung vor einer drohenden Gefahr, seinen Anklagen gegen einen sehr bitteren Übelstand und seiner Beschimpfung der zu ihrer Abhilfe berufenen Obrigkeit Glauben zu schenken. Das ist vor allem der Fall, wenn er schon vor dem Eintritt in diese Massenversammlung selbst ähnliche Ängste vor diesen Gefahren oder eine ähnliche Unzufriedenheit über die Mißstände im Land verspürt hat. Und er beginnt dem Redner wegen dessen offensichtlich besseren Informiertheit Glauben zu schenken, ihn aber auch wegen seines Mutes und seiner kämpferischen Entschlossenheit zu bewundern, eine Gefühlseinstellung, die sich bei späteren ähnlichen Erfahrungen leicht zur verklärenden Verehrung steigert. Es entwickelt sich aber auch analog zu dieser inneren Veränderung seiner Einstellung zum Anführer, die Gefühlsbeziehung zu den ihn umgebenden Mitmenschen. Die Wahrnehmung ihrer inneren Ergriffenheit und Kampfentschlossenheit macht sie zwar nicht zu seinen persönlichen Freunden, aber zu achtenswerten und sehr erfreulichen Kampfgenossen. Diese Gefühlsbeziehung beruht auf einem Umstand, den man auch als eine Art anonyme, unpersönliche Freundschaft bezeichnen könnte. Die anderen beginnen sich so wie er mit dem Wortführer der Masse zu identifizieren und d. h. daß dessen Zielsetzungen, später in immer stärkerer Weise, zu verinnerlichten persönlichen Idealen werden, also zur Lebensaufgabe, die um ihres unmittelbar gefühlten, also unbezweifelbaren inneren Wertes willen verwirklicht werden soll. Kommt das Bewußtsein hinzu, er werde nicht bloß hierfür tatsächlich gebraucht, sondern er sei auch hierfür voll und ganz brauchbar, so wie er ist, dann werden diese Ideale zur Zielsetzung, die für ihn einen Lebenssinngrundwert besitzen. Durch die Umwandlung der durch Gefühlsansteckung unmittelbar triebhaft ausgelösten Handlungsantriebe zu persönlichen inneren Idealen erhält sein Leben einen neuen Sinn und Wert. Dieser Mensch weiß jetzt, wozu er auf der Welt ist. Gelingt es dem Massenführer, die begeisterten Zuhörer in eine schlagkräftige Organisation zu verwandeln, dann macht die so entstehende Massenbewegung Geschichte. Es muß nicht immer von Beginn an eine große Zahl von Begeisterten geben, auch mit Hilfe einer kleinen Gruppe kann eine Massenbewegung ihren Anfang nehmen.

Um meinen Einwand, Lorenz kenne zwar den Einfluß der eben erwähnten spezifisch menschlichen Faktoren auf die humane kollektive Begeisterungsfähigkeit, aber er unterschätze ihre Bedeutung, zu begründen, dürfte es genügen, uns nochmals Lorenz' Erklärung des Fanatismus zu vergegenwärtigen. Lorenz verwendet zwar diesen Terminus nicht, aber er beschreibt ihn, so zum Beispiel in folgendem schon erwähnten Satz: „Das Wesen, das allein imstande ist, sich begeistert dem Dienste des Höchsten zu weihen, bedarf dazu einer verhaltensphysiologischen Organisation, deren tierische Eigenschaften die Gefahr mit sich bringen, daß es seine Brüder totschlägt, und zwar in der Überzeugung, dies im Dienste eben dieses Höchsten tun zu müssen." Auch der folgenden Lorenzschen Anweisung, wie man sich vor der Fanatisierung bewahren kann, liegt diese Erklärung zugrunde. Man solle sich vergegenwärtigen: „Nicht ein Gott ergreift im Erleben des heiligen Schauers von ihm Besitz, sondern die angeborene intraspezifische Aggression." Es wundert uns bei dieser triebpsychologischen Erklärungsweise nicht, daß Lorenz den Unterschied von fanatischem und enthusiastischem Begeisterungsverhalten unbeachtet läßt. In Wirklichkeit bedarf die Entstehung der fanatischen Begeisterung, und zwar sowohl in der Gestalt der fanatisierenden originären Fanatikerpersönlichkeit, also des Verführers zum Fanatismus, wie auch in der Gestalt des verführten, induzierten, fanatisierten Anhängers einer umfassenden psychologischen und soziologischen Erklärung.

Den Leser des Buches durch eine kurze Übersichtsskizze an dieser Stelle informieren zu wollen, ist nicht ratsam, denn es verwirrte den Leser mehr, als es ihm nützte, auch befürchte ich, er verlöre die Lust an der Lektüre des ganzen Buches. Überdies bedarf die Beantwortung der Frage, was ermöglicht den Menschen aus altruistischer Motivation für altruistische Ziele auch sein Leben bewußt einzusetzen, aber auch die Frage, was ermöglicht den Umschlag von enthusiastischer zu fanatischer Begeisterung und warum ist es unmöglich, den fanatisierten Idealisten rückzuverwandeln in einen enthusiasmierten Idealisten einer philosophischen Bearbeitung. Sie dem Leser zu vermitteln, ist die Aufgabe der beiden letzten Vorträge des Buches, deren Titel lauten: „Über das Lebenssinnbedürfnis und die sinngebenden Werte des Lebens" und „Das Ringen der neuzeitlichen Philosophie um den Sinn des Lebens. Kann Philosophie die Religion ersetzen?"

Der uns bisher mit Interesse gefolgte Leser macht uns aber jetzt aufmerksam, wir hätten bisher nur von einer einzigen Art der Begeisterung gesprochen, nämlich fast nur von der, wie sie Lorenz nennt, kollektiv-aggressiven Begeisterung. Und er fragt: Gibt es denn nicht auch ein Begeistertsein des Einzelmenschen, das spontan in ihm auftritt und ihn aktiviert? Und welche Bedeutung hat die individuelle Begeisterung im Leben des Menschen? Zur Klarstellung des Begriffes: Was bedeutet es, wenn wir sagen, jemand sei ein begeisterter Schachspieler oder begeisterter Bergsteiger oder ein begeisterter Markensammler oder ein begeisterter Kunstliebhaber, und warum kann man nicht sagen, jemand sei ein begeisterter Spaghettiesser oder ein begeisterter Champagnertrinker? Antwort: Folgende Definition wäre zu weit, wenn wir sagten, es begeistere uns alles, was uns eine besonders starke und anhaltende Freude bereitet. Das Wort Begeisterung paßt nur für eine solche Freude an Gütern nichtsinnlicher Art. Also nicht für Güter, deren Wert darin besteht, unser nacktes Überleben zu ermöglichen und zu sichern. Die Begeisterung kann daher nur der Befriedigung des menschlichen Lebenswert- und Lebenssinnbedürfnisses dienen. Man kann daher auch sagen, nicht der Nützlichkeitswert etwa einer bestimmten Betätigung begeistert uns, sondern die Betätigung an sich ruft unmittelbar Freude hervor, und um dieser Freude willen geschieht sie und lieben wir sie. Die Freude der Begeisterung gleicht der Freude, die die Wahrnehmung von etwas Schönem in uns hervorruft. Man wäre daher fast geneigt zu sagen, die Freude, die die Wahrnehmung eines prächtigen Sonnenuntergangs in uns auslöst, sei eine begeisterungsartige Freude. Beide Arten der Freude verlangen die Fähigkeit zu einem unmittelbaren erfreuten Reagieren auf das Sehen und Hören von etwas oder auf das innere Vorstellen von etwas oder auf die Ausführung einer bestimmten Betätigung. Die individuelle Begeisterung vermag nicht wie die kollektive Begeisterung dem menschlichen Leben unmittelbar Wert und Sinn zu geben, also sinnbegründend zu wirken, wohl aber diesen Sinn und Wert zu verstärken und vielleicht auch zu erhalten. Eine starke und vielfältige und echte Begeisterungsfähigkeit hilft also dem Menschen, sinnvoller zu leben, als er es ohne Begeisterungsfähigkeit könnte. Sie hilft das Leben zu lieben. Nicht generell beantwortbar ist die Frage, aus welchen spezifischen Bedürfnissen diese besondere, anhaltende und starke Freude als Begeisterungserlebnis zustande kommt. Es ist nicht überraschend, daß sich unter der Mehrzahl von Ursachen, die verständlich machen, wofür sich ein Mensch von sich aus intensiv begeistert, neben leicht auffindbaren Faktoren, auch stärkere sublimierte Triebwünsche befinden. Selten fehlt unter den Begeisterungsmotivationen, daß sich die spezielle Begeisterung etwa zum Schachspielen oder zum Schifahren deshalb entwickelt hat, weil man die Erfahrung gemacht hat oder es erwartet, dies besonders gut zu können. Man darf auch nicht übersehen, daß unter bestimmten Voraussetzungen sogar die berufliche lebensnützliche Arbeit Begeisterungscharakter annehmen kann. Aber es gibt Lebenslagen, in denen jeder Mensch unfähig ist, etwas Begeisterndes zu erleben oder zu tun. Dies trifft zu, wenn der Mensch alle seine Kräfte und Fähigkeiten für die Erhaltung des nackten Überlebens einsetzen muß. Aber auch eine tiefe Traurigkeit, besonders das Auftauchen des Gefühls einer tiefen eigenen Wertlosigkeit und daher auch der Sinnlosigkeit des eigenen Lebens verhindert es. Um Begeisterung erleben zu können, muß der Mensch relativ depressionsfrei sein, also nicht belastet mit sinnlosem Leid und er muß entlastet sein vom Kampf ums nackte Überleben, d.h. er muß Freizeit haben, über die notwendige Erholungsfreizeit hinaus. In dieser zweckfreien Freizeit besteht nur die Möglichkeit entweder sich zu langweilen oder sich sinnliche Genüsse oder Vergnügungen zu verschaffen oder etwas Begeisterndes zu erleben oder etwas begeistert zu tun.

Die Begeisterung preist Schillers Ode:
„Freude, schöner Götterfunken,
Tochter aus Elysium,
. . ."
den Göttern dankt Franz Schubert in seinem bekannten Lied:
„Du holde Kunst, in wieviel grauen Stunden,
. . .,
hast du mein Herz zu warmer Lieb entzunden,
hast mich in eine beßre Welt entrückt.
. . ."

Die folgenden Vorträge sind in derselben Weise veröffentlicht, in der sie ursprünglich konzipiert wurden, daher begegnen dem Leser bei allen vier Vorträgen einige gleiche Grundgedanken. Ich bitte den Leser darüber nicht ungehalten zu sein. Die sich wiederholenden Grundbegriffe bzw. Überlegungen verdienen es vielleicht sogar wegen ihrer gedanklichen Gewichte. Auch bei dieser Einführung hat ein „Nachwort" das letzte Wort.

Zweites Kapitel

ERGÄNZUNGEN UND ERLÄUTERUNGEN

2.1 Die sozialpsychologische Bedeutung des Wortes „Masse"

Das Wort Masse ist ein mehrdeutiger Ausdruck. In der Psychologie und Soziologie kann es zweierlei bedeuten. In wertfreier Bedeutung benennt es den Gegenstand eines Sondergebietes der Großgruppenforschung, Massenpsychologie genannt. Diese erforscht die Beschaffenheit, Entstehung und Auswirkung der durch die kollektive Begeisterung hervorgerufenen Erlebens- und Verhaltensveränderungen des Menschen. Bei der massenpsychologischen Veränderung des Seelenlebens von einer „kollektiven Neurose" zu sprechen ist unangebracht. Denn mit dem Ausdruck Neurose bezeichnet man eine krankhafte psychische Störung des Seelenlebens beim Einzelmenschen. Die massenpsychologischen Veränderungen aber sind keine Krankheit. Auch in der Genese gleichen sie sich nicht. Mit diesem Begriff Masse darf nicht verwechselt werden der Gegenstand des Studiums der sogenannten kulturellen Vermassung der Menschen. Die Vermassung ist eine Folge des enormen Bevölkerungswachstums und der Verstädterung in den letzten zwei Jahrhunderten. Durch zwölf Jahrhunderte, nämlich vom 6. Jahrhundert bis 1800 hat die Einwohnerzahl Europas nie mehr als 180 Millionen betragen. In dem Zeitabschnitt zwischen 1800 und 1914 stieg die Einwohnerzahl Europas jedoch von 180 auf 460 Millionen an. Diese Beobachtung führt Ortega y Gasset[1] an, um den

„Triumph" der Massen verständlich zu machen. Menschenmassen würden in die Kultur hineingestoßen, die Vermittlung der überlieferten Kultur erschwert oder verunmöglicht, Erziehungsversuche mißlangen. Dementsprechend nehme sich auch das psychische Diagramm der Massenmenschen aus. Ihm verlange nach ungehemmter Ausdehnung der Lebenswünsche, ihn kennzeichne eine grundsätzliche Undankbarkeit gegenüber dem, was ein reibungsloses Dasein ermöglicht hat. Zwei Eigenschaften, die aus der Psychologie des verwöhnten Kindes bekannt sind. Masse setzt sich an die Stelle bisheriger Eltern, dabei höre sie weder auf, Masse zu sein, noch störe die gewöhnliche Seele, daß sie sich ihrer Gewöhnlichkeit bewußt werde. Im Gegenteil, sie besitze die Unverfrorenheit, für dieses Recht der Gewöhnlichkeit einzutreten und es überall durchzusetzen. Proklamiere und beanspruche das Recht auf Gewöhnlichkeit und die Gewöhnlichkeit als Recht. Im Gegensatz zu den Eliten, Individuen oder Individuengruppen von spezieller Qualifikation bezeichnet Ortega y Gasset Masse als die Gesamtheit der nicht besonders Qualifizierten. Heute triumphiere dieser Massenmensch. Soweit Ortega y Gasset in seinem 1931 erschienenen Hauptwerk: „Aufstand der Massen".

2.2 Eine erdichtete Predigt des religiösen Fanatikers Savonarola

Der folgende, frei erfundene, aber sachkundige Bericht will den Leser informieren über die Erscheinungsweise und Entstehung eines religiösen „heiligen Schauers", ausgelöst durch eine Predigt eines religiösen Fanatikers, des Dominikanermönchs Savonarola. Ort und Zeit dieses Ereignisses: Der Dom zu Florenz in der zweiten Hälfte des 15. Jahrhunderts. Der Verfasser dieser Beschreibung ist Dimitri

Mereszkowskij.² Savonarolas Predigt ist ein Lehrstück einer massenpsychologischen Gefühlsansteckung, die nicht eine heroische aggressive Kampfbereitschaft auslöst, sondern eine Bereitschaft zur Bußfertigkeit und Reue aufgrund der Einsicht in eigene moralische Schlechtigkeit und Sündhaftigkeit.

„Beltraffio begab sich nach dem Dom, wo an diesem Morgen Girolamo Savonarola predigte.

Die letzten Orgeltöne verklangen unter den Gewölben von Santa Maria del Fiore. Die Menge erfüllte die Kirche mit erstickender Wärme, mit leisem Geräusch . . . Unter den hoch hinaufragenden Spitzbögen war es geheimnisvoll finster, wie in einem dunklen Wald . . . Über dem Altar leuchteten in der Finsternis die rötlichen Flammen der Siebenleuchter.

Die Messe war zu Ende. Die Menge erwartete den Prediger. Aller Augen waren auf die hohe Kanzel gerichtet, die sich an einem Pfeiler des Mittelschiffs befand.

Giovanni hörte die leisen Gespräche seiner Nachbarn.

‚Kommt er bald?' fragte der Tischler, ein kleiner Mann mit blassem, schweißbedeckten Gesicht. ‚Gott weiß', antwortete der Kesselschmied – ein breitschultriger Riese mit rotem Gesicht, der mit Mühe Atem holte. – ‚Er hat bei sich in San Marco ein Mönchlein Maruffi, einen Besessenen. Wie dieser ihm sagt, daß es Zeit ist – dann kommt er. Letzthin haben wir vier Stunden gewartet, dachten er käme nicht mehr, da kam er.'

‚Heute, Brüder', hörte Giovanni von der anderen Seite sagen, ‚spricht er von der Sintflut – der siebzehnte Vers des VI. Kapitels der Genesis' . . .

‚Ist es denn auch wahr, ihr guten Leute, daß auf dem Antlitz der heiligen Jungfrau in Nunziata dei Servi blutiger Schweiß zu sehen ist?'

‚Aber sicher! Und der Muttergottes an der Rubaconte-Brücke fließen jede Nacht Tränen aus den Augen. Tante Lucia hat es selbst gesehen.'

‚Ach, das sind alles keine guten Zeichen! Gott erbarme sich unser!'

Man hörte Bewegung bei den Frauen. Eine alte Frau war im Gedränge ohnmächtig geworden. Man versuchte, sie aufzuheben und zu Bewußtsein zu bringen.

‚Wann denn? Ich halte es nicht mehr aus', seufzte fast weinend der schwächliche Tischler, der sich den Schweiß von der Stirn wischte.

Und die ganze Menschenmenge verging in endloser Erwartung.

Plötzlich erbebte das Menschenmeer. Man flüsterte: Er kommt, er kommt, er kommt! – Nein, er nicht! – Fra Domenico da Pescia. Er ist es! Er! – Er kommt!

Giovanni sah einen Mann im schwarz-weißen Dominikanergewande mit magerem, wachsfarbenem Gesicht, dikken Lippen, gebogener Nase und niedriger Stirn langsam die Kanzel besteigen und die Kapuze vom Gesicht zurückwerfen.

Wie erschöpft senkte er die Linke auf die Kanzel, hob und streckte vor die Rechte mit dem Kruzifix. Und der Blick seiner feurigen Augen streifte langsam die Menge.

Es wurde so still, daß jeder das Schlagen seines eigenen Herzens hören konnte.

Die Augen des Mönches glühten immer stärker . . . Er schwieg, und die Erwartung wurde immer unerträglicher: Es schien, als könnten die Menschen es nicht mehr aushalten, als müßten sie vor Entsetzen aufschreien.

Aber es wurde noch stiller, noch unheimlicher. Plötzlich zerriß die Todesstille ein ohrenbetäubender, herzzerreißender, unmenschlicher Schrei Savonarolas:

‚Ecce! ego adduco aquas super terram!'

Ein Hauch des Entsetzens, das die Haare zu Berge sträubt, überflog die Menge. Giovanni erblaßte. Es kam ihm vor, als würde der Boden erbeben, als müßten gleich die Gewölbe einstürzen und ihn zerschmettern. Der dicke Kesselschmied neben ihm erzitterte wie ein Espenblatt und klapperte mit den Zähnen. Der Tischler zog den Kopf in die Schultern, als ob er einen Schlag erwarten würde . . .

Eine Predigt war es nicht, es war ein Delirium, das sich plötzlich dieser Tausenden von Menschen bemächtigte und sie mit sich fortriß . . .

Giovanni hörte zu, verstand aber kaum etwas. Einzelne Sätze erreichten sein Bewußtsein.

‚Schauet, schauet, schon wird der Himmel schwarz. Die

Sonne ist dunkelrot, wie Blut. Fliehet, denn es kommt ein Regen von Feuer und Schwefel, es hagelt von glühenden Steinen und Felsen! Fuge, o Sion, quae habitas apud filiam Babylonis!'

Oh Italien! Strafen folgen auf Strafen. Die Strafe des Krieges folgt auf den Hunger, die Pest auf den Krieg! Hier sind sie und dort, überall sind Strafen! Eure Überlebenden werden nicht hinreichen die Toten zu begraben. Es werden ihrer so viele in Häusern liegen, daß die Totengräber durch die Straßen gehen werden und rufen: ‚Wer hat Tote?' Und werden sie auf die Karren legen und zu ganzen Bergen anhäufen und verbrennen und werden abermals durch die Straßen gehen und fragen: ‚Wer hat Tote? Wer hat Tote?' Und ihr tretet heraus und sagt: ‚Hier ist mein Sohn, hier mein Bruder, hier mein Mann.' Und sie wandern weiter und fragen: ‚Wer hat noch mehr Tote?'

Oh Florenz, oh Rom! Oh Italien! Vorbei sind die Tage der Gesänge und Feierlichkeiten. Ihr seid krank- ihr seid todkrank. Oh Gott! Du bist mir Zeuge, daß ich diese Ruine mit meinem Wort hochhalten wollte. Aber ich kann es nicht mehr, ich vermag es nicht! – Ich will nicht mehr, ich weiß nicht, was ich sagen soll. Ich kann nur noch weinen, in Tränen zerfließen. Erbarmen! Erbarmen, oh Herr! Oh mein armes Volk, oh Florenz!'

Er öffnete die Arme, er sprach die letzten Worte in kaum vernehmbarem Flüstern. Sie verhallten über den Köpfen der Menge und erstarben wie das Rauschen des Windes im Laub, wie der Seufzer eines grenzenlosen Mitleids.

Er drückte die kalten Lippen aufs Kruzifix, sank erschöpft auf die Knie und schluchzte.

Langsam und schwer erbrauste die Orgel, die Töne breiteten sich immer weiter aus, wurden immer majestätischer, immer drohender, wie das Brausen des nächtlichen Ozeans.

Eine Frauenstimme rief durchdringend laut: ‚Misericordia!' Und Tausende von Stimmen antworteten. Wie die Ähren auf dem Felde unter dem Windhauch, eine Welle nach der anderen, . . . so sanken diese Menschen auf die Knie, und mit dem vielstimmigen Dröhnen und Heulen der

Orgel zusammenfließend, den Boden, die steinernen Pfeiler und Gewölbe des Domes erschütternd, erhob sich der Beichteruf des Volkes – Misericordia! Misericordia!

Giovanni sank schluchzend auf die Knie. Er fühlte auf seinem Rücken das Gewicht des dicken Kesselschmieds, der sich im Gedränge beinahe auf ihn legte, mit heißem Atem seinen Nacken berührte und ebenfalls schluchzte. Nebenan schluchzte unbeholfen, sich verschluckend wie ein kleines Kind der Tischler und rief mit durchdringender Stimme: ‚Misericordia! Misericordia!'

Beltraffio gedachte seines Stolzes, seiner irdischen Wißbegier, seines Wunsches, Fra Benedetto zu verlassen und sich der gefährlichen, vielleicht gottlosen Wissenschaft Leonardos zu widmen. Er gedachte der letzten schrecklichen Nacht auf dem Mühlhügel, der auferstandenen Venus, seiner sündhaften Begeisterung für die Schönheit der weißen Teufelin und rief, die Arme nach dem Himmel ausstreckend, mit einer Stimme, in der nicht weniger Verzweiflung klang als in den Stimmen der anderen.

‚Mein Gott, erbarme dich meiner, oh Herr! Gesündigt habe ich vor dir! Verzeih und erbarme dich meiner!'

Im selben Augenblick, wie er sein von Tränen übergossenes Gesicht hob, sah er in der Nähe *Leonardo da Vinci*. Der Künstler stand mit der Schulter an eine Säule gelehnt, hielt in der Rechten sein treues Notizbuch und zeichnete mit der Linken, indem er hin und wieder den Blick nach der Kanzel richtete, wahrscheinlich in der Hoffnung, noch einmal den Kopf des Predigers zu sehen.

Er war allen fremd; er allein bewahrte seine ganze Ruhe mitten in dieser vom Entsetzen gepeitschten Menge. Seine kalten hellblauen Augen, die dünnen fest aneinandergepreßten Lippen – die Lippen eines Mannes, der an Genauigkeit und Aufmerksamkeit gewohnt ist – trugen auch nicht den Ausdruck des Spottes, nur den Ausdruck jener Wißbegier, mit der er in der vergangenen Nacht mit mathematischen Apparaten den Leib der Aphrodite ausgemessen hatte.

Giovannis Augen wurden trocken, sein Gebet verstummte . . ."

2.3 Die Definitionsversuche des Wortes „Begeisterung" in den großen Konversationslexika

Es ist überraschend nachzulesen, was ein großes Konversationslexikon vor hundert Jahren (Meyers Konversations-Lexikon aus dem Jahre 1888) und was der neueste große Brockhaus über das Wort „Begeisterung" schreibt. Das alte Meyer Konversationslexikon widmet ihm einen verhältnismäßig langen Artikel. Dieser Artikel berichtet über alles, was in der Umgangssprache mit dem Wort „Begeisterung" benannt werden kann. Diese Begriffsanalyse ist daher vom heutigen wissenschaftlichen Gesichtspunkt aus betrachtet vorwissenschaftlich. Der Begriffsumfang des Wortes „Begeisterung" ist im damaligen Sprachgebrauch wesentlich größer als im heutigen wissenschaftlichen Sprachgebrauch. Inhaltlich betrachtet berichtet er aber nur über die individuelle Begeisterung, während die kollektive Begeisterung mit keinem Wort bedacht wird. Als Beispiel für den zu großen Begriffsumfang, den das Wort „Begeisterung" damals hatte, genügt die Zitierung des Einleitungssatzes im Lexikon. Er lautet: „Begeisterung, im allgemeinen jede über das Gewöhnliche erhöhte Stimmung des geistigen Lebens, dieselbe werde nun, wie es z.B. bei dem Champagnerrausch der Fall ist, durch physische oder, wie es z.B. im Liebesrausch, in der Entzückung über eine wissenschaftliche Entdeckung, über ein hinreißendes Kunstwerk, eine edle That, über die wahre oder vermeintliche Gegenwart der Gottheit geschieht, durch den lebhaften Eindruck gewisser Vorstellungen, d.h. durch psychische Reizmittel, erzeugt". Das Fehlen der Bedeutung des Wortes „kollektive Begeisterung" läßt sich vielleicht daraus erklären, daß die geschichtliche Erfahrung der kollektiven Begeisterung damals bereits ein Jahrhundert zurücklag, nämlich die Demonstration der kollektiven Begeisterung in der französischen Revolution.

Und was lehrt uns über den Begriff „Begeisterung" die letzte Ausgabe des großen Brockhaus? Der Terminus „Begeisterung" kommt überhaupt nicht mehr in dem Lexikon vor. Erklärung für dieses erstaunliche Fehlen: Es gibt keine wissenschaftliche Literatur über die Sache und den Begriff „Begeisterung". Eine andere Erklärung könnte lauten: Die Deutschen brauchen über das Wort „Begeisterung" keine Belehrung, denn sie wissen es alle noch aus der jüngsten Vergangenheit aus dem Erleben des Hitlerreiches und darüber spricht und schreibt man nicht gerne.

Zweiter Teil

DER FANATISMUS

Erstes Kapitel

DER ORIGINÄRE UND DER INDUZIERTE FANATISMUS

„Eine Traurigkeit überfällt meine Seele, weil ich das Gute im Guten nicht zu erschauen vermag."
N. Gogol: Aus dem Notizbuch, 1846.

Zu den erstaunlichsten Ereignissen der europäischen Geistesgeschichte unseres Jahrhunderts gehört das Aufleben des Fanatismus, und zwar nicht in der Gestalt eines leidenschaftlichen, intoleranten, religiösen Glaubenseifers, sondern als einer Triebkraft rein politischer Auseinandersetzungen, Kämpfe und Umwälzungen. Viele glaubten vordem, es könne in Europa nach dem Aufhören der Religionskriege keinen die Massen ergreifenden Fanatismus mehr geben. Sein kurzes Aufflackern in der Französischen Revolution schien ihnen ein befremdlicher letzter Durchbruch archaischen, primitiv religiösen Seelentums in säkularisiertem Gewande zu sein. Die Wissenschaft hatte daher früher wenig Veranlassung, sich mit diesem gleichsam historisch gewordenen Phänomen eingehender zu beschäftigen. Lediglich in der Psychiatrie wurde unter der Rubrik der anlagemäßig abartigen, „psychopathischen" Persönlichkeiten auch der Typus des verbohrten Fanatikers registriert, beschrieben und eingeteilt, wobei man meist zwei Arten unterschied, nämlich den „Kampffanatiker" (Prototyp: der streitsüchtige Querulant) und den „matten Fanatiker" (Prototyp: der verschrobene Sektierer)[1,2]. Das Wiederaufleben des politischen Fanatismus im 20. Jahrhundert läßt uns wegen der großen Zahl der hiervon betroffenen

Menschen und wegen seiner Auswirkungen zweifeln, ob der erwähnte psychiatrische Aspekt allein diesem Phänomen gerecht zu werden vermag. Es will uns nach den Lehren, die uns die jüngste Vergangenheit, aber auch bereits wiederum die Gegenwart erteilen, scheinen, daß auch das Seelenleben zahlreicher sogenannter gesunder Menschen unter gewissen Bedingungen durchaus fanatischer Leidenschaftlichkeit fähig ist und daß es möglicherweise bloß von den Umständen abhängt, ob ihr „latenter Fanatismus" manifest wird.

Daß es nicht mehr angeht, den Fanatismus lediglich als eine seelische Abartigkeit einiger Sonderlinge aufzufassen, bezeugt auch das weitverbreitete Bescheidwissen um ihn. Eine 1967 erfolgte repräsentative *Umfrage nach dem Bedeutungsgehalt des Wortes „Fanatismus"*[3], die mehr als tausend erwachsene Personen Westdeutschlands erfaßte, ergab, daß fast alle Befragten nicht nur das Wort kannten, sondern sich auch etwas Genaueres darunter vorzustellen vermochten. Eine kleine Minderheit bewertete ihn positiv oder neutral, mehr als drei Viertel aber negativ. Jene kennzeichneten den Fanatismus als energischen, konsequenten, harten Tatwillen, entspringend einer leidenschaftlichen Überzeugtheit und Ergriffenheit von einer zu verwirklichenden Aufgabe. Bei dieser Bedeutungsangabe wirkt, so darf man wohl vermuten, die offene Verherrlichung des Fanatikertums durch den Fanatiker Hitler nach, eine Bewertung, die auch in die Definitionen der Konversationslexika eindrang. Die Mehrheit der Befragten verurteilte jedoch den Fanatiker, und zwar vor allem wegen der Art und Weise, wie er seine Ziele anstrebt und verwirklicht. Der Fanatiker sei eine unsympathische Persönlichkeit; er sei laut, humorlos, unkritisch, verbohrt, übertrieben selbstbewußt, rücksichtslos, ja gefährlich.

Es kann besonders nach den Erfahrungen mit dem Hitlerschen Fanatismus nicht überraschen, wenn nach 1945 von vielen erklärt wurde, der Fanatismus sei ein gefährlicherer und schlimmerer Feind der Menschlichkeit als selbst die ungezügelte, rohe, grob egoistische Bestialität. Das größte Unglück in der Welt würde nicht von abgefeimten Schurken, sondern von verblendeten Fanatikern verursacht. So wäre z. B. der Zweite Weltkrieg wahrscheinlich unterblieben, sicher aber früher beendet worden, wenn sich unter den verantwortlichen Staatsmännern nicht Fanatiker befunden hätten, die die Massen zu fanatisieren verstanden[4].

Ich brauche nicht ausführlich zu begründen, daß und warum derjenige, der sich um eine Psychologie des Fanatismus, also um eine Aufklärung seines Wesens, seiner seelischen Gründe und Hintergründe bemüht, gut daran tut, die *Wertungsfrage* gleichsam auszuklammern. Denn die Tatsachen sprechen zu lassen, so wie sie sind, sie *sine ira et studio* zu beschreiben und zu erklären, dies fordert eine andere Einstellung als diejenige, aus der heraus man dazu gelangt, kundzutun, daß und warum man über sie erfreut oder empört, glücklich oder unglücklich ist, in unserem Fall: mit welcher Begründung oder Berechtigung man es wünschen oder bekämpfen soll, daß es unter uns Menschen gab, gibt und geben wird, die Fanatiker sind und die es unter gewissen Umständen vermögen, auch andere Menschen zu fanatischen Anhängern und Mitkämpfern zu machen. Natürlich besagt dies nicht, daß nicht auch der Forscher das Recht, ja sogar die Pflicht hat, zu den Tatsachen, die er erforscht, wertend und handelnd Stellung zu nehmen. Denn alles verstehen heißt zwar, gegebenenfalls alles verzeihen zu können, es heißt aber durchaus nicht, alles erdulden zu müssen. Jedoch: dieses Recht und diese Pflicht zu wertender Stellungnahme hat der Forscher nicht als Forscher, sondern als Mensch, und er teilt diese Verpflichtung mit allen für die Gestaltung des Gemeinschaftslebens verantwortlichen Mitbürgern. Sein *Werturteil* ist ja nicht anders begründbar als die Stellungnahme jedes anderen mit der Sache und mit ihren Auswirkungen vertrauten und zu unbefangener gefühlsmäßiger Reaktion befähigten Menschen! Wer mehr vom Forscher verlangte, wer insbesondere den wissenschaftlichen Standpunkt der methodischen Ausklammerung der Wertungsfrage bei der Forschungsarbeit für „schwächliche Objektivität" hielte, verriete damit lediglich, daß er selbst ein Vertreter desjenigen Typus wäre, den es zu erforschen gilt.

Die *Psychologie des Fanatismus* hat sich mit folgenden

zwei Themenbereichen zu beschäftigen: 1. Was ist Fanatismus? Welche Arten des Fanatismus gibt es? Und wie erklärt sich seine Entstehung beim *originären*, „fanatisierenden" Fanatiker? 2. Was kennzeichnet den *„induzierten"* Fanatismus? Wodurch unterscheidet sich die Massenfanatisierung von anderen Arten der Massenbeeinflussung, insbesondere von der Massenenthusiasmierung? Schließlich: Unter welchen Voraussetzungen ist ein Mensch fanatisierbar? Und wie könnte man einer Massenfanatisierung vorbeugend begegnen?

Die folgende Studie möchte einiges zum *tiefenpsychologischen Verständnis der Persönlichkeitsbeschaffenheit des originären Fanatikers* beitragen, während auf die sehr komplexe Frage nach den Ursachen der Fanatismusanfälligkeit, also der Fanatisierbarkeit, da man hierüber bereits mehr weiß, nur in dem Umfange eingegangen wird, als er für eine klare Unterscheidung des originären vom induzierten Fanatismus nötig erscheint. Es empfiehlt sich, das Studium der originären Fanatikerpersönlichkeit nicht mit begrifflichen Erörterungen etwa definitorischer Art zu beginnen, sondern von der psychologischen Analyse eines konkreten Falles auszugehen. Es ist nicht schwierig, historische Persönlichkeiten zu finden, die nach übereinstimmendem Urteil eindeutig den Typus des fanatisierenden, originären Fanatikers verkörpern und deren Biographie brauchbare psychologische Aufschlüsse vermittelt. Freilich gibt es keinen unter ihnen, in dessen Seele sich hineinzuversetzen einem versöhnlichen, toleranten wissenschaftlichen Geist leicht fiele! Wir wählen für unsere psychologische Analyse die bekannte Fanatikerpersönlichkeit Michael Kohlhaas und stützen uns biographisch auf die gleichnamige Novelle des deutschen Dichters Heinrich von Kleist, die fast zur Gänze auf geschichtlicher Wahrheit beruht.

Vergegenwärtigen wir uns zunächst in knappen Umrissen die Lebensgeschichte dieses Mannes! Michael Kohlhaas, Sohn eines Schulmeisters, lebte als Besitzer eines Meierhofes und einer Pferdezucht in der ersten Hälfte des 16. Jahrhunderts in einem Dorf an der Havel in Brandenburg. Er galt als unauffälliger, fleißiger, hoch achtbarer

Mann, den seine Nachbarn besonders wegen seines Gerechtigkeitssinnes und seiner Hilfsbereitschaft schätzten. Kurzum: „Die Welt hätte sein Andenken segnen müssen", wenn nicht in seinem 30. Lebensjahr ein Ereignis eingetreten wäre, das diesen „rechtschaffensten Menschen" zugleich zum „entsetzlichsten Menschen" seiner Zeit gemacht hätte. Der Anlaß hierzu ist bekannt: Kohlhaas büßte bei einem Pferdekauf, der ihn ins benachbarte Sachsen führte, zwei Pferde ein. In widerrechtlicher Weise verlangte von ihm der Herr von der Tronkenburg, der Junker Wenzel, an der Grenze von Sachsen einen Passierschein. Da Kohlhaas keinen besaß, mußte er zwei Pferde als Pfand zurücklassen, die in der Zwischenzeit von den Leuten des Junkers erbarmungslos ausgeschunden wurden. Sein Knecht wurde verprügelt und verletzt davongejagt. Auch Kohlhaas selbst wies man schroff die Türe. Daraufhin ließ er seine Pferde freiwillig auf der Tronkenburg zurück, entschlossen, auf gerichtlichem Wege sein Recht zu suchen. Aber die Gerichte wiesen seine Klage, in der er Bestrafung der Schuldigen, Wiederherstellung seiner Pferde und Schadenersatz verlangt hatte, ab. Kohlhaas wurde das Opfer einer korrupten Adelsjustiz. Und nun ging er daran, nachdem er bei seinen Bemühungen auch noch seine Frau auf tragische Weise verloren hatte, den Kampf um sein Recht mit gewaltsamen Mitteln zu führen. Den Rat seiner Freunde, als der schwächere Teil nachzugeben, wies er ebenso ab wie die Bitte seiner sterbenden Frau, den Bibelspruch zu beherzigen, es sei besser, Unrecht zu leiden, als Unrecht zu tun. Er ertrage es einfach nicht, erwiderte er, die Welt in einer so ungeheuerlichen Unordnung zu erblicken! Und so wurde Kohlhaas ein Revolutionär. Er wirbt und findet Anhänger. Er setzt sein ganzes Vermögen in Geld um, kauft Waffen und Pferde, nimmt Landsknechte in seinen Dienst. Auch Freiwillige schließen sich ihm an, Idealisten wie Interessenten. Die einen, weil sie seinen Kampf, der sich bald herumspricht, für gerecht halten und weil ihnen seine Persönlichkeit Vertrauen, Achtung und Bewunderung einflößt: Kohlhaas wird ihr „Führer". Die anderen, das Interessentengesindel, schließen sich aus Kampf- und Raublust an. Denn Kohlhaas hat in diesem

Bürgerkrieg überraschend große Anfangserfolge; man kann Beute bei ihm machen! Die Tronkenburg wird ausgeraubt und niedergebrannt, aus den Fenstern fliegen die Leichen des Verwalters mit Weib und Kind herab. Der Junker selbst entkommt. Die gegen Kohlhaas ausgesandten staatlichen Heerhaufen werden von ihm dank seiner überlegenen, beweglichen Strategie geschlagen und aufgerieben. Die Städte, die dem Junker vermeintlich oder tatsächlich Zuflucht gewährten oder ihn nicht auslieferten, werden eingeäschert. Kohlhaas fängt an, sich immer mehr als ein auserwähltes Werkzeug der göttlichen Vorsehung zu fühlen.

Er nennt sich in seinen Proklamationen einen Gott allein verantwortlichen Herrn. Sehr wahrscheinlich wäre er aber zuletzt doch militärisch unterlegen, wenn nicht vorher eine überraschende Wendung eingetreten wäre. Martin Luther machte in einem öffentlichen Anschlag Kohlhaas in harten Worten auf die Ungerechtigkeit und den Wahnsinn seines Vorgehens aufmerksam. Da Kohlhaas Luther sehr verehrte, traf ihn diese Zurechtweisung wie ein Blitz aus heiterem Himmel, und er reiste sofort verkleidet zu ihm, um dessen unwahre Anschuldigung, er wäre ein ungerechter Mann, zu widerlegen. Das Ergebnis dieser dramatischen Unterredung unter vier Augen war der Entschluß Kohlhaas', sich freiwillig den Gerichten zu stellen, aber erst, nachdem ihm von Luther zugesagt worden war, daß auch seine Prozeßsache ordnungsgemäß durchgeführt würde. Kohlhaas bekam in diesem Prozeß gegen den Junker recht, wurde aber selbst wegen Verletzung der Landfriedensordnung und der von ihm und seinen Gesellen verübten Verbrechen, wie er erwartete und auch selbst billigte, zum Tod verurteilt und durch das Beil hingerichtet.

Die Persönlichkeit und das Schicksal dieses nach Luthers Urteil „rasenden, unbegreiflichen und entsetzlichen Menschen" lösen in uns allen Gefühle des Schauderns und des Abscheus, aber zugleich auch der tragischen Ergriffenheit aus, Gefühlsregungen, die es den Menschen vorwissenschaftlicher Denkweise zu allen Zeiten nahelegten, den Fanatismus als ein dämonisches Phänomen zu interpretieren. Es scheint ja, als gäbe es eine Seelenverfassung, in die nicht die schlechtesten Menschen in unheilvoller und unabwendbarer Weise hineingerieten und die sie aus Idealismus zum Verbrecher werden ließe. Es scheint, als gäbe es ein Ausarten in einer Tugend infolge einer Ergriffenheit, die die Menschen überstark anfällt, gleichsam wie ein heiliger Wahn, und sie nicht mehr losläßt. Auch die Wortgeschichte spiegelt diese Empfindung wider. Der Terminus Fanatismus geht ja wahrscheinlich auf *fanum,* d. i. ein der Gottheit geweihter Ort, zurück. Bezogen auf den Menschen, den *homo fanaticus,* besagt dies: Der Fanatiker ist ein Mensch, der, in die Nähe eines Tempels geratend, plötzlich vom Geist der Tempelgottheit ergriffen, seelisch umgewandelt, zu einem lebendigen, *fanum,* einem Werkzeug Gottes gemacht wird.

Dieser göttliche Dämon enthüllt sich ihm in Eingebungen und Aufträgen, die ihn leidenschaftlich aufwühlen und mit unwiderstehlicher Macht dazu drängen, alle seine Kräfte, ja wenn nötig, auch sein Leben bedenkenlos diesem göttlichen Auftrag zum Opfer zu bringen. Vielleicht überkommen uns die Gefühle des Schauderns und der tragischen Ergriffenheit aber auch nur deshalb so stark, weil wir dunkel spüren, daß wir vielleicht alle in freilich tief verdrängter, daher unheimlich anmutender Weise einen Michael Kohlhaas in uns haben, die einen stärker, die anderen schwächer; daß wir selbst mitunter gefährlich in die Nähe eines solchen unheilvollen, blindwütigen, ekstatischen Gefühlstriebes geraten könnten, etwa angesichts himmelschreiender Ungerechtigkeiten, die wir mitansehen und miterleiden.

Die wissenschaftliche Betrachtung des Fanatismus muß zunächst von einer nüchternen deskriptiven Wesensbestimmung ausgehen. Wir sind im Hinblick auf Michael Kohlhaas, sein Verhalten und Erleben, berechtigt zu sagen: Der Fanatismus läßt sich kennzeichnen als eine überstiegen leidenschaftliche, alle Kräfte, Fähigkeiten, Interessen eines Menschen total aktivierende und kaptivierende „monomane" Hingabe an eine sittliche Gemeinschaftsaufgabe, wobei im Bestreben, dieses Ziel uneingeschränkt („radikal") zu verwirklichen, keine Rücksicht auf andere Pflichten genommen wird und zur Bekämpfung der Gegner bei subjektiv gutem Gewissen alle Kampfmittel, auch sittlich verwerfliche, rücksichtslos eingesetzt werden.

Unseres Erachtens ist daher die umgangssprachliche Wortverwendung, die nur den ersten Teil unserer Definition berücksichtigt, die es deshalb z. B. zu sagen erlaubt, ein Künstler, der in einseitiger, leidenschaftlicher Hingabe nur seinem Werke lebe, schaffe mit wahrem Fanatismus, oder jemand sei ein fanatischer Sportler oder Spieler, eine zu weite, unscharfe Begriffsfassung. Im Grunde genommen wäre ja Fanatismus dann nur eine andere Bezeichnung für jede zu einer besonderen Stärke anwachsende und länger anhaltende, zu ernster oder spielerischer Aktivität drängende Strebung. Sicher kann auch dies eine erklärungsbedürftige charakterologische Auffälligkeit sein, aber ein solcher Mensch braucht deswegen noch lange kein Fanatiker im wissenschaftlichen Wortsinne zu sein. Dieser unterscheidet sich von jenem u. a. eindeutig durch unser zweites Begriffsmerkmal: durch das eigenartige, widersprüchliche Aggressivitätsphänomen.

Die schwierige Aufgabe der Erklärung des fanatischen Seelenzustandes muß demnach vor allem folgende zwei Hauptkennzeichen dieses Zustandes begreiflich machen:

1. Die übertriebene leidenschaftliche Gefühlsbetontheit der fanatischen Zielsetzung. (In der Tat muß ja eine Zielsetzung, damit man sich für sie mit verbissener Hingabe einzusetzen vermag, überstark gefühlsbetont, also in medizinischer Ausdrucksweise eine „überwertige Idee" sein!)

2. Die rätselhafte „Über-Ich-Anomalie", die seltsame Verknüpfung von subjektiv lauterer, idealistischer Gesinnung und objektiv sittlich anstößiger Mittelwahl, dieses bedenkenlose und gewissenlose selbst „Böse-Werden" im Kampf gegen das vermeintlich oder faktisch Böse. Wie ist es möglich, daß das Gewissen eines Menschen überempfindlich auf Schwächen und Vergehen anderer reagiert, gegen die man in leidenschaftlicher sittlicher Entrüstung zu Felde zieht, und daß es schweigt angesichts der viel schrecklicheren Untaten, die man im Kampf wider dieses Böse neu in die Welt setzt? Die „Gewissensanomalie" der „Phantasten" des „Pflichtbegriffs", wie Nietzsche die Fanatiker nennt, scheint uns an der Fanatikerpersönlichkeit

fast am rätselhaftesten und aufklärungsbedürftigsten zu sein. Erstaunlicherweise wurde sie in den bisherigen Erklärungsversuchen entweder überhaupt nicht beachtet oder nur kurz berücksichtigt[5]. An diesem Phänomen scheitert unseres Erachtens daher sowohl der recht oberflächliche Versuch, den Fanatiker für einen geschickt als Idealist getarnten Machiavellisten zu halten, als auch der rein konstitutionspsychologische Erklärungsversuch etwa des deutschen Psychiaters E. Kretschmer bzw. der seines Schülers G. Pfahler – beides Ausgestaltungen der alten statischen Psychopathieauffassung[6,7]. Sicherlich muß die Erklärung der originären Fanatikerpersönlichkeit auch auf anlagemäßige Gegebenheiten zurückgreifen, und sehr wahrscheinlich sagt die Kretschmersche Einordnung des Fanatikers in den schizoiden Formenkreis etwas Zutreffendes hierüber aus. Das gilt auch für die detaillierten Angaben Pfahlers, der den Fanatismus auf eine bestimmte Kombination der vier von ihm unterschiedenen seelischen Grundfunktionen zurückführt. Es seien bei der „schizoiden Reaktionsform Fanatismus" enge fixierende Aufmerksamkeit und starke Perseverationsneigung mit starker vitaler Energie und einer starken Ansprechbarkeit des Gefühls verknüpft. Kritisch muß jedoch zu allen diesen Auffassungen bemerkt werden: Angeborenes Grundfunktionsgefüge bestimmter Art in Verbindung mit einer Umweltkonstellation, die diese Anlage zur Entfaltung bringt (dies veranlassen die Mitmenschen, die den Werthaltungen und Ideen des Fanatikers zuwider handeln), erklären weder die spezifische Ideenwahl (welche Idee überwertig wird) noch die so wichtige Über-Ich-Anomalie. Hier kann uns nur eine dynamische, tiefenpsychologische Betrachtungsweise weiterhelfen.

Es muß in der mehrgliedrigen Kette der Verursachung neben Anlage und auslösender traumatischer Krisensituation auch noch eine bestimmte, lebensgeschichtlich erworbene Reaktionsbereitschaft mit im Spiel sein. Anders ausgedrückt: Um Fanatiker werden zu können, ist auch ein charakterneurotischer Persönlichkeitsaufbau bestimmter Prägung Voraussetzung. Versuchen wir daher vor allem von diesem Aspekt der Freudschen Tiefenpsychologie aus, die Fanatikerpersönlichkeit Michael Kohlhaas zu verstehen.

Beginnen wir mit der Analyse des Kohlhaasschen Verhaltens in der aktuellen Konfliktsituation, in der seine latente Fanatismusbereitschaft manifest wurde. Lassen wir uns also von den „traumatischen" Ereignissen auf der Tronkenburg und den nicht minder aufreizenden Entscheidungen der Gerichte innerlich selbst stark bewegen, aufwühlen, „verwunden". Wir erwarten nicht, daß uns dieses Verfahren des verstehenden, einfühlenden Nacherlebens allein bereits alle erstrebten Aufschlüsse vermitteln könnte, wohl aber hoffen wir, uns so ein brauchbares psychologisches Tatsachenmaterial erarbeiten zu können, von dem aus sich auch die verborgenen Gründe und Hintergründe des fanatischen Reagierens hypothetisch erschließen lassen, sich also ein tiefenpsychologischer Deutungs- und Erklärungsversuch wagen läßt.

Kohlhaas mußte angesichts der „abscheulichen Ungerechtigkeiten", der böswilligen materiellen Schädigung, des herzlosen Ausschindens seiner Tiere, der schweren Mißhandlungen seines Knechtes und vor allem ob des ehrenrührigen, demütigenden Vorgehens gegen ihn selbst, der persönlichen Beleidigung durch den hochmütigen Junker und seiner Helfershelfer in eine starke und nachhaltige affektive Erregung geraten. Zorn und Wut mußten „sein Herz heftig gegen sein Wams schlagen lassen"! Und es ist uns weiter verständlich, daß aus diesen Affekten starker Haß wurde, da Kohlhaas sowohl wegen seiner untergeordneten sozialen Stellung als auch wegen seiner anfänglichen völligen Machtlosigkeit keine Möglichkeit zur direkten Gegenwehr, also zu einer „Affektabreaktion", besaß. Wir verstehen weiter, daß sich infolge des zweiten schweren Schlages, des unerwarteten schmählichen Versagens der Gerichte unter persönlich neuerdings recht kränkenden Begleitumständen, sowie infolge des tragischen Todes seiner Frau seine Erbitterung und sein Haß nicht nur weiter steigerten, sondern daß sich auch heftige Rachegelüste hinzugesellten, die sich schließlich zu einer habituellen Rachsucht verdichteten.

Hören wir als Beleg hierfür nur eine Stelle aus Kleist: Als ihm sein Mißerfolg bei Gericht zur Gewißheit wurde, er also die Hoffnung fahren lassen mußte, den Junker auf legalem Wege zur Wiedergutmachung des Schadens und zur Wiederherstellung seiner Ehre verhalten zu können, da „schäumte er vor Wut". Und „er sah, sooft sich ein Geräusch hören ließ, mit der widerwärtigsten Erwartung, die seine Brust jemals bewegt hatte, nach dem Torweg, ob nicht die Leute des Junkers erscheinen und ihm vielleicht gar mit einer Entschuldigung die Pferde wieder zustellen würden". Und Kleist fügt hinzu, dies wäre der einzige Fall gewesen, in welchem „seine von der Welt wohlerzogene Seele auf nichts, das ihrem Gefühl völlig entsprach, gefaßt war"! Was aber heißt dies, von der Sprache des Ausdrucks in diejenige des Erlebens übersetzt? Es besagt: Kohlhaas' Seele war von einem Meer von Haß überflutet, und in ihr brannte die Begierde nach persönlicher Rache in einer Heftigkeit und Nachdrücklichkeit, die das normalerweise zu erwartende Ausmaß beträchtlich überstieg. Er erlebte das, was ihm angetan wurde, weit mehr als es den Umständen entsprach auch als persönliche Beleidigung, als Mißachtung seiner Person, ja als Bedrohung seines gesamten Lebenswertes und Lebenssinnes. Sehr bezeichnend für diese auffällige Verwundbarkeit seines Selbstgefühls ist eine Bemerkung bei Kleist, wo es heißt, Kohlhaas hätte „denselben Schmerz" empfunden, wenn es nicht die Pferde, sondern ein paar Hunde betroffen hätte! Also um die materielle Schädigung geht es gar nicht. Es geht aber auch nicht bloß um die verständliche, berechtigte sittliche Empörung ob des ihm angetanen Unrechts. Wir müssen vielmehr annehmen, die traumatischen Vorfälle hätten eine besonders empfindliche Stelle seiner Persönlichkeit, ihren verwundbarsten Punkt, berührt, nämlich seinen „Narzißmus", sein überstarkes Bedürfnis nach Respektierung seines Wertes. Doch müssen wir die Frage nach der genauen Herkunft dieser sehr charakteristischen Eigenschaft noch offen lassen.

Sehen wir zu, was Kohlhaas angesichts dieses heftigen, leidenschaftlichen inneren Aufruhrs tut. Wir hätten mit einem offenen, heftigen Durchbruch seiner Affekte, seiner Wut und seines Hasses gerechnet. Aber der Fanatiker Kohlhaas verhält sich anders. Er richtet sofort einen

Damm gegen jede triebhafte Haß- und Racheäußerung in sich auf. Er hält seine Erregung in eiserner Selbstbeherrschung nieder. Es unterläuft ihm nicht die geringste Affekthandlung, die ihn auch selbst hätte ins Unrecht setzen können. Er führt mit peinlicher Objektivität als Richter in eigener Sache die Untersuchung über alle Vorfälle, prüft genauestens nach, ob das Verhalten seines Knechtes in jeder Beziehung einwandfrei war (denn wäre wirklich dem Knecht, wie der Schloßvogt behauptete, eine „Art von Schuld" beizumessen gewesen, so hätte er den Verlust der Pferde als „gerechte Folge davon verschmerzen wollen"). Er überprüft nicht minder genau auch sein eigenes Verhalten und stellt befriedigt seine völlige Korrektheit und Schuldlosigkeit fest. Jedoch – und nun kommt das Entscheidende – Kohlhaas unterdrückte zwar erfolgreich jede unbeherrschte triebhafte Haß- und Rachebetätigung, aber, so dürfen wir wohl annehmen, er verneinte diese Antriebe nicht wirklich. Er verzichtete nicht auf die Befriedigung seiner Haß- und Rachebegierde, was motivisch auf verschiedene Weise hätte geschehen können. So hätte er z.B. als der schwächere Teil aus Vernunftgründen nachgeben und einen Kompromiß erstreben können (der Junker wäre ja zu einem gewissen Ausgleich bereit gewesen, und seine Freunde versuchten zu vermitteln), oder er hätte um des christlichen Gebotes der Feindesliebe willen schließlich seinen Widersachern verzeihen können (seine Frau bat ihn am Sterbebett vergeblich darum). Kurzum: Kohlhaas unterdrückte zwar nach außen hin alle blinden Affekthandlungen, es war ihm jedoch in keiner Phase seines wohlüberlegten Kampfes allein um das Recht zu tun, sondern ebenso um die Mitbefriedigung seines persönlichen überstarken Rachedurstes. Aber freilich – er vermied es erfolgreich, sich selbst darüber ehrlich zu informieren! Es gelang ihm, die Mitbefriedigung dieser Triebwünsche erfolgreich vor sich selbst zu verbergen, sich hierüber „nichts wissend zu machen", sie also zu *„verdrängen"*. Dieses Verdrängen ging offensichtlich so vor sich, daß er die ethisch minderwertigen, sittlich anstößigen Triebregungen gleichsam umtaufte. Kohlhaas gab ihnen vor seinem Bewußtsein einen einwandfreien bürgerlichen Namen! Er nannte sie, ihnen ihren wahren Namen hartnäckig vorenthaltend, lautere sittliche Entrüstung, heiligen Zorn, moralischen Abscheu, pflichtgemäße Verurteilung und Abwehr des Bösen!

Erleichtert wurde ihm diese illusionäre Bewußtseinsverfälschung, die in der Tiefenpsychologie Rationalisierung in der Art der „maskierenden Idealisierung" heißt, dadurch, daß tatsächlich in ihm auch die echten sittlichen Gefühle des heiligen Zorns, des sittlichen Abscheus da waren, Gefühle, die dazu berechtigen, ja verpflichten, Ungerechtigkeiten, wie der Junker und die Gerichte sie begingen, nicht einfach schwächlich hinzunehmen, sondern sie in angemessener Weise und in angemessenem Umfang öffentlich anzuprangern und auf die Beseitigung der Mißstände und auf gerechte Bestrafung der Schuldigen zu dringen. „Ein vortreffliches Gefühl sagte ihm dies", so heißt es bei Kleist! Da sich aber in ihm auch immer mehr ein Bewußtsein *solidarischer Verbundenheit* mit allen im Lande schuldlos und hilflos mit Füßen Getretenen und Entrechteten regte, wandelte sich dieses Gefühl – so fährt Kleist fort – in den Gedanken um, „er sei mit allen seinen Kräften der Welt in der Pflicht verfallen, allen seinen Mitbürgern volle Rechtssicherheit zu erstreiten". Und bei diesem Gedanken „zuckte völlige innere Zufriedenheit empor". Dies bedeutet: Die Hingabe an diese so entdeckte neue Lebensaufgabe versprach, sein zutiefst erniedrigtes und beleidigtes Selbstgefühl wieder aufzurichten, seinem Leben von neuem Wert und Sinn zu geben. Denn dies bedeutet der Satz: „Seine Brust sah er nunmehr in Ordnung"! Dieses Aufgabenbewußtsein, aus dem später „ein Sendungsbewußtsein" wurde, begann sich schon zu regen, als ihm das erste Unrecht auf der Tronkenburg zustieß. Und es schlug auf der Heimreise von der Tronkenburg tiefere Wurzeln, wobei ihm besonders das Gerücht zu Hilfe kam, es würden ähnliche Ungerechtigkeiten auf der Tronkenburg öfters verübt.

So schildert Kleist den Beginn dieses folgenschweren inneren Selbsttäuschungs- und Umwandlungsprozesses, der unmerklich begann, sich aber unaufhaltsam in seiner Seele ausbreitete und der schließlich das gesamte Bewußtsein okkupierte. Damit jedoch eine solche „Pseudosublimierung, ein verkapptes „Agieren" verpönter Triebwünsche mit Hilfe der „maskierenden Idealisierung" gelingen kann, müssen neben der bereits erwähnten Herausstellung der eigenen moralischen Schuldlosigkeit noch andere seelische Voraussetzungen erfüllt sein, Voraussetzungen, die sich sowohl auf die Entstehung als auch auf die erfolgreiche Durchführung des Selbsttäuschungsprozesses beziehen. Aus dem Material der Kleistschen Novelle lassen sich noch drei solche Bedingungen namhaft machen.

Die erste Bedingung ist das Vorhandensein einer Art von Über-Ich-Idiosynkrasie. Kohlhaas' Rechtsgefühl drängte ihn, da es einer „Goldwaage" glich, von jeher dazu, Ungerechtigkeiten jeglicher Art heftig zu verurteilen. Deshalb mußten ihn die „abscheulichen Ungerechtigkeiten", die ihm selbst im 30. Lebensjahr zugefügt wurden, auch zu einer echten und starken moralischen Entrüstung veranlaßt haben. Mithin gilt: Ohne Mitbeteiligung starker sittlicher Gefühle, allgemeiner formuliert: ohne echte Ergriffenheit von einer wertvollen „idealen" Zielsetzung, könnte die maskierende Idealisierung nicht gelingen.

Eine weitere Voraussetzung hierfür, und zwar eine Bedingung für die Irreversibilität einer einmal vollzogenen Selbsttäuschung, bildet die Bereitschaft zu extrem selbstloser und unermüdlicher kämpferischer Aktivität. Denn ohne diese Bereitschaft könnte das Auftauchen demaskierender Zweifel an der völligen sittlichen Lauterkeit der eigenen Motive schwerlich verhindert werden. Käme es aber zu einer solchen inneren Verunsicherung, dann ginge auch die äußere mitreißende Glaubwürdigkeit verloren. Der Ausspruch Mirabeaus über den Fanatiker Robespierre: „Dieser Mensch glaubt alles, was er sagt", gilt für jeden fanatisierenden Fanatiker. Nur der unerschütterliche, ehrliche eigene Glaube daran, aus lauterem „Idealismus" für eine ideale, „heilige" Sache zu kämpfen, überträgt sich, „fanatisiert".

Der Fanatiker muß sich also für seine Idee permanent in vorbildlicher, uneigennütziger, sich selbst nicht schonender Weise einsetzen, weil dies das Gefühl des eigenen inneren moralischen Wertes, der lauteren idealistischen Gesinnung aufrechterhält, was dazu beiträgt, das Über-Ich von der Wahrnehmung der Mitbefriedigung verwerflicher aggressiver Triebregungen abzuhalten.

Wir finden dieses auffällige, immer wieder von Taten selbstlosen, unermüdlichen „Pflichteifers" gespeiste und gestützte moralische Selbstwertgefühl tatsächlich bei allen originären Fanatikern. Auch von Kohlhaas wissen wir, daß er nach seinem revolutionären Entschluß unermüdlich für die Verwirklichung seines „inneren Auftrages" arbeitete, sein ganzes Vermögen und sein Familienglück seiner „Berufung" opferte, und daß er aus seiner späteren Machtstellung niemals für sich den geringsten Vorteil zog – und bis zu seinem Tod unerschütterlich von der vollen Berechtigung seines Kampfes überzeugt bleiben konnte! Gilt denn nicht, daß ein Ziel, für das man sich unermüdlich selbstlos einzusetzen vermag, gut sein *muß*, und daß ein solch heiliger Zweck alle, also auch an sich „unheilige" Mittel heiligt? Wir unfanatisch Denkenden stimmen dem allerdings nur unter der nachweisbaren Voraussetzung zu, daß ohne sie eine Aufgabe von größter allgemeiner Lebenswichtigkeit nicht verwirklicht werden könnte, die *nicht* durchzuführen noch bedauerlicher und schlimmer wäre, als es die von den „bösen" Mitteln verursachten Übel sind. Wir dürfen uns freilich nicht verhehlen, daß, um mit M. Weber zu sprechen, besonders im politischen Leben „die Erreichung guter Zwecke in zahlreichen Fällen daran gebunden ist, daß man sittlich bedenkliche oder mindest gefährliche Mittel und die Möglichkeit oder auch die Wahrscheinlichkeit übler Nebenfolgen mit in den Kauf nehmen muß". Auch könne „keine Ethik der Welt ergeben" (denn dies erforderte, auch gleich die für den konkreten Konfliktfall benötigten Informationen darüber bereitzustellen), „wann und in welchem Umfang der ethisch gute Zweck die ethisch gefährlichen Mittel und Nebenfolgen ‚heiligt'"[8]. Aber eben deshalb trägt der politisch Tätige eine besonders große persönliche moralische Verantwortung dafür, daß seine folgenschweren Entscheidungen nicht zu Übeln führen, die der Zweck nicht „heiligt"!

Diese Klarstellung weckt unser Interesse an einer dritten Voraussetzung der „idealisierenden Maskierung", auf die uns Kleist aufmerksam macht. Denn es fragt sich ja:

War Kohlhaas' Anliegen wirklich eine so große, heilige Sache, daß sie auch seine sehr „unheilige" Kampfesweise rechtfertigte? Und wenn nicht, wenn es, wie Martin Luther ihm vorwarf, nur ein „nichtiges Gut" war, verglichen mit dem Unrecht, das er verübte, warum nahm er dies nicht wahr? Um das „Schweigen seines Gewissens" zu seiner offensichtlich moralisch verwerflichen Mittelwahl zu verstehen, muß es daher noch einen am Selbsttäuschungsprozeß maßgeblich beteiligten Faktor geben, nämlich seine „auffällige", verzerrte Beurteilung und Bewertung der Realität. Kohlhaas sah das ihm angetane Unrecht in grotesker Vergrößerung. Die krasse Überbewertung wird besonders klar ersichtlich aus seiner Rechtfertigung gegenüber Luthers vehementem Vorwurf, er handle aus purer Rachsucht. Er bestritt dies energisch mit der Begründung, man habe ihn doch, da man ihm den Schutz der Gesetze versagte, geradezu aus der menschlichen Gemeinschaft ausgeschlossen, man habe ihn zu den „Wilden der Einöde hinausgestoßen" und ihm so „die Keule, die ihn schütze", selbst in die Hand gegeben! Kohlhaas deutete sein Mißgeschick demnach als Anzeichen der totalen Auflösung der Rechtsordnung, als einen Akt des bereits herrschenden Faustrechts, daher als gefährliche Bedrohung der Sicherheit und des Lebens aller Schwachen im Lande. Diese „paranoide" Realitätsverkennung erklärt u. a. die merkwürdige Tatsache, daß er sich nicht auch noch vergewisserte, ob die oberste Gerichtsbehörde, nämlich sein Landesfürst, von seiner Klage Kenntnis erlangt habe! Sie läßt uns aber auch Kohlhaas' „schweigendes Gewissen" (seine „Über-Ich-Anomalie") insoweit verständlich erscheinen, als bei einer irrigen Realitätsbeurteilung auch die Über-Ich-Reaktion abwegig sein muß. Denn hätten das „Faustrechtsverhalten" des Junkers und das parteiische Justizverfahren tatsächlich bereits den Zusammenbruch des gesamten öffentlichen Rechtswesens angezeigt, dann hätten wahrscheinlich auch wir geurteilt, es läge ein Notwehrfall vor, der es rechtfertige, mit allen, auch revolutionären, gewalttätigen Mitteln für die Wiederherstellung einer gerechten Ordnung im Lande zu kämpfen. Denn ohne Rechtsordnung ist kein menschenwürdiges Gemeinschaftsleben möglich!

Kurzum, unter diesen Umständen hätte Kohlhaas auch in unseren Augen aufgehört, ein Fanatiker zu sein (in seinen Augen war er es ohnedies nie). Und wir verstehen jetzt auch, weshalb kein originärer Fanatiker je dazu gebracht werden kann, selbst wahrzunehmen und zuzugeben, er sei ein Fanatiker.

Was aber drängte oder befähigte Kohlhaas zu seiner „paranoiden" Mißgeschicksinterpretation? Man könnte zunächst vermuten, Kohlhaas hätte aus dem sehr verständlichen, uns schon bekannten Wunsche heraus, seine Rachsucht moralisch gut tarnen zu können, einfach daran glauben wollen. Denn je größer ein Unrecht erscheint, um so leichter vermag man sich vor den anderen und vor sich selbst vom Verdacht zu reinigen, man setze sich auch aus persönlicher Rachsucht zur Wehr. An der Nützlichkeit einer solchen übertreibenden Lagebeurteilung für die Zwecke der maskierenden Idealisierung kann demnach kein Zweifel bestehen, wohl aber kann man bezweifeln, daß sich Kohlhaas zu dieser irrigen, unkorrigierbaren Lagebeurteilung ausschließlich durch ein auf die Bewältigung der traumatischen Situation bezogenes Wunschdenken bringen konnte. Dies war sehr wahrscheinlich mit im Spiel! Jedoch mindestens ebensoviel Gewicht müssen wir auch einem anderen Faktor beimessen, einer Anlage, die schon vor der traumatischen Situation in seiner Seele vorhanden gewesen sein dürfte, nämlich einer latenten Bereitschaft zu „paranoider Reaktionsweise". Diese ist bekanntlich nicht das gleiche wie die Psychose „Paranoia". Deshalb gilt: Ein schizophrener Geisteskranker im vollen Wortsinn war Kohlhaas ebensowenig wie Robespierre oder Hitler[9].

Wir müssen also auch noch versuchen, Ausschau zu halten nach gewissen „prätraumatischen", insbesondere lebensgeschichtlichen Voraussetzungen dieses fanatischen Selbsttäuschungs- und Realitätsverfälschungsprozesses oder (allgemeiner gesagt) nach der „latenten Fanatismusbereitschaft". Es steht zu befürchten, daß die Kleistsche Novelle nicht viel Aufschluß über die prätraumatische Persönlichkeit ihres Helden gibt. Es finden sich auch nur zwei karge Mitteilungen, nämlich der charakterologische Hinweis auf Kohlhaas' auffälligen Gerechtigkeitssinn und seine große Hilfsbereitschaft sowie die Feststellung, daß sein Vater ein Schulmeister war. Sehen wir zu, ob wir diese Hinweise für unsere Zwecke verwerten können. In der Tat verraten sie dem Seelenkundigen mehr, als man zunächst erwarten würde. Fragen wir uns also: Unter welchen Bedingungen entwickelt sich ein überstarkes Gerechtigkeitsgefühl? Was läßt sich über den Ursprung einer solchen „perfektionistischen" Strebung vermuten? Es ist eine tiefenpsychologische Erkenntnis Freuds, die uns hier weiterhilft und auf die bereits der Dichter Fr. Hebbel aufmerksam machte, als er sagte: „Wenn man etwas ganz gründlich haßt, ohne zu wissen warum, so kann man überzeugt sein, daß man davon einen Zug in seiner eigenen Natur hat!" Was ergibt sich, wenn wir von diesem Satz Gebrauch machen, also, um mit Nietzsche zu sprechen, einen „entlarvenden Rückschluß" vom „Ideal auf den, der es nötig hat", wagen? Was bedeutet in tiefenpsychologischer Interpretation ein Rechtsgefühl, das einer Goldwaage gleicht? Es besagt: Sehr wahrscheinlich war in der Seele Kohlhaas' selbst ein besonders starker, lange schon verdrängter Hang zu gewalttätiger, hemmungsloser Aggressivität vorhanden, vielleicht sogar eine sadistische Lust an Grausamkeit und Zerstörung. Daher stellt die Charaktereigenschaft der überstrengen Rechtlichkeit gleichsam einen Schutzwall zur Unterstützung der Verdrängung dar, eine „charakterliche Panzerung" (W. Reich), die unter dem Einfluß der Erziehung gegen diese asozialen Triebregungen aufgerichtet wurde. In der Terminologie der Freudschen Psychoanalyse nennen wir ein solches überstarkes Gerechtigkeitsgefühl – und dies gilt auch für eine übergroße Hilfsbereitschaft – eine „Reaktionsbildung". Auffällige Tugenden bzw. starke eigene innere Verbote haben ja nur Sinn bei Wirksamkeit besonders starker gegenteiliger Regungen, die reaktiv niedergehalten werden müssen.

Forschen wir weiter! Was bedeutet es für einen Menschen mit diesen Charaktereigenschaften, wenn er im späteren Leben in eine gerade diese Regungen tangierende Situation gerät? Folgende Vermutung liegt nahe: Da die bei Reaktionsbildungen abgewehrten gegensinnigen Triebwünsche zumindest teilweise weiterhin als Tendenzen unbewußt wirksam bleiben, so muß eine Umweltlage, die zu starker entsprechender, triebbefriedigender (z. B. aggressiver) Betätigung reizt, für einen so strukturierten Menschen in besonderem Maße bedrohlich und alarmierend sein. Denn eine solche Situation birgt ja die Gefahr in sich, daß die reaktiv abgewehrten aggressiven Neigungen wieder in ungebändigter Form mit aller Macht durchbrechen könnten. Geschähe dies aber, so geriete der mühsam erworbene Persönlichkeitsaufbau, auf dem das gesamte Selbstwertgefühl beruht, in Gefahr zusammenzubrechen. Dann verlöre dieser Mensch gerade diejenige Charakterbeschaffenheit, die ihm, wie er glaubt und anstrebt, bei seiner Mitwelt einen besonderen Wert verleiht und auf die er ganz besonders stolz ist.

Es ist daher verständlich, daß sich ein solcher Mensch vor dieser Gefahr schützt und sie abwehrt. Dies könnte an sich auf verschiedene Weise geschehen, und es scheint Sache der angeborenen Wesensart zu sein, welches Abwehrverfahren gewählt wird. Ein extremer Weg wäre z. B., sich von vornherein aus allen derartigen Gefahrenlagen zurückzuziehen, ihnen also vorsorglich zu entfliehen, ein Verfahren, das letztlich zur Weltflucht führt und sich zu einem asketischen Wüten gegen die böse Begehrlichkeit in der eigenen Brust steigern könnte. Der Fanatiker verfährt anders! Als aktive, kraftvolle Kampfnatur begegnet er der inneren Gefahr dadurch, daß er darangeht, den Gefahrenherd in der Außenwelt radikal zu beseitigen. Er bezwingt den gefährlichen inneren Konflikt, indem er ihn in die Außenwelt „projiziert" und dort austrägt. Er beugt dem drohenden Chaos in der eigenen Brust vor, indem er die ihn innerlich bedrohende sittliche Unordnung „paranoid" in der Außenwelt wahrzunehmen glaubt (was mit Hilfe des „Projektionsmechanismus" gelingt) und sie dort radikal niederkämpft. Der Umstand, daß dieser Kampf es zugleich ermöglicht, insgeheim dennoch auch ein Stück seiner reaktiv niedergehaltenen Haßgeladenheit in idealistischer Maskierung auszuleben, dieser Umstand macht dieses Abwehrverfahren für den Fanatiker doppelt anziehend. Denn die beiden innerseelischen prätraumatischen Beweggründe des fanatischen Reagierens, das eben erwähnte Selbstschutzmotiv und das verkappte Triebbefriedigungsmotiv, schließen einander ja in keiner Weise aus, da ein vom Gewissen toleriertes, maskiertes Ausleben der Aggressivität die Wertschätzung der Persönlichkeit aufrechterhält.

Der originäre Fanatismus erweist sich mithin, tiefenpsychologisch interpretiert, als eine mehrfach bedingte Reaktionsform, und er ist nur bei Zutreffen aller seiner Voraussetzungen möglich. Freilich, sind diese Bedingungen gegeben und gerät ein solcher Mensch mit seiner teils anlagemäßig, teils lebensgeschichtlich bedingten latenten Fanatismusbereitschaft in eine „traumatische Versuchungssituation", so wird er in ihr fast zwangsläufig zu einem manifesten Fanatiker werden. Denn wenn sich unter den Wegen, auf denen eine gefährliche innere Persönlichkeitskrise vermieden werden kann, auch einer befindet, der gestattet, mit der Erfüllung eines Gewissensanspruches zugleich in larvierter Form eine partielle Triebbefriedigung zu verbinden, so wird das Ich sehr wahrscheinlich diesen Weg wählen[10].

Es liegt nahe – und eine vollständige Analyse der Persönlichkeit Michael Kohlhaas' erforderte es –, auch noch die Frage nach dem Ursprung dieser verborgenen, reaktiv niedergehaltenen aggressiven Veranlagung Kohlhaas' aufzuwerfen. Wir vermögen jedoch diese Frage *in concreto* nicht zu beantworten, da uns die Kleistsche Novelle keinerlei auswertbares Material hierzu zur Verfügung stellt. Was uns im Kleistschen Bericht in diesem Problemzusammenhang vielleicht doch noch zu einem neugierigen Weiterdenken verleiten könnte, wäre lediglich die Mitteilung, Kohlhaas' Vater sei ein Schulmeister gewesen. Nun – die Erfahrung lehrt, daß Schulmeisterkinder es sehr oft nicht leichter haben, sondern eher schwerer, seelisch gesunde, unneurotische, also ausgeglichene, angstfreie bzw. unaggressive Erwachsene zu werden. Dies dürfte gerade für die Buben gelten, besonders dann, wenn der Vater auch ihr Lehrer in der Schule ist (was ja in früheren Zeiten sehr oft der Fall war). Es wäre daher nicht schwer, auch z. B. Kohlhaas' verdrängte, starke Aggressionsneigung sowie einige Züge seines Über-Ichs in einen verständlichen, genetisch-dynamischen Zusammenhang mit einem autoritären, schulmeisterlichen Familien- und Erziehungsmilieu zu bringen. Aber könnten wir mit diesem Verdacht dem Vater Kohlhaas – und vielleicht sogar dem ganzen Schulmeisterstand – nicht auch unrecht tun? Wir wissen doch nichts von ihm! Unterlassen wir daher das Weiterdenken[11], und vergegenwärtigen wir uns statt dessen zur Klarstellung der dynamischen Eigenart der fanatischen Aggressivität den Unterschied zwischen dem echten, „humanen" Idealismus und dem „inhumanen", fanatischen Idealismus. Doch zuvor ist noch zu klären, was wir hier unter Idealismus verstehen. Wenn wir sagen, ein Mensch handle aus purem Idealismus, so behaupten wir, er setze sich in völlig selbstloser Weise zum Wohle von Mitmenschen ein. Ob es sich bei dieser Bemühung um die Verwirklichung eines „Ideals" handelt, also eines zwar sehr wünschens- und erstrebenswerten, aber nur sehr schwer oder nur in Annäherung realisierbaren Vollkommenheitszustandes, oder bloß um eine schlichte gute Tat, ist uns hier unwesentlich. Dies zu betonen ist deshalb nötig, weil der Terminus „Idealismus" im englischen Sprachbereich in einer von der Motivation auf die Zielsetzung hin verschobenen und eine negative Bewertung nahelegenden Bedeutung gebraucht wird. Dort läßt das Wort „Idealist" an einen Menschentypus denken, der, im Gegensatz zum nüchternen, nur das Beweisbare und Erreichbare schätzenden „Realisten", dazu neigt, die Wirklichkeit infolge eines unkritischen, „infantilistischen" Wunschdenkens zu „idealisieren" und verstiegenen, weltfremden Projekten nachzujagen. Jedoch der Idealist in unserem Sinne kann zwar, muß aber durchaus kein solcher „Idealisierer" sein! Das ihn kennzeichnende Merkmal lautet lediglich: Gutes tun wollen aus selbstlosen Beweggründen. Und dies besagt: 1. Beim so Getanen oder Geschaffenen handelt es sich um ein primär anderen Menschen zugedachtes Gut (im umfassendsten Fall ist es ein Gut für Menschen). Es hat Wert, wenn es sich und weil es sich zur Befriedigung menschlicher Bedürfnisse und Wünsche eignet; 2. dieses „Gute" darf nicht um einer bestimmten, von den anderen dafür eigens zu erbringenden und erwarteten, ent- oder belohnenden Gegenleistung willen getan werden, also etwa um belobt oder bewundert zu werden oder um Verzeihung zu erlangen oder Liebe oder Dankbarkeit dadurch zu erkaufen. Denn in all diesen Fällen täte ich das Gute ja doch nur aus „selbstischen" Motiven. Aber welchen Beweggründen billigen wir dann berechtigterweise die Eigenschaft zu, „nicht-selbstischer" Art zu sein (denn ein Handeln ohne uns hierzu bewegende lust- oder unlustbetonte Spannungszustände gibt es ja nicht)? Wir kennen sie: den anderen Gutes tun aus *Gewissensgründen* oder/und aus *Liebe!* Mich in selbstloser, aufopferungsvoller Weise für mitmenschliches Wohl einzusetzen, kann ermöglicht werden durch ein *Pflichtmotiv* (die Tat zu unterlassen, riefe ein schmerzliches „Schuldgefühl" hervor), aber auch durch eine libidinöse Objektbesetzung (die Tat beseitigt das durch mein Mitgefühl mit dem Leiden eines geliebten Menschen hervorgerufene eigene Leiden, und die ihm bereitete Freude erfreut mich), sowie durch ein Ichideal-(„Selbstliebe"-)motiv (der in gemeinschaftlicher Verbundenheit mit Gleichgesinnten unternommene Einsatz für eine Gemeinschaftsaufgabe, als Wertsteigerung meiner sozialen Lebenslage empfunden, ruft in mir eine mich hierfür „begeisternde" Freude über mein eigenes Leben hervor). In keinem dieser Fälle geschieht die gute Tat um des „do ut des" willen. Man tut sie, so sagt man daher, nur um des Guten willen. Die Tat selbst „belohnt" den Täter!

Doch nun zu unserer Frage nach dem Unterschied zwischen dem Idealismus fanatischer und unfanatischer Art, den sichtbar zu machen sich auch deshalb empfiehlt, um sich nicht durch eine verständliche Ablehnung der ersteren den Blick für den Wert der unfanatischen idealistischen Einsatzbereitschaft trüben zu lassen. Daß wir Kohlhaas das Prädikat, ein Idealist gewesen zu sein, nicht nehmen können, versteht sich aufgrund unserer Begriffserklärung nun von selbst. Allerdings beeilen wir uns hinzuzufügen: Dies gilt nur für die innere, subjektive Bewußtseinslage, nicht für die hintergründige, psychische Antriebslage. Denn der fanatische Idealist hat zwei Gesichter: das edle des Kämpfers für eine sittliche Idee und das brutale des rücksichtslosen Gewaltmenschen. Das bedeutet aber: Der Fanatiker vom Schlage Kohlhaas bezieht seine Energie, seine Gefühlsergriffenheit nicht allein aus dem sittlichen Antrieb zum Guten und dem Abscheu vor dem Bösen, wie dies beim echten Idealisten zutrifft, sondern zusätzlich oder sogar überwiegend aus maskierten Haß- und Rachebedürfnissen, die sich zusammensetzen aus einem sehr gekränkten Selbstwertgefühl und aus prätraumatisch vorhandenen, verdrängten aggressiven Triebregungen, von H. Kohut treffend charakterisiert als *„chronische narzißtische Wut"*[12].

Der echte Idealismus wurzelt in der Liebe, der fanatische aber ist mitverwurzelt in einem irrationalen Haß. Für den humanen Idealismus gilt daher: Alles Gute, also auch das Gerechte, wird erst gut durch die *Güte* (Gerechtigkeit ist für ihn „Liebe mit sehenden Augen!"), für den fanatischen Idealisten ist Gerechtigkeit aber eine aus dem Zusammenhang des Lebens herausgelöste, „abstrakte", absolut gesetzte Forderung, die der Güte zu ihrer Verwirklichung nicht bedarf, ja, die diese sogar zu gefährden scheint. Daher gilt für ihn: „Fiat iustitia, pereat mundus!" Der hassende Idealismus macht starr, humorlos, verengt den Blick, verfälscht das natürliche Wertempfinden, verschüttet die Quellen des Mitgefühls. Sein Einsatz für das Gute verlagert das Schwergewicht von Beginn an auf das Bekämpfen der Gegner und erstrebt nurmehr ihre radikale, erbarmungslose Vernichtung. Das Bekämpfen wird förmlich Selbstzweck und heiligt alle Mittel. Dazu kommt, daß Haß in verdeckter Form noch viel anhaltender und gefährlicher ist als klar bewußter Haß; denn dieser verbrennt, wenn er sich befriedigt; getarnter, verdrängter Haß kann das aber nicht. Jener führt daher schlimmstenfalls zu einem Ende mit Schrecken, dieser aber zu einem Schrecken ohne Ende, das heißt zu einer Schreckensherrschaft, die erst mit dem selbst herbeigeführten und verschuldeten Untergang des Fanatikers endet[13].

Nun aber drängt sich gebieterisch die Frage auf, ob wir die an Kohlhaas gewonnenen Ergebnisse unserer Fanatismusuntersuchung auch verallgemeinern dürfen, ob unser tiefenpsychologischer Erklärungsversuch also nicht bloß für den Rechtsfanatiker, sondern in sinngemäßer motivischer Anpassung auch für die anderen Fanatikertypen gilt. Wir bejahen diese Frage, glauben aber, es überfordere unsere, lediglich eine erste Rahmenhypothese entwickelnde Studie, den (übrigens auch zur Bewährung unserer Hypothese) benötigten umfangreichen pathographischen Nachweis hier zu erbringen.

Wir verweisen daher nur kurz auf die grundmotivischen Unterschiede. Zu diesem Zwecke müssen wir uns zuerst darüber klarwerden, welche Inhalte überhaupt zu Zielsetzungen fanatischer Hingabe gemacht werden können, also welche Hauptgestalten des originären Fanatismus es gibt und geben kann. Zu fanatischer Hingabe im Sinne unserer Fanatismusdefinition eignen sich nur solche menschlichen Betätigungsbereiche, die Gemeinschaftsinteressen betreffen, für die sich einzusetzen zu einer universellen Verpflichtung gemacht werden kann. Was man aus sittlich-idealen Motiven nicht öffentlich erstreben kann oder richtiger gesagt: was sich aus sittlich-idealen Motiven nicht öffentlich bekämpfen läßt, das vermag zu keinem *fanum* zu werden. Nur unter Berufung auf eine dringliche, alle Mitmenschen verpflichtende soziale Aufgabe ist es dem Fanatiker möglich, den Gegner seiner Werthaltung vorerst sittlich zu disqualifizieren und ihn dann in sittlicher Empörung anzugreifen. Dazu aber eignet sich durchaus nicht jeder kulturelle Lebensbereich in gleicher Universalität und Intensität. So bieten z. B. Kunst und Wissenschaft einen relativ geringen Fanatismusanreiz, es sei denn, der Kampf entbrenne um eine wissenschaftliche These von großer weltanschaulicher oder politischer Bedeutung. Hingegen besitzen begreiflicherweise Weltanschauung und Religion eine besonders starke „Fanatismusaffinität", desgleichen politische und soziale Zielsetzungen und Wunschbilder. Geht es im weltanschaulichen Bereich um die heilige Pflicht der Reinerhaltung und Durchsetzung des „wahren Glaubens", also um religiöse und weltanschauliche Überzeugungen von starkem Gefühlswert, so im politischen Bereich vornehmlich um die vollkommene Verwirklichung von „idealen" Lebensordnungen, also etwa um die Forderungen nach Gerechtigkeit, Freiheit oder Gleichheit im innerstaatlichen und zwischenstaatlichen Leben. (So wurden z. B. die Menschenrechte innerhalb der Französischen Revolution nach M. Webers treffendem Ausspruch in der Gestalt „extremrationalistischer Fanatismen" proklamiert.) Im gesellschaftlichen Leben aber geht es um die Reinerhaltung von Sitte, Sittlichkeit und Volksgesundheit (z. B. der Rassenreinheit). Wir hätten deshalb als gleichsam stilechte Ausprägungen des originären Fanatismus zu unterscheiden: den religiös-weltanschaulichen Wahrheitsfanatismus, den politischen Gerechtigkeits- und Rechtsfanatismus und den Sittlichkeitsfanatismus.

Und nun zurück zu unserer Frage! Läßt sich unsere am Rechtsfanatiker Kohlhaas erarbeitete tiefenpsychologische Fanatismushypothese in entsprechender inhaltlicher Abwandlung auch auf die übrigen Gestalten des Fanatismus übertragen?

Für den politischen Fanatismus erübrigt sich wohl dieser Nachweis. Denn daß die unterschiedlichen Zielsetzungen innerhalb des politischen Fanatismus nicht das innere Wesen, die persönliche Antriebsstruktur und die genetischen Voraussetzungen der Fanatikerpersönlichkeit tangieren dürften, daß sich also darin zum Beispiel Freiheitsfanatiker und Rechtsfanatiker ziemlich gleichen werden, läßt sich ja bereits daraus ableiten, daß Freiheit oder Gleichheit ebenfalls im Namen der Gerechtigkeit gefordert werden, freilich hier sogleich als Anspruch einer großen Gruppe, beim Rechtsfanatiker zunächst nur als Aufschrei eines einzelnen.

Beim Sittlichkeitsfanatismus geht es vornehmlich um die Geschlechtsmoral. Der „Sittlichkeitsapostel" übersteigert die sexualmoralischen Anforderungen und fällt bei der Bekämpfung von Mißständen durch eine übertriebene, aggressive, unnachsichtige, vom eigenen Gewissen aber tolerierte Kampfesweise auf. Im Charakter dieses Menschen vermuten wir einen schon vordem bestehenden Zug zur Prüderie, zur extremen Tabuierung alles Geschlechtlichen. Ihn denken wir uns entstanden durch eine aus einem besonders strengen Über-Ich-Anspruch stammende Reaktionsbildung, aus einer verstärkten Unterdrückung starker eigener verdrängter sexueller Begierden durch gegensinnige Scham- und Ekelreaktionen. Das Hineingeraten in eine sittlich laxe Umwelt wird als eine Triebdurchbruchsgefahr empfunden, die durch aktive Bekämpfung (Vernichtung) des Gefahrenherdes in der Außenwelt abgewehrt wird. Öfters dürfte als zusätzlicher Antrieb auch ein geheimer Sexualneid in Gestalt des „Ressentiments" aggressionsverstärkend beteiligt sein. Das unermüdliche aktive Aufspüren (Bereden, Bestrafen) der sexuellen Verfehlungen der Mitmenschen ermöglicht überdies auch eine moralisch gut getarnte, eigene partielle Triebbefriedigung: „Wir verbergen unser Gelüsten hinter sittlichem Entrüsten" (W. Busch).

Über die Gründe und Hintergründe des religiös-weltanschaulichen Fanatismus läßt unsere Fanatismushypothese folgendes vermuten: Daß Religion und Weltanschauung einen besonders günstigen Nährboden für fanatisches Eiferertum darstellen (keine der großen Weltreligionen scheint frei von fanatischen Kämpfern oder Bekämpfern geblieben zu sein!), wäre unverständlich, wenn Religion und Weltanschauung ihren Vertretern nicht sehr viel bedeuteten und bedeuten. Jede Weltanschauung, ob religiöser oder philosophischer Art, die diesen Namen verdient, hilft dem Menschen zu leben, indem sie durch Aufhellung der „Seinsgründe" einen universellen Vertrauens- oder doch Vertrautheitshintergrund für sein In-der-Welt-Sein schafft. Sie verweist den Menschen ferner auf Lebensaufgaben, deren Erfüllung ihm die gefühlsmäßige Gewißheit eines Lebenssinns gewährt. Kurzum: sie erleichtert es ihm, mit der Lebensangst fertig zu werden, die jeden Menschen infolge der schicksalhaften metaphysischen Ausgesetztheit, seiner „Geworfenheit", immer – bald stärker, bald schwächer empfunden – bedroht, und gegen die er aus eigener Kraft so wenig ankann. Aber Weltanschauungen – und dies gilt nicht nur für die Heilslehren der Religionen, sondern auch für die als „Religionsersatz" fungierenden Welt- und Lebensbedeutungen der großen Philosophen – lassen sich nicht ohne das Wagnis, auch wissenschaftlich nicht exakt beweisbare Thesen einzubeziehen, begründen, und sie sind ob dieser ihrer irrationalen „Glaubensinhalte" den Anfechtungen des „Glaubenszweifels" ausgesetzt (was leider auch für die künftigen „irdischen Paradiese" der politischen Weltanschauungen gilt.) Und hier befinden wir uns bereits an der Stelle, von wo sich die Fanatismusaffinität der Weltanschauungen einigermaßen aufhellen läßt. Und zwar gilt ganz allgemein: Eine Weltanschauung ist um so anfälliger für Intoleranz, je mehr ihre tröstenden Grundgedanken und Hoffnungen unbeweisbarer, irrationaler Art sind und durch Kritik in Illusionsverdacht geraten können, wobei als Kritik an der eigenen Weltanschauung nicht bloß jeder Abspaltungsversuch, sondern auch schon das Bekanntwerden mit inhaltlich abweichenden, widersprüchlichen Auffassungen empfunden wird. Unter welchen Voraussetzungen aber wird sich ein Mensch bei einer von außen drohenden kritischen Glaubensgefährdung spontan zu fanatischem, haßerfülltem, blindwütigem Eiferertum gedrängt fühlen und dadurch befähigt werden, auch andere Glaubensgenossen zu fanatisieren? Welche lebensgeschichtlich bedingte Bereitschaft wird in diesem Fall noch in Ansatz zu bringen sein? Wagen wir die Hypothese: Die an sich verständliche, weltanschauliche Verteidigungsbereitschaft ist immer dort in Gefahr, in fanatisches, intolerantes Eiferertum umzuschlagen, wo die traumatische Situation der Glaubensgefährdung einen Menschen mit verkappter, innerer Glaubensschwäche und einer infolge dieser Glaubensschwäche unbefriedigten, sehr starken „weltanschaulichen Bedürftigkeit" trifft. Die Glaubensschwäche beruht auf bereits vorhandenen, nicht ehrlich eingestandenen Glaubenszweifeln, mit denen der betreffende Mensch sich nicht offen auseinanderzusetzen wagte, die er daher zu verdrängen suchte, wahrscheinlich mitsamt den Schuldgefühlen wegen der ihn moralisch ängstigenden „sündhaften" eigenen skeptischen Regungen. Zur Verstärkung dieser Verdrängung könnte sich auch hier der „reaktive" Drang zu überbetonter Glaubensstrenge herausgebildet haben, also die Einstellung vorherrschend geworden sein, man dürfe unter keinen Umständen am Glauben rütteln oder rütteln lassen. Daher die Überempfindlichkeit in der traumatischen Situation einer von außen her auftauchenden kritischen Glaubensgefährdung, daher die Überbewertung ihrer Gefahr, daher der fanatische Kampf um absolute Glaubenssicherheit, eine Zielsetzung, die sich nur mit dem totalen Widerruf der „Ketzer" oder mit ihrer totalen Vernichtung zufriedengeben kann. Was aber hindert diesen Menschen daran, eine ehrliche, offene Auseinandersetzung mit den Zweifeln der anderen und den eigenen Zweifeln zu wagen? Was steht dynamisch hinter der reaktiven, prätraumatischen Abwehr der Glaubenszweifel? Wahrscheinlich eine übergroße, nur mühsam bewältigte Existenzangst, die aus verschiedenen lebensgeschichtlichen Quellen stammen kann und aus der sich auch die große „Glaubensbedürftigkeit" herleiten läßt. Wir vollziehen demnach wiederum den bekannten Rückschluß vom „Ideal" auf den, der es nötig hat. Es ist nicht unwahrscheinlich, daß beim Wahrheitsfanatiker auch ein gekränktes Selbstgefühl, ein verletzter Stolz mitsprechen, die es ihm nicht gestatten, zuzugeben, daß er selbst ein Irrender sein könnte. „Wenn der Gegner recht hätte, so wäre ich ja ein armseliger Mensch", so erklärt Fichte einmal die Denkungsart des Fanatikers. Jedoch zu meinen, von diesem Prinzip aus sei „aller Fanatismus und alle wütende Äußerung desselben vom Anfang der Welt bis heute ausgegangen", diese Erklärung mag für einen gehässig geführten Streit der Gelehrten genügen, aber nicht für den Kampf eines Fanatikers. Diesem geht es um mehr als um das „Rechtbehalten" aus Prestigegründen. Der verletzte Stolz spielt bei ihm nur die Rolle eines Zündfunkens, der in ein Pulverfaß geworfen wird. Der Satz, der Glaubensfanatiker bekämpfe beim anderen, was er bei sich selbst nicht völlig zu überwinden vermochte, er sei also in Wirklichkeit gar nicht der sicher und tief gläubige Mensch, als der er sich selbst und den anderen erscheinen will, dieser Satz gilt auch für eine bestimmte Gruppe von Apostaten und Konvertiten, bei denen häufig zu beobachten ist, daß sie gegen die frühere eigene Weltanschauung eine heftige, intolerante Ablehnung und einen unnötigen, auffälligen Bekämpfungseifer an den Tag legen. Auch sie negieren das Alte unter anderem deshalb überstreng und unduldsam, weil sie es im Inneren noch nicht wirklich überwunden haben. Auch der antireligiöse Fanatismus vieler Aufklärer läßt sich ungezwungen als Ausdruck eines nicht wirklich bereinigten Konfliktes zwischen Kinderglaube und Aufklärung verstehen.

Es wäre weit über das Ziel geschossen, wollten wir behaupten, unsere tiefenpsychologische Interpretation des originären Fanatismus befriedige unseren Wissensdurst in wünschenswertem Ausmaße. Das Material der Kleistschen Dichtung gestattet leider keine völlige Aufhellung des Seelentums dieses „rasenden, unbegreiflichen und entsetzlichen Menschen" (M. Luther über Kohlhaas); Spekulationen ohne empirische Basis aber taugen nicht viel. Was uns die noch ausstehenden Einzelaufschlüsse besonders über die charakterneurotischen und psychopathischen Anteile des latenten originären Fanatismus am besten vermitteln könnte, wären Berichte über psychoanalytische Behandlungen von Fanatikerpersönlichkeiten, die es aber meines Wissens nicht gibt und auch kaum geben wird. Denn der Fanatiker fühlt sich ja nicht krank oder verbrecherisch. Aber – so könnte man glauben – wenn „der Geist eines Zeitalters sich erhitzt" (E. Kretschmer), dann vermögen die originären Fanatiker den induzierten „epidemischen" Fanatismus hervorzurufen; der erfaßt viele Menschen, und über einige von diesen müßten doch solche Behandlungsberichte oder aufschlußreiche Autobiographien vorliegen[14]. Aber wer sich davon unsere benötigten zusätzlichen Aufschlüsse erhofft, irrt. Denn er hat nicht bedacht, daß sich originäres und induziertes Fanatikertum zwar weitgehend im äußeren und inneren Verhalten gleichen, aber viel weniger in der Verursachung dieses Verhaltens und Erlebens. Beide stimmen überein in der fanatischen Zielsetzung, d.i. im leidenschaftlichen, monomanen, selbstlosen, aufopferungsvollen, „idealistischen" Kampf gegen einen öffentlichen Übelstand, sowie in der Über-Ich-Anomalie, dem Schweigen des Gewissens zur völlig hemmungslosen und rücksichtslosen Kampfesführung (Terrorisierung, radikale Austilgung des Gegners). Aber die Seelenverfassung des Fanatisierten, seine „Fanatisierbarkeit", beruht sicher in beträchtlichem Ausmaß auf spezifischen Entstehungs- und Auslösungsbedingungen.

Einige dieser Bedingungen seien hier genannt: Sein fanatisches Erleben und Verhalten wird angefacht durch eine in einer Gruppen- oder Massensituation vom originären Fanatiker hervorgerufene Begeisterung für dessen Persönlichkeit und Ziele. Daß ihn das aufrüttelnde Erlebnis dieser Begegnung nicht lediglich zu einem einigermaßen „enthusiasmierten Sympathisanten" mit Vorbehalten, sondern zu einem rasch entschlossenen „Anhänger der ersten Stunde"[15], ja, zu einem gläubigen und tatbereiten „fanatischen Kampfgenossen" macht (dies im Unterschied zu dem sich erst nach den großen Erfolgen, nach der „Machtergreifung", aus Angst oder Nützlichkeitserwägungen anschließenden „Mitläufer"), erklärt sich aus seiner schon vorher bestehenden Fanatisierbarkeit. Und worin besteht diese? Um aus dem sehr komplexen Ursachengefüge nur einen, meines Erachtens aber nie fehlenden, zentralen Faktor herauszugreifen: in einer großen Begeisterungs- und Anschlußbereitschaft infolge einer sehr starken Begeisterungs- und Anschlußbedürftigkeit. Wann ist ein Mensch sehr begeisterungs- und anschlußfreudig? Wenn er wegen eines schmerzlichen, bedrohlichen „Identitätsverlustes"[16], also eines unsicher gewordenen (oder gebliebenen) Selbstvertrauens und der Empfindung der zunehmenden Wertlosigkeit seiner sozialen Existenz intensiv eine Lebenslageveränderung herbeiwünscht, sich also danach sehnt, für eine Aufgabe gebraucht zu werden und brauchbar zu sein, die seinem von Sinnlosigkeit bedrohten Leben wieder einen Sinn gibt[17]. Jeder glaubhafte Appell zum Mitmachen bei einer neuen, kraftvollen Unternehmung zur Umgestaltung der bestehenden Verhältnisse, die ihn hoffen läßt, auch sein wertloses Leben radikal verändern und wieder wertvoll machen zu können, wird ihn daher viel leichter und rascher als andere Menschen zu unkritischer, begeisterter Zustimmung und zu leidenschaftlicher Gefolgschaft veranlassen. Vielleicht meinte dies auch Nietzsche mit seinem Ausspruch: „Der Fanatismus ist die einzige Willensstärke, zu der auch die Schwachen gebracht werden können!" Denn es ist vor allem aus dieser inneren Bedürftigkeit heraus zu erklären, daß aus einem sich in seiner Lebenslage arg verunsichert fühlenden „introvertierten" Menschen durch die Propaganda eines selbstsicheren, Mut und Siegeszuversicht und Idealismus ausstrahlenden „suggerierenden" Fanatikers, der zu einer energischen Bekämpfung von Übelständen aufruft, nach kürzester Zeit ein tatkräftiger, leidenschaftlicher „Mitstreiter der ersten Stunde" werden kann. Er verfällt widerstandslos und kritiklos der Faszination dieser Persönlichkeit, sie wird ihm zum bewunderten Vorbild („Führer"), dem er zu gleichen und zu gefallen sich mit allen Kräften bemüht. Durch diese „Identifizierung", die ihm dazu verhilft, auch an der eigenen Person wieder Gefallen zu finden, wird aber der „geliebte Führer" unmerklich – auch sein *Gewissen!* Er unterwirft sich bereitwillig der starken Autorität dieses Mannes, verzichtet sehr bald auf jede eigene Realitätsprüfung gegenüber den von ihm stammenden Informationen und unterläßt in der Folge auch – dies kennzeichnet *seine Art der „Über-Ich-Anomalie"* – jede eigene moralische Stellungnahme gegenüber dessen Befehlen und Wünschen, wozu er auch durch eine in der Kindheit erworbene *„autoritäre Einstellung"* stimuliert wird[18,19]. Seine größte Tugend wird die Pflichterfüllung, d. i. die gehorsame Durchführung der ihm übertragenen Aufgaben, seine schmählichste Tat ist Führungsverrat und Nachlässigkeit im „Dienst" aus Trägheit oder Feigheit. Der „Führerbefehl" heiligt für ihn alle Kampfesziele und Kampfesmittel. Er führt daher in unerbittlicher „Pflichttreue", wenn anbefohlen, auch jegliche Gewalttat und Untat fast oder ganz bedenkenlos durch, da das introjizierte „Führergewissen" jede eigene kritische Regung als Widersetzlichkeit oder unmännliche feige Weichherzigkeit verdächtigt und unterbindet, und er sich nicht vorzuwerfen hat, aus persönlichen triebhaften Haß- oder Rachegelüsten zu handeln[20]! Durch diesen seinen *vorbehaltlosen* Gefolgschaftswillen erreicht er die gleichwertige Zugehörigkeit zu einer Gemeinschaft von „Auserwählten", zu der nur diejenigen gehören, die das geliebte Objekt, nämlich den Führer, an die Stelle ihres „Ich-Ideals" gesetzt haben[21]. Sein Bedürfnis, sich und seine Lebenslage aufzuwerten, ist dadurch trotz oder gerade wegen der ihm hierbei auferlegten „Verpflichtungen" und „Opfer" befriedigt. An der auffälligen Bereitwilligkeit zu bedenken- und hemmungsloser Ausführung anbefohlener aggressiver Handlungen kann freilich neben dem „Pflichtmotiv" auch noch ein persönlicher Bekämpfungswille beteiligt sein, entstanden aus einer vom „Führer" schon in den „ersten Stunden" der Begegnung vermittelten, das eigene gedrückte Selbstgefühl sofort spürbar hebenden und daher gerne geglaubten pseudorationalen „Sündenbockaufklärung". Sie besagt: am bisher enttäuschend verlaufenen eigenen Leben, am bedrohlichen Lebenssinnverlust, trägt nicht, wie bisher fälschlich geglaubt und von der früheren Umgebung glaubhaft gemacht, die eigene „Minderwertigkeit" die Schuld, sondern die von rücksichtslosen (z. B. egoistischen macht- und besitzgierigen) „Gemeinschaftsfeinden" verursachte Ungunst seiner Lebenslage. Diese vom Führer „entlarvten" Gemeinschaftsschädlinge in einem gemeinsam geführten, radikalen Kampf unschädlich zu machen, sei – so wird er „überzeugt" – der einzige Weg zur Errringung eines lebenswerten Lebens für alle bisher hilflos Entrechteten (Mißachteten, Bedrohten, Entehrten, Ausgeplünderten).

Abschließend läßt sich sagen: Der induzierte Fanatiker ist ein fanatisierbarer, *verführter* Fanatiker, der originäre Fanatiker ist sein *Verführer*. In einer Umgebung ohne Fanatisierbare wäre der originäre Fanatiker ein psychopathischer, lästiger, paranoider Einzelgänger. Lebt er aber unter Menschen, von denen viele infolge einer inneren Leere und Angst, einer schwelenden „Lebenssinnkrise", zu der sie aus verschiedenen Ursachen gekommen sein können, von einer radikalen Veränderung der äußeren Lebenslage auch die Errringung ihres seelischen Gleichgewichtes glauben erwarten zu können, dann kann sich sein Fanatismus unter ihnen wie eine *Epidemie* ausbreiten. Dann wird der originäre Fanatiker zum faszinierenden, energiespendenden, organisierenden und beherrschenden Mittelpunkt einer *fanatischen Massenbewegung*. Was sagte doch der Psychiater E. Kretschmer resignierend über die „großen", originären Fanatiker? „In den kühlen Zeiten begutachten wir sie, in den heißen – beherrschen sie uns[22]!" Es sollte dies nicht, nein, es dürfte dies nicht das letzte Wort über die Sache, aber es muß aus Gründen unserer Themenstellung das letzte Wort unserer Studie sein.

Es sei mir lediglich noch gestattet, meinem Erstaunen darüber Ausdruck zu geben, wir relativ gering das Interesse der Psychologie, Psychiatrie und Soziologie an der Fanatismusforschung und der Öffentlichkeit an der Förderung dieser Forschung ist. Ob man bereits wieder dem trügerischen „beruhigenden" Glauben verfällt, die „aufgeklärte" Kulturmenschheit, insbesondere eine „Wohlstandsgesellschaft", sei gegen „Orgien" der „kollektiven Irrationalismen mit gutem Gewissen" gefeit? Vielleicht weil sie sich durch „Intellektualisierung" bereits hinlänglich daran „gewöhnt" hätte, sich des „Kollektivpathos" der Begeisterung zu „enthalten" (dies die Hoffnung Th. Geigers[23])? Oder erklärt sich diese Forschungslücke vielleicht auch daraus, daß der Fanatismus noch immer – oder schon wieder – so fasziniert, daß man sich von ihm gar nicht ernstlich zu distanzieren wünscht? Aber man vergesse nicht: wie einfach ließe sich das Leben leben, wenn nur die Schlechten schlecht sein könnten.

Zweites Kapitel

ERGÄNZUNGEN UND ERLÄUTERUNGEN ZUM ORIGINÄREN FANATISMUS

2.1 Über die Fanatikerpersönlichkeit Adolf Hitler
Die Eigenart ihrer Entstehung

Bei einem meiner ersten Vorträge, die meine Studie über Michael Kohlhaas zum Inhalt hatte, wurde mir nachher von einem Zuhörer gesagt, manches im Leben und der Persönlichkeit Kohlhaas' hätte ihn an Adolf Hitler erinnert, aber es bestünden doch auch sehr große Unterschiede, besonders was die menschliche Qualität betreffe. Und er forderte mich auf, auch über Hitler eine ähnliche psychoanalytische Studie zu verfassen, wie ich es über Michael Kohlhaas getan hätte. Ich mußte ihm damals erwidern, der zeitliche Abstand wäre noch viel zu gering, um wirklich eine solche objektive Studie machen zu können, auch gäbe es noch viel zu wenig zugängliche biographische Daten über Hitler. All die Hindernisse gibt es gegenwärtig nicht mehr. Denn in der Zwischenzeit ist kaum eine Person der jüngeren Geschichte so intensiv erforscht und beschrieben worden wie Adolf Hitler. Allein die während der vegangenen Jahrzehnte erschienenen Untersuchungen über ihn würden eine kleine Bibliothek füllen. Verwiesen sei auf Autoren wie Werner Maser, David Irving, John Toland, Joachim Fest und Sebastian Haffner, um nur die bekanntesten aus jüngerer Zeit zu nennen. Wird nun bei der Auseinandersetzung mit dem Phänomen Hitler nach den Ursachen und Voraussetzungen seiner Erfolge gefragt, so bieten sich, grob gesprochen, zwei Grundinterpretationen an. Die eine sucht die Erfolge Hitlers vor allem aufgrund der damaligen günstigen Umstände und Rahmenbedingungen zu erklären, und die andere glaubt vor allem in den außergewöhnlichen Fähigkeiten der Person den entscheidenden Erklärungsansatz gefunden zu haben. Sieht man einmal von überzogenen neomarxistischen Deutungsversuchen des Nationalsozialismus ab, in denen Hitler kaum, oder wenn, dann nur als Agent anonymer herrschender Kräfte vorkommt, so besteht heute doch Einigkeit darin, daß beide Faktoren berücksichtigt werden müssen, daß also sowohl die Verhältnisse aber auch die Person für die Erklärung der Entwicklung heranzuziehen sind.

So wie es aber ohne Michael Kohlhaas keinen fanatischen Kampf um das Recht im 16. Jahrhundert gegeben hätte, hätte es im 20. Jahrhundert ohne Hitler keinen deutschen Nationalsozialismus gegeben. Gegen die vorliegenden Hitler-Biographien, von denen einige sogar Bestseller wurden und die verdienstvollerweise größtenteils durch systematische Auswertung von persönlichen Zeugnissen gewonnen wurden, ist einzuwenden, daß sie den entscheidendsten Persönlichkeitszug Hitlers übersehen haben, nämlich seinen Fanatismus. Hitler erscheint als relativ normal, als aufmerksam, rücksichtsvoll oder gar als herzensgut. Da sie aber seinen Fanatismus nicht erkannten, oder doch nicht klar genug erkannten, läßt ihr Erklärungswert sehr zu wünschen übrig. Sie hätten diesen Fehler vielleicht vermeiden können, wenn sie den Essay von Thomas Mann „Bruder Hitler"[1] betitelt, der bereits während der Hitlerzeit geschrieben wurde, gelesen und ausgewertet hätten. Denn ich glaube fast, um die Persönlichkeit Hitlers wirklich zu verstehen, und bis in die Hintergründe seines Seelenlebens durchleuchten zu können, muß man ihn persönlich erlebt haben. Eben diesem Umstand, abgesehen natürlich auch von Thomas Manns großer persönlicher dichterischer Einfühlungsgabe, verdankt sein Essay die Authentizität und den erstaunlichen psychologischen Tiefgang. Thomas Manns Essay „Bruder Hitler" ist 1939 in der Pariser Emigrantenzeitschrift „Das neue Tagebuch" erschienen, also nach dem Ausbruch des Zweiten Weltkriegs. Die für unsere Zwecke wesentlichen Gedanken Thomas Manns lauten:

„Ohne die entsetzlichen Opfer, welche unausgesetzt dem fatalen Seelenleben dieses Menschen fallen, ohne die umfassenden moralischen Verwüstungen, die davon ausgehen, fiele es leichter zu gestehen, daß man sein Lebensphänomen fesselnd findet. Man kann nicht umhin, das zu tun. Niemand ist der Beschäftigung mit seiner trüben Figur überhoben. Das liegt in der grob effektvollen und verstärkenden amplifizierenden Natur der Politik, des Handwerks also, das er nun einmal gewählt hat. Man weiß, wie sehr nur eben in Ermangelung der Fähigkeit zu irgendeinem anderen. . . . Wie die Umstände es fügen, daß das unergründliche Ressentiment, die tief schwärende Rachsucht des Untauglichen, Unmöglichen, zehnfach Gescheiterten, des extrem faulen, zu keiner Arbeit fähigen Dauer-Asylisten und abgewiesenen Viertelskünstlers, des ganz und gar Schlecht-Weggekommenen, sich mit den viel weniger berechtigten Minderwertigkeitsgefühlen eines geschlagenen Volkes verbindet, welches mit seiner Niederlage das Rechte nicht anzufangen weiß und nur auf Wiederherstellung seiner Ehre sinnt. Wie er, der nichts gelernt hat, aus wagem und störrischem Hochmut nie etwas hat lernen wollen, der auch rein technisch und physisch nichts kann, was Männer können, kein Pferd reiten, kein Automobil oder Flugzeug lenken, nicht einmal ein Kind zeugen, das eine ausbildet, was not tut, um jene Verbindung herzustellen: eine unsäglich inferiore, aber massenwirksame Beredsamkeit, dies platt hysterisch und komödiantisch geartete Werkzeug, womit er in der Wunde des Volkes wühlt, es durch die Verkündigung seiner beleidigten Größe rührt, es mit Verheißungen betäubt und aus dem nationalen Gemütsleiden das Vehikel seiner Größe, seines Aufstiegs zu traumhaften Höhen, zu unumschränkter Macht, zu ungeheuren Genugtuungen und Übergenugtuungen macht, zu solcher Glorie und schrecklichen Heiligkeit, daß jeder, der sich früher einmal an dem Geringen, dem Unscheinbaren, dem Unerkannten versündigt, ein Kind des Todes und zwar eines möglichst scheußlichen, erniedrigenden Todes, ein Kind der Hölle ist. Wie er aus dem nationalen Maß ins europäische wächst, dieselben Fiktionen, hysterischen Lügen und lähmenden Seelengriffe, die ihm zur internen Größe verhalfen, im weiteren Rahmen zu üben lernt, wie er im Ausbeuten der Mattigkeiten und kritischen Ängste des Erdteils, im Erpressen seiner Kriegsfurcht, sich als Meister erweist, über die Köpfe der Regierungen hinweg die Völker zu agazieren und große Teile davon zu gewinnen, zu sich hinüberzuziehen weiß. Wie das Glück sich ihm fügt, Mauern lautlos vor ihm niedersinken und der trübselige Nichtsnutz von einst, weil er aus Vaterlandsliebe, soviel er weiß, die Politik erlernte, nun im Begriffe scheint, sich Europa, Gott weiß es, vielleicht die Welt zu unterwerfen. Das alles ist durchaus einmalig, dem Maßstabe nach neu und eindrucksvoll. Man kann unmöglich umhin, der Erscheinung eine gewisse angewiderte Bewunderung entgegenzubringen . . .

Ich sprach von moralischer Kasteiung, aber muß man nicht, ob man will oder nicht, in dem Phänomen eine Erscheinungsform des Künstlertums wiedererkennen? Es ist auf eine gewisse beschämende Weise alles da, die Schwierigkeit, Faulheit und klägliche Undefinierbarkeit der Frühe, das Nichtunterzubringensein, das „Was willst du nun eigentlich?", das halbblöde Dahinvegetieren in tiefster sozialer und seelischer Bohème, das im Grunde hochmütige, im Grunde sich für zu gut haltende Abweisen jeder vernünftigen und ehrenwerten Tätigkeit. Aufgrund wovon? Aufgrund einer dumpfen Ahnung, vorbehalten zu sein, für etwas ganz Unbestimmbares, bei dessen Nennung, wenn es zu nennen wäre, die Menschen in Gelächter ausbrechen würden. Dazu das schlechte Gewissen, das Schuldgefühl, die Wut auf die Welt, der revolutionäre Instinkt, die unterbewußte Ansammlung explosiver Kompensationswünsche, das zäh arbeitende Bedürfnis sich zu rechtfertigen, zu beweisen, der Drang zur Überwältigung, Unterwerfung, der Traum, eine in Angst, Liebe, Bewunderung, Scham vergehende Welt zu den Füßen des einst Verschmähten zu sehen. Es ist unratsam aus der Vehemenz der Erfüllung Schlüsse zu ziehen auf das Maß, die Tiefe der latenten und heimlichen Würde, die unter der Ehrlosigkeit des Puppenstandes zu leiden hatte, auf die außerordentliche Spannungsgewalt eines Unterbewußtseins, das Schöpfungen solchen ausladenden und aufdringlichen Stils zeitigt. . . .

Aber auch die Unersättlichkeit des Kompensations- und Selbstverherrlichungstriebes ist da. Die Ruhelosigkeit, das nie sich Genüge tun, das Vergessen der Erfolge, ihr rasches Sich-Abnutzen für das Selbstbewußtsein, die Leere und Langeweile, das Nichtigkeitsgefühl, sobald nichts anzustellen und die Welt nicht in Atem zu halten ist, der schlaflose Zwang zum Immer-wieder-sich-neu-beweisen-Müssen.

Ein Bruder, ein etwas unangenehmer und beschämender Bruder. Er geht einem auf die Nerven. Es ist eine reichlich peinliche Verwandschaft."

Soweit Thomas Mann. Er kommt in seiner Schilderung der Gründe und Hintergründe der Hitlerschen Persönlichkeit meiner aus Raumgründen nur als Skizze zu entwerfenden tiefenpsychologischen Analyse der *Fanatikerseele* Hitlers sehr nahe. Denn versucht nicht sein Essay diejenige Frage zu beantworten, die uns den Zugang zum originären Fanatismus Hitlers eröffnet? Freilich seine Antwort, im Phänomen Hitler eine Erscheinungsform des Künstlers zu sehen, ist eine geistvolle dichterische Phantasie, aber nicht die benötigte wissenschaftliche Klarstellung.

2.2 Die fanatische Seele Hitlers

Die Frage, die den Fanatismus in Hitler anvisiert, lautet: Welche lebensgeschichtlichen Ereignisse erklären es, daß aus einem lebensuntüchtigen Sonderling eine, das ganze deutsche Volk beherrschende, originäre Fanatikerpersönlichkeit wurde? Dieser erstaunliche, ja sehr erstaunliche Wandel wurde durch folgende zwei Ereignisse ausgelöst, nämlich durch den Ausbruch des Ersten Weltkrieges und durch die Niederlage des deutschen Heeres 1918. Der Ausbruch des Ersten Weltkrieges gab Hitler die große Chance, aus seinem bisherigen völlig vergammelten und verfehlten Leben seelisch auszubrechen. Es scheiterten ja alle seine bisherigen Bemühungen, aus sich etwas zu machen, das seinen maßlosen Ehrgeiz hätte befriedigen können, nämlich ein ganz großer Künstler zu werden. Er erhielt durch seine freiwillige Meldung zur deutschen Wehrmacht zum ersten Mal die Möglichkeit einer befriedigenden sozialen Bejahung seiner Existenz. Er wurde jetzt zu einem vollwertigen Mitglied des großen deutschen Heeres, er wurde gebraucht, so wie er war. Daß er bisher nichts Ordentliches im Sinne von gesellschaftsnützlicher Betätigung gelernt und getan hatte, beeinträchtigte diese Brauchbarkeit in keiner Weise. Denn eine höher zu bewertende Leistung anzubieten, als freiwillig bereit zu sein, sein Leben für die Zielsetzungen einer großen Gemeinschaft einzusetzen, kann keiner erbringen. Und Hitler, immer eingesetzt an der vordersten Kampffront, bewährte sich. Er wurde für seine Tapferkeit mit Recht ausgezeichnet. Daß man ihn zu keinem Gruppenführerdienst für befähigt hielt, hing offenbar mit seiner sozialen Zurückgezogenheit zusammen. Eine Eigenschaft, die aber nicht gleichbedeutend ist mit Unkameradschaftlichkeit.

Was diese sehr erfreuliche Veränderung seiner gesamten Seelenlage bewirkte, ist uns massenpsychologisch völlig verständlich, denn auch das Heer ist eine durch eine Massenbegeisterung für eine Führerpersönlichkeit oder deren Idee zusammengehaltene Großgruppe. Die freiwillige Dienstleistung in diesem Verband erfüllt den Begeisterten mit einer starken lebensbejahenden Freude über sich selbst. Diese Wirkung bleibt die gleiche, ob man nun sagt, der freiwillige Dienst im Heeresverband sei Enthusiasmus oder Fanatismus. Der Heeresdienst muß freilich mehr sein als eine aufgezwungene Pflichterfüllung. Erforderlich ist hierfür mindestens ein gewisses Maß auch von Begeisterungsbedürftigkeit und -fähigkeit. Was aber mußte sich in der Seele eines sehr anschluß- und begeisterungsbedürftigen Menschen, wie Hitler einer war, noch am Ende des verlorenen Krieges und der Auflösung des Heeres ereignen? Wer diese Frage im eigenen Nacherleben zu beantworten vermag, wird verstehen, daß Hitler den Zusammenbruch und die Auflösung des alten Heeres nicht bloß als eine sehr schwere Belastung für das besiegte deutsche Volk, sondern vor allem als eine ganz persönliche Lebenskatastrophe empfand. Es gab ja für ihn keinen erträglichen Rückweg in das zivile Leben wie für die allermeisten anderen Wehrmachtsangehörigen, weder innerhalb noch außerhalb des schwer gedemütigten und hart bestraften deutschen Vaterlandes. Einen Ausweg aus dieser auf die Dauer hoffnungslosen, verzweiflungsvollen Lebenslage, eröffnete ein Zufall, nämlich das Bekanntwerden mit einer ganz kleinen politischen Vereinigung. Das Programm dieser Vereinigung lautete: Nicht kampflos die Niederlage hinzunehmen, sondern das deutsche Volk zu befähigen, eine Revision der Friedensverträge von Versailles zu erzwingen, notfalls auch mit militärischen Mitteln. Die Erfahrung, es gäbe Menschen mit einem aktiven Widerstandswillen, der auch den Einsatz militärischer Machtmittel nötig machen würde, veränderte Hitlers verzweiflungsvolle Seelenlage fast schlagartig. Sie eröffnete ihm die dringend ersehnte Zukunftsperspektive, nämlich in dem Beruf bleiben zu können, der ihn vor vier Jahren aus seiner unwerten Lebenslage befreite. *Hitler beschloß, Politiker zu werden, um Soldat bleiben zu können.* Denn das heißt, seine Lebenswertheit in der einzig ihm zugänglichen Form zu sichern, kämpfend zu leben und kämpfend zu sterben, natürlich in der Hoffnung, Sieger zu sein. Die Politik ist ja nichts anderes als die Fortsetzung des Krieges mit anderen Mitteln. Und die wichtigste für diesen „Berufswechsel" zusätzlich erforderliche Fähigkeit besaß er. Der Zufall fügte es, daß er gerade in dieser Zeit seine Rednergabe entdeckte.

Hitlers politische Zielsetzung lautete: Es gilt, das ganze deutsche Volk in ein geschlossenes Heerlager zu verwandeln und es mit der Aufgabe zu betrauen, sich zum Kriegführen vorzubereiten und dann einen Krieg zu führen, mit dem Ziel, alle Deutschen in einem Großnationalstaat zusammenzubringen, der stark genug und mutig genug ist, sich die übrigen Staaten des Kontinents zu unterwerfen, also ein politisch geeinigtes Europa unter deutscher Führung zu schaffen. Diese gigantische außenpolitische Zielsetzung erfordert, natürlich nur für eine Fanatikerseele, in der Innenpolitik sowohl ihre Gegner (z. B. die „Erfüllungspolitiker") aus religiösen oder rassischen Gründen Wehrunwilligen oder Wehrunwürdigen (z. B. die Zeugen Jehovas oder die rassisch „Minderwertigen") sowie die Wehruntauglichen (z. B. die unheilbar Geisteskranken) total unschädlich zu machen und den deutschen Staat in einen straff geführten autoritären Führerstaat, – analog einer schlagkräftigen Heeresorganisation –, umzuformen, sich stützend auf eine für diese Aufgabe fanatisch begeisterte Bevölkerung. Daß sich Hitler diesen gigantisch phantastischen Plan zur einzigen Lebensaufgabe machte (er veröffentlichte ihn auch erstaunlich offen in seinem Buch „Mein Kampf") und dafür bis an sein Lebensende unbeirrt kämpfte, erklärt sich daraus, daß diese Zielsetzung sein zentrales Lebensideal geworden war. Hitler mußte Politiker werden, um Soldat bleiben zu können! Er war ja nach seinem Fanatismusdurchbruchserlebnis, welches nach seinem befreienden Entschluß, Politiker zu werden, erfolgte, zu einem Menschen geworden, für den es nur mehr einen einzigen Lebenssinngrundwert gab und das gilt für alle originären Fanatiker, wie Savonarola und Robespierre ebenso wie für Kohlhaas. Sie geraten in Lebenslagen, in denen es ihrer festen inneren Überzeugung nach nur auf eine einzige Art und Weise möglich ist, das Leben weiterzuleben. Daß dieses Überzeugtsein lediglich eine Folge einer ganz bestimmten inneren seelischen Entwicklung ist, wissen sie nicht. In wahnhafter Verkennung der Realität übersehen sie, daß sich dem Leben auf mehrfache Art und Weise Sinn und Wert geben läßt.

Erwähnt muß aber noch werden, daß Hitlers fanatische Ziele auch noch andere irrationale Wurzeln haben, als das von ihm dringend benötigte Ideal der soldatischen Existenz. Eine ist, die von ihm immer wieder leidenschaftlich beschworene Liebe zum deutschen Volk. Daß diese Liebe ein „Gegenideal" zu seinem gehaßten, brutalen, auf seinen österreichischen Patriotismus pochenden Vater war, bemerkte er nicht. Dies gilt noch mehr für seinen pathologischen, verfolgungswahnhaften Judenhaß. Dieser hat mehrere Motive. Das verborgenste, aber vielleicht wirkungsvollste war die „Parzivalsituation"[2] in der Hitler sich herkunftsmäßig befand, nämlich die Unklarheit über seine großväterliche Abstammung. Sein Vater war ein uneheliches Kind, sehr wahrscheinlich gezeugt von einem Juden. Denn gilt nicht der Satz des Dichters Fr. Hebbel: „Wenn man etwas ganz gründlich haßt, ohne zu wissen warum, so kann man überzeugt sein, daß man davon einen Zug in seiner Natur hat!"

2.3 Dokumentation der Fanatismusgenese Hitlers aus „Mein Kampf"[3]

Kurz vor Kriegsbeginn 1914 notierte Hitler: „Mir selber kamen die damaligen Stunden wie eine Erlösung aus den ärgerlichen Empfindungen der Jugend vor. Ich schäme mich auch heute nicht, es zu sagen, daß ich, überwältigt von stürmischer Begeisterung, in die Knie gesunken war und dem Himmel aus übervollem Herzen dankte, daß er mir das Glück geschenkt, in dieser Zeit leben zu dürfen. Ein Freiheitskampf war angebrochen, wie die Erde noch keinen gewaltigeren bisher gesehen; . . ."

Im Jahre 1918, nach Bekanntwerden der Niederlage, schrieb er: „Am 10. November kam der Pastor in das Lazarett zu einer kleinen Ansprache; nun erfuhren wir alles. Ich war auf das äußerste erregt, auch bei der kurzen Rede anwesend. Der alte, würdige Herr schien sehr zu zittern, als er uns mitteilte, daß das Haus Hohenzollern nun die deutsche Kaiserkrone nicht mehr tragen dürfe, . . . Als aber der alte Herr weiter zu erzählen versuchte und mitzuteilen begann, daß wir den langen Krieg nun beenden müßten, ja, daß unser Vaterland für die Zukunft, da der Krieg jetzt verloren wäre und wir uns in die Gnade der Sieger begäben, schweren Bedrückungen ausgesetzt sein würden, daß der Waffenstillstand im Vertrauen auf die Großmut unserer bisherigen Feinde angenommen werden sollte – da hielt ich es nicht mehr aus. Mir wurde es unmöglich, noch länger zu bleiben. Während es mir um die Augen wieder schwarz ward, tastete und taumelte ich zum Schlafsaal zurück, warf mich auf mein Lager und grub den brennenden Kopf in Decke und Kissen. Seit dem Tage, da ich am Grabe der Mutter gestanden, hatte ich nicht mehr geweint.

Was folgte, waren entsetzliche Tage und noch bösere Nächte – ich wußte, daß alles verloren war. Auf die Gnade des Feindes zu hoffen, konnten höchstens Narren fertigbringen oder – Lügner und Verbrecher. In diesen Nächten wuchs mir der Haß, der Haß gegen die Urheber dieser Tat."

Wie Hitler an dieser Stelle berichtete, sei ihm im Gedenken an die unsagbaren Leiden und Opfer, die die Soldaten zur Verteidigung ihres Vaterlandes auf sich nahmen, ihr Leben hingebend, der Gedanke gekommen, es sei jeder überlebende Deutsche verpflichtet, die Schande der Niederlage zu tilgen und ein großes deutsches Reich wiedererstehen zu lassen. Er sagt zu sich selbst: „War das vergangene Deutschland weniger wert? Gab es nicht auch eine Verpflichtung der eigenen Geschichte gegenüber? Waren wir noch wert, den Ruhm der Vergangenheit auch auf uns zu beziehen? Wie aber war diese Tat der Zukunft zur Rechtfertigung zu unterbreiten? . . . Je mehr ich mir in dieser Stunde über das ungeheure Ereignis klar zu werden versuchte, um so mehr brannte mir die Scham der Empörung und der Schande in die Stirn. . . . Ich aber beschloß, Politiker zu werden. Welche Vorbedingungen brachte ich denn selber zu dieser Aufgabe mit? Daß ich mittellos und arm war, schien mir noch das am leichtesten zu Ertragende zu sein, aber schwerer war es, daß ich nun einmal zu den Namenlosen zählte, einer von Millionen war, die der Zufall eben leben läßt oder aus dem Dasein wieder ruft, ohne daß auch nur die nächste Umwelt davon Kenntnis zu nehmen geruht. . . . Nach zweitägigem qualvollen Nachgrübeln und Überlegen kam ich endlich zur Überzeugung, den Schritt tun zu müssen. Es war der entscheidendste Entschluß meines Lebens. Ein Zurück konnte und durfte es nicht mehr geben. So meldete ich mich als Mitglied der „Deutschen Arbeiterpartei" an und erhielt einen provisorischen Mitgliedsschein mit der Nummer: sieben."

2.4 Kohlhaas und Hitler
Ein Vergleich ihrer Fanatismusstrukturierung

Wir neigen zu urteilen, daß Kohlhaas und Hitler, zumindest von außen besehen, zwei sehr verschiedenartige und sehr verschiedenwertige Menschen waren, ganz abgesehen von der denkbar größten Verschiedenartigkeit ihrer äußeren Lebenslage in allen Lebensbereichen. Unbestreitbar ist aber, daß sie beide originäre Fanatikerpersönlichkeiten waren. Dies zu werden, veranlaßte sie ein sie sehr traumatisierendes Erleben im dreißigsten Lebensjahr. Das traumatisierende Erleben war bedingt durch eine unerträgliche Gefährdung ihrer gesellschaftlichen Lebensbedingungen. Dieses lebenswertbedrohende Ereignis war für Kohlhaas das Versagen des Gerichtswesens. Für Hitler der soldatische Berufsverlust, verknüpft sicherlich mit der schmerzlichen Trauer ob der Niederlage des Heeres, in dem er bis zum Schluß kämpfte. Beide Ereignisse empfanden auch viele ihrer Mitbürger als ein großes Unglück für ihr Land. Aber nur sie beide erlebten diese Ereignisse als eine Lebenskatastrophe, ja als eine totale Bedrohung ihres persönlichen Lebenswertes und Lebenssinnes. Sie gelangten so beide zur objektiv nicht richtigen Überzeugung, es müßten die traumatisierenden Ereignisse alle so empfinden und bewerten wie sie. Bei dieser Lebenslagebeurteilung ergab sich für beide als einzig möglicher Ausweg, der Entschluß, sich durch eine radikale Bekämpfung dieses Übels aus ihrer unerträglichen Lage zu befreien. Wir nennen dieses Geschehen, die seelische Befreiung mittels des fanatischen Konfliktlösungsverfahrens, Fanatismusdurchbruchserlebnis. In ihm vollzieht sich der rettende Entschluß zu radikaler, kompromißloser, den Einsatz aller Mittel für gerechtfertigt haltenden, mit gutem Gewissen intoleranter und inhumaner revolutionärer Übelsbekämpfung.

Bei Kohlhaas und Hitler liegen die seelischen Ursachen der verhängnisvollen, unkorrigierbaren Übelsüberbewertung in ihrer lebensgeschichtlichen Entwicklung. Und erst hierin und nicht im eben geschilderten seelischen Geschehen unterscheiden sich die beiden. Ihre prätraumatische Seelen- und Lebenslage macht sie zwangsweise überempfindlich gegen das bedrohende Übel. Und durch sie erklärt sich, daß es ihnen bei ihrem Kampf niemals nur um die heilige Sache, also das Wohl aller zu tun war, sondern versteckter Weise immer auch um ein ganz persönliches Anliegen. Was die lebensgeschichtlichen Hintergründe anlangt, so sind diese völlig verschieden. Im Falle Kohlhaas traf die traumatisierende Lebenslagegefährdung einen Menschen, der sein bisheriges Leben sicher nicht ohne innere Schwierigkeiten und Kämpfe, sondern im Gegenteil wahrscheinlich sogar trotz großer innerer Schwierigkeiten, vollauf in Ordnung gebracht zu haben schien. Seine Mitwelt achtete ihn als arbeitsamen, korrekten und hilfsbereiten Menschen. Anders die Lebenslage Hitlers. Er gelangte vor seiner freiwilligen Meldung zur Wehrmacht persönlich zu keiner befriedigenden Lebensführung, weder in der öffentlichen noch in seiner privaten Lebenswelt. Erst die zufällig sich bietende Möglichkeit als Soldat am Ersten Weltkrieg teilzunehmen, stabilisierte sein Selbst- und Lebenswertgefühl, eine Wirkung des Erlebnisses der Massenbegeisterung. Die Auflösung des geschlagenen deutschen Heeres, der Verlust seiner seelischen Heimat brachte ihn in die Kohlhaassche Existenzkrise. Ein Entkommen aus dieser seelischen Hölle war ihm nur durch die Wiedergewinnung der soldatischen Existenz möglich. Der Zufall der politischen Weltlage begünstigte ihn dabei.

Allgemein gilt: Da jede latente fanatische Reaktionsbereitschaft einer ganz spezifischen Auslösungssituation bedarf, um manifest zu werden, so läßt sich vermuten, daß auch die lebensgeschichtlichen Voraussetzungen dieser latenten Neigung, zurückverfolgt bis in die Kindheit, artspezifisch sein werden, trotz gemeinsamer gleichgerichteter Entwicklungstendenzen. Eine weitere Vermutung: Eine latente originäre Fanatismusbereitschaft könnte aber auch noch auf eine andere Weise zustandekommen, als dies die prätraumatischen Lebensschicksale Kohlhaas' und Hitlers verraten. Erst die zukünftige Fanatismusforschung wird imstande sein, zu dieser Vermutung Stellung zu nehmen.

Drittes Kapitel

ERGÄNZUNGEN UND ERLÄUTERUNGEN ZUM INDUZIERTEN FANATISMUS

3.1 Über die Voraussetzungen der induzierten Fanatisierbarkeit

Diese ist die Geneigtheit eines Menschen, durch den Einfluß eines originären Fanatikers und/oder einer bereits fanatisierten Gruppe ein fanatischer Anhänger zu werden. Sie ist eine lebensgeschichtlich erworbene individuelle Bereitschaft, die in bestimmten gesellschaftlichen „Krisenzeiten" gehäuft vorhanden ist. Sie ist auch an kein bestimmtes Erwachsenenalter gebunden, wenngleich der jüngere Mensch eher fanatisierbar sein dürfte als der ältere. Die Stärke der Fanatisierbarkeit ist abhängig sowohl von der Stärke dieser Bereitschaft wie auch von der Fähigkeit des originären Fanatikers, sie auszulösen. Die Frage, wie die fanatische Verführbarkeit eines Menschen zu erklären ist, darf nicht verwechselt werden mit der Frage, warum sich ein Mensch dazu bewegen läßt, ein aktives Mitglied z. B. einer extremistischen, d. i. eine radikale gesellschaftliche Veränderungen anstrebende Kampforganisation zu werden. Denn sich an eine solche Gruppe anzuschließen, ja auch gegebenenfalls über ihren Auftrag bereit zu sein, sich als politischer „Terrorist" zu betätigen, kann angesichts gewisser, als unerträglich empfundener politischer Zustände sachlich durchaus begründbar, also „rational" motiviert sein. Gilt es denn nicht, daß man berechtigt ist, echte, menschliche Grundrechte nach Ausschöpfung aller legalen Mittel auch mit illegaler Gewalt zu erkämpfen? Was unterscheidet aber dann den fanatischen von einem nichtfanatischen Extremisten? (Man vergegenwärtige sich die folgende Klarstellung sehr genau, um nicht unversehens durch eine Mitverwendung des umgangssprachlichen, vorwissenschaftlichen viel zu weiten Fanatismusbegriffes in eine heillose gedankliche Konfusion hineinzugeraten!) Es ist dies die beim Fanatisierbaren primär vorhandene, im Extremfall fast allein wirksame irrationale Beitritts- und Kampfentschlossenheitsmotivation, bewirkt von der eben erwähnten „latenten fanatischen Engagementbereitschaft"! Diese erklärt, daß die Begegnung mit einem originären Fanatiker, der in einer Gruppen- oder Massensituation zu tatkräftiger, siegeszuversichtlicher, radikaler Übelsbekämpfung aufruft, einen Begeisterungssturm von einer Stärke und Unzerstörbarkeit auslöst, der diesen Menschen förmlich über Nacht zu einem leidenschaftlichen, blind ergebenen Anhänger und „Mitstreiter der ersten Stunde" werden läßt.

Eine weitere Klarstellung:

Wodurch unterscheidet sich, von diesem schicksalhaften „Bekehrungserlebnis" an, der fanatische Seelenzustand vom vorfanatischen oder auch von der Seelenverfassung eines nicht fanatisch gewordenen, extremistischen Parteigängers oder auch eines lediglich „enthusiasmierten Sympathisanten"? Es fallen vor allem folgende drei strukturell werdende psychische Veränderungen auf:

a) Der permanente Verzicht auf eine selbständige, kritische Realitätsprüfung gegenüber den vom Fanatiker stammenden Informationen, Weisungen, Aufklärungen, Begründungen. Dadurch wiederum ist bedingt der Verlust der kritischen Fähigkeit, die irrealen Aspekte der Führerzielsetzung rechtzeitig zu gewahren. An die Stelle der kritischen Vernunft tritt der kritiklose Glaube und die blinde Gefolgschaft.

b) Der Abbau des bisherigen individuellen Gewissens, an dessen Stelle zumindest überragend das „Führergewissen" tritt. Dadurch wiederum wird eine Enthemmung möglich gemacht besonders der Aggressionstriebe, sich zeigend in der neuerworbenen Fähigkeit, wenn anbefohlen, jegliche Gwalttätigkeit und Untat fast oder ganz bedenkenlos auszuführen.

c) Die gesteigerte Fähigkeit zu selbstloser, opferbereiter, idealistischer Mitarbeit und draufgängerischem Kämpfertum. Alle diese Veränderungen können natürlich nur bei Menschen sichtbar werden, die vorher weder schwachsinnig, noch moralisch verwahrlost oder kriminell waren. Auch manifeste Psychotiker können es nicht sein, da diese infolge ihrer krankhaften, sie isolierenden Kontaktstörung kaum von einer anhaltenden „massenpsychotischen" Verführung erfaßt werden können.

Wollte man den Fanatiker nach der ihm selbst an ihm nach seinem Bekehrungserlebnis auffallendsten psychischen Veränderung fragen, so würde seine Antwort lauten: „Wiedergewinnung eines positiven Selbstwert- und Lebenswertbewußtseins, Abnahme der Lebensangst, Bestärkung der Lebenslust und des Tatendranges".
Diese Aussage vermittelt die wichtigste Information über den Faktor „latente fanatische Engagementbereitschaft". Denn nun wird einsichtig: Fanatisierbar ist, wer überstark begeisterungs- und anschlußbedürftig ist. Diese Bedürftigkeit entsteht, weil ein Mensch aufgrund einer schon längere Zeit vorher vorhandenen, aus eigener Kraft nicht lösbaren „Identitätskrise", also eines unsicher gewordenen oder gebliebenen Selbstwertgefühls und der Empfindung der zunehmenden Wertlosigkeit seiner sozialen Existenz, intensiv eine soziale Lebenslageveränderung herbeiwünscht, durch die er sein Leben wieder lebenswert machen kann. Dieser Bedürftigkeit vermag verständlicherweise am ehesten eine idealistisch gesinnte, zu einer radikalen sozialen Übelsbekämpfung aufrufende, von einer kraftvollen Führerpersönlichkeit geleitete Gruppe abzuhelfen. Denn die Aktivitäten dieser Gruppe lassen eine rasche und grundlegende Lebensveränderung erwarten, der persönliche Einsatz hiefür wird durch eine hohe Gruppenschätzung abgegolten und dem zum Mitkämpfen Entschlossenen wird die Überzeugung übermittelt, zur wertvollen Mithilfe an dieser neuen Aufgabe, so wie er ist, voll und ganz brauchbar zu sein. Infolge dieser Umstände wurde unser befragter Fanatisierbare mit fast unwiderstehlicher, nur einer geringen rationalen Begründung bedürftigen Macht, deren Antriebskraft „Begeisterung" heißt, zum Anschluß an eine

solche Gruppe gedrängt. Und er ist infolge seiner inneren Notlage bereit, diesen Anschluß auch vorbehaltlos zu vollziehen. Vollbefähigt hierzu wird er sehr bald durch die oben erwähnten innerpsychischen Veränderungen, die sich als Auswirkungen des starken Gruppeneinflusses gesetzmäßig einstellen. Die Veränderungen werden, psychodynamisch gesehen, bekanntlich vor allem durch die Ersetzung des bisherigen „Ich-Ideals" durch das „Gruppen-Ideal", das sich im Führer verkörpert, bewerkstelligt, sowie durch die gleichzeitige „Identifikation" mit den anderen Gruppenmitgliedern. Sehr wahrscheinlich werden diese Veränderungen aber auch wesentlich erleichtert durch eine in der Kindheit erworbene „autoritäre Persönlichkeitsstruktur" und eine dadurch blockierte Über-Ich-Entwicklung. Das besagt: Das Über-Ich wird nicht „autonom", es bleibt erziehungsbedingt unmündig, infantil, Ich-fremd; es ist daher leichter gruppenpsychologisch veränderbar und manipulierbar („externalisierbar"). Eine letzte Frage: Wodurch entsteht eine Identitätskrise von einer Stärke, die den Menschen überstark anschluß- und begeisterungsbedürftig und damit zugleich fanatisierbar macht? Stellen wir vor allem klar: ungünstig sich gestaltende Lebenslagen (z. B. infolge einer Wirtschaftskrise) oder persönliche schwere Schicksalsschläge (z. B. Verlust geliebter Menschen) verursachen eine solche Identitätskrise für sich alleine nicht, es sei denn, sie rufen zugleich auch eine stärkere Beeinträchtigung des Selbstwertgefühls hervor. Tun sie dies aber, dann kann jede, wodurch immer bedingte Lebenslageverschlechterung und Lebensglückbehinderung in gleicher Weise die Gefahr einer solchen Identitätskrise heraufbeschwören, sich auswirkend vor allem als eine Erschütterung des narzißtischen seelischen Gleichgewichts! Falls diese längere Zeit anhält und nicht mehr aus eigener Kraft beseitigt werden kann, dann wird der Mensch in „regressiver Weise" überstark anschluß- und begeisterungsbedürftig! Aber es muß noch eine Variable einbezogen werden: Über das Ausmaß dieser Gleichgewichtsstörung entscheidet immer auch die Erschütterbarkeit des seelischen Gleichgewichtes mit, also die vorhandene narzißtische „Ich-Stärke". Sie hängt ab von sämtlichen jeweils verfügbaren Selbst- und Lebenswertgefühlsstützen und ihrer Stärke, also z. B. von der Tragfähigkeit der familiären und außerfamiliären persönlichen Bindungen, der sonstigen hilfreichen Gruppenkontakte, vom durch befriedigende Arbeitserfolge erreichbaren und sichtbaren sozialen Status, vor allem aber auch vom weltanschaulichen und religiösen Halt. Nun kann aber erfahrungsgemäß die Ich-Stärke eines Menschen vor allem auch aus Entwicklungsgründen unzulänglich sein, permanent z. B. infolge einer neurotischen Persönlichkeitsentwicklung oder temporär – so bei jugendlichen Menschen – infolge einer Reifungskrise. Wir sind daher geneigt, im Hinblick darauf auch zwei Typen von Fanatisierbaren zu unterscheiden, nämlich die neurotisch-strukturierten Fanatisierbaren und die nur temporär reifungsbedingt Fanatismusanfälligen. In der ersten Gruppe dürften besonders zahlreich die Charakterneurotiker, (die sogenannten narzißtisch gestörten Persönlichkeiten), vertreten sein, also Menschen, die wegen allgemeiner Gefühle von ständiger innerer Unzufriedenheit und wegen eines in der sozialen Situation ständig Unglückhabens und/ oder Sichunglücklich-Fühlens Hilfe suchen. Sie suchen sie aber nicht, wie die an bestimmten Krankheitssymptomen leidenden „Symptomneurotiker", beim Psychotherapeuten, sondern sie gehen hinein in die „hilfreiche" Gruppe, sobald eine solche in ihrem Lebensraum auftaucht.

3.2 Die sozialpsychologischen Voraussetzungen der begeisterten Hitlerverehrung („Hitlermythos")

Der englische Historiker Ian Kershaw[1] geht in seinem 1980 in der Deutschen Verlagsanstalt erschienenen Buch „Der Hitlermythos. Volksmeinung und Propaganda im Dritten Reich" nicht biographisch der Person nach, sondern soziographisch dem Image Hitlers bei der Bevölkerung. Er will zeigen, wie Hitler von den verschiedenen Schichten des

Volkes gesehen, beurteilt und erlebt wurde. Als Quellenbasis für diesen methodisch neuen Ansatz verwendet der Autor die zahlreichen Stimmungsberichte der verschiedensten bayrischen Behörden aus jener Zeit, wie Innere Verwaltung, Justiz, Polizei, Sicherheitsdienst, NSDAP usw., welche über die politische Einstellung und das Verhalten der Bevölkerung regelmäßig berichtet haben. Obwohl Kershaw einräumt, daß dabei manche bayrische Spezifika aufscheinen, kommt er doch zu dem Schluß, daß diese Berichte ein tragfähiges Fundament zur Rekonstruktion der Volksmeinung im Dritten Reich darstellen.

Er gelangt zu folgenden drei gut begründeten Feststellungen:

1. Der Hitlermythos bildete den entscheidenden Integrationsrahmen des Regimes, weitgehend unabhängig von den täglichen Reibungen und Auseinandersetzungen mit der Partei und bestimmten unpopulären Maßnahmen des Regimes.

2. In einer Zeit, als die Aussagen der von der Kirche vermittelten christlichen Offenbarungsreligion in großen Teilen der Bevölkerung an Glaubwürdigkeit verloren hatten, war jene Form der Kombination säkularisierter, christlich-religiöser Gefühle mit nationalen Heilserwartungen wie Hitler sie bot, besonders wirkungsvoll und schließlich

3. das oft ausgesprochen realitätsferne Hitlerbild wird gleichermaßen von der Bevölkerung selbst geschaffen wie propagandistisch in die Bevölkerung hineinprojiziert.

Diese Grundannahmen werden vom Autor eindrucksvoll bestätigt, wenn er den Aufbau des Führermythos zwischen 1920 und 1940 beschreibt. Der Führergedanke bildete ja in Deutschland schon ein charakteristisches Element rechtsgerichteten nationalistischen und völkischen Denkens lange vor Hitlers spektakulärem Aufstieg. Diese zunächst nur auf der extremen Rechten angesiedelte Einstellung wurde während der folgenden Jahre von Hitler und der NSDAP zunehmend mobilisiert. Schon einige Jahre später wird deutlich, daß der zunächst nur innerhalb der noch kleinen Partei gepflegte Hitlermythos für diese stabilisierend und integrierend wirkt. Ende der Zwanziger Jahre werden die NS-Bewegung und Hitler schon identisch gesetzt. In der Phase 30–33 kehrt er besonders den Ton des politischen Missionars und Propheten hervor, der die Gläubigen sammelt und der zu den sozusagen Bekehrten predigt. Ab 1933 wird dann der Führermythos propagandistisch und systematisch weiter ausgefaltet. Hitler wird dabei zunehmend als Führer des ganzen deutschen Volkes gesehen, der dynamisch und kraftvoll die angebliche nationale Wiedergeburt eingeleitet habe. Er wird weiter stilisiert als einsam, jedoch voll menschlicher Wärme, als Kinderfreund und als genialer Lenker der Nation. Die brutale Zerschlagung etwa der politischen Linken steigert beim Großteil der bayrischen Bevölkerung Hitlers Popularität. Volle Zustimmung erhielt er auch für die Liquidierung der Gruppe um den SA-Führer Röhm im Juni 1934. Die Erbarmungslosigkeit im Interesse der bürgerlichen Ordnung war also ein wesentliches Element der populären Vorstellung von Hitler. Insgesamt kann man sagen, daß die damaligen innen- und vor allem außenpolitischen Erfolge Hitlers, die Euphorie um seine Person immer mehr gesteigert haben. Die Propaganda brauchte nur zu aktualisieren, was einer weit verbreiteten inneren Glaubensbereitschaft unter der Bevölkerung entsprach. Kershaw spricht in diesem Zusammenhang von einer selbsttätigen Fabrikation des Hitlerbildes durch die Hitlergläubigen und von der Funktionalität dieses Personenkultes im Rahmen der totalen Integration der Volksmassen durch das NS-Regime.

Sozusagen die Geschäftsgrundlage für Hitlers Bewunderung bestand darin, daß dieser seine Erfolge auf politischem Wege errang, d. h. ohne Krieg. Die Serie der Blitzkriege veränderte diese Grundlage noch nicht grundlegend, obwohl sich die Begeisterung bei einem zunehmenden Teil der Bevölkerung in Grenzen hielt. Mit dem überraschenden Rußlandfeldzug bzw. mit Stalingrad begann dann auch die Auflösung des Führermythos. Die Demontage erfolgte freilich wie Kershaw formuliert, quälend mühselig. Der Glaube an den Führer und seine Unfehlbarkeit war in weiten Teilen der Bevölkerung schon derart massiv verinnerlicht, daß die negativen Erfahrungen wie wirtschaftliche Not, Zensur, Bombardierungen und politische Pressionen nur langsam realisiert worden sind. Gerade hier wurde die Mühseligkeit der Auflösung des pseudoreligiösen Nimbus von Hitler besonders deutlich. Je mehr der Krieg aber Opfer und Entbehrungen forderte, umso intensiver wurde er dann doch als Hitlers Krieg empfunden, den man endlich beendet sehen wollte. Bemerkenswert in diesem Zusammenhang ist aber der Umstand, daß die Loslösung vom suggestiven „Charisma" des Führermythos in der Regel nicht identisch war mit einer aus politischer Einsicht stammenden Verdammung Hitlers und daß es bis Kriegsende Faktoren gab, die die Bevölkerung dazu veranlaßten, weiterhin ihre Pflicht zu tun. Ian Kershaw sieht also vor allem in der systematischen Entfaltung des Hitlermythos die Hauptursache für die Stabilität seiner Herrschaft und nicht in der NSDAP oder der nationalsozialistischen Weltanschauung.

Er verweist daher folgerichtig auch immer wieder auf die große Bedeutung der Faktoren politische Glaubenssehnsucht und pseudoreligiöse Heils- und Hingabebedürfnisse. Aber drängt dieser Sachverhalt nicht die weitere Frage auf, unter welchen spezifischen Umständen es zu derartigen Haltungen, Erwartungen und Sehnsüchten in einer Gesellschaft kommen kann? Kershaw stellt diese Frage nicht. Wir versuchen sie im vierten Teil zu klären und zu beantworten.

3.3 Über H. Dahmers Kritik meiner Fanatismusstudie

Erwiderung auf eine Kritik meiner Analyse der Fanatikerpersönlichkeit Michael Kohlhaas durch H. Dahmer,[2] dem Herausgeber der „Psychoanalytischen Sozialpsychologie", in der meine Studie ebenfalls verkürzt erschienen ist. Der Vorwurf lautet: Die Studie hätte infolge einer viel zu geringen Berücksichtigung der bestehenden sozialen Verhältnisse die zentrale Zielsetzung des Kohlhaasschen Kampfes um das Recht verkannt. Sie hätte gelautet, die bestehende ständische Rechtsordnung zu ersetzen durch eine neue bürgerliche Rechtsordnung, zu errichten nach dem Grundsatz: „Gleiches Recht für alle Staatsbürger". Kohlhaas sei daher zu verstehen und zu würdigen als ein sehr früher Vorkämpfer der, seit der französischen Revolution ja faktisch erfolgten modernen bürgerlichen Rechtsordnung.

Dieser Einschätzung könnte man meines Erachtens nur zustimmen, wenn Kohlhaas seinen Kampf ums Recht erst begonnen hätte, nachdem er auch die oberste rechtliche Instanz, seinen Landesfürsten, vom Versagen der niederen Gerichte verständigt hätte. Diese Verständigung erfolgte aber erst sehr viel später durch die Intervention Martin Luthers. Kohlhaas Lagebeurteilung, die gesamte Rechtsordnung im Lande sei zusammengebrochen, es herrsche das reine Faustrecht, war daher eine paranoide Wahnidee. Sein Kampfziel war aber lediglich die Beseitigung der argen Mängel des bestehenden Gerichtswesens, ihm sichtbar geworden durch das überhebliche und gesetzwidrige Verhalten des Junkers auf der Tronkenburg. Kohlhaas' mutiger Kampf um die Wiederherstellung eines geordneten Rechtswesens verdient unsere Zustimmung und Bewunderung, nicht aber seine fanatische Kampfesweise. Gewalt sollte kein Mittel zur Durchsetzung von Idealen sein.

Dritter Teil

DER ENTHUSIASMUS

Erstes Kapitel

LEBENSSINNGEBUNG DURCH
BEGEISTERNDE GRUPPENIDEALE.
AUFGEZEIGT AM GEMEINSCHAFTS-
EXPERIMENT DER ERSTEN
DEUTSCHEN JUGENDBEWEGUNG.
EINE PSYCHOHISTORISCHE STUDIE

> „Wie schaut das richtige, das schöne, das lebenswerte erwachsene Leben aus, das ich ersehne? Hast Du wirklich nichts anderes zu tun, als für Dich allein auf der Welt zu sein? Aber wo finde ich den Menschen, der mir durch sein Vorbild dabei hilft, mich selbst zum ersehnten Ideal zu machen?"
>
> *L. Bolterauer*

In seinem Jugenddrama „Don Carlos" läßt Friedrich Schiller dem Don Carlos durch Posa mitteilen: „. . .und sagen Sie ihm, daß er vor den Träumen seiner Jugend soll Achtung tragen, wenn er ein Mann sein wird!". Gegen Ende des 18. Jahrhunderts träumten die Vertreter der „Sturm und Drang"-Zeit solche Träume. Friedrich Schiller war in seiner Jugend selbst ein solcher leidenschaftlicher Stürmer und Dränger, erfüllt von aufrührerischer Opposition gegen eine Gesellschaft und einen Staat, in dem seinem Empfinden nach alles Zwang war und der Mensch nichts galt. Am Beginn des 20. Jahrhunderts begannen solche „achtungsverdienende" Träume am intensivsten die jungen Menschen der sogenannten deutschen Jugendbewegung zu träumen. Es ist daher zu erwarten, daß die wissenschaftliche Erforschung ihres „bewegten" Seelenlebens gehaltvolle Aufschlüsse über Wesen und Funktion dieser Träume, und das bedeutet, ihrer „Ideale" erbringen könnte.

An authentischem Erfahrungsmaterial, an Zeugnissen und Berichten über dieses „riesenhafte psychologische Experiment", wie der Sozialpsychologe P.R. Hofstätter[1] die deutsche Jugendbewegung genannt hat, fehlt es nicht. So erschienen z. B. im Zeitraum von 1900–1933 über 1500 Zeitschriften! Unübersehbar ist die Zahl der Publikationen über sie. An der ersten deutschen Jugendbewegung beteiligten sich etwa 2–3 % der jungen Menschen, gemessen an der Zahl der Gleichaltrigen. Die Beteiligtenzahl in der Zeit vor dem Ersten Weltkrieg, also in der eigentlichen „Wandervogelzeit", betrug nach Schätzungen 50000–70000. Freilich, zur Beantwortung unserer Frage nach der „Funktion" der Ideale tragen alle diese Geschichtsquellen unmittelbar nur wenig bei. Denn der Jugendbewegung selbst lag nichts an der wissenschaftlichen Erforschung ihres Innenlebens, hingegen alles am richtigen Vollzug des menschlichen Lebens. („Bewußtsein als Verhängnis", so lautete bezeichnenderweise der Titel eines damals erschienenen und vielbeachteten Buches!) Die zahlreichen literarischen Erzeugnisse der Jugendbewegung berichten gefühlsbetont über gemeinsam Erlebtes und Gedachtes, über Erstrebtes, Getanes und Erhofftes und enthalten zahlreiche zeitkritische Überlegungen und Diskussionen über philosophische, religiöse und politische Fragen.

Was ist eine Jugendbewegung? Der Terminus wurde ursprünglich vom Wandervogelführer Gustav Wyneken[2] geprägt als Sammelname für alle Wandervogelgruppen, die vor dem Ersten Weltkrieg bestanden. Er benennt heute das epochal auffällige soziale Ereignis, daß eine Gruppe von Jugendlichen innerhalb einer bestimmten Generation (also nicht bei jeder Generation geschieht dies!) aus eigenem Antrieb in eine sich über ein ganzes Land ausbreitende, gesellschaftliche, kulturreformatorische Aktivität gerät. Diese eigenständige Aktivität äußert sich in zweifacher Weise: 1. in einem sozialen „Emanzipationsprozeß". Die „jugendbewegten" Jugendlichen weigern sich, sich in die

Erwachsenenkultur zu integrieren, wie es die Erwachsenen erwarten und fordern. Sie wollen nicht so werden und später nicht so leben wie diese. 2. Sie äußern eine mehr oder weniger radikale Gesellschafts- und Kulturkritik und sie sind überzeugt, daß durch die von ihnen angestrebten Veränderungen das mitmenschliche Zusammenleben und Zusammenarbeiten lebenswerter gestaltet werden könnte. Sie setzen ihre Auffassung von Kultur auch bereits in eine sichtbare, aktive Kulturerneuerungsleistung um. Sie schaffen sich also inmitten der Erwachsenenwelt eine eigene „Subkultur".

Es ist für das Verständnis jeder bisher aufgetretenen Jugendbewegung und der Beurteilung ihrer Aktivitäten außerordentlich wichtig, den Faktor „autonomer Ursprung" nicht zu übersehen. Nur ein von Jugendlichen selbst initiierter, freier, kulturell bedeutsamer Zusammenschluß von Jugendlichen verdient diesen Namen. Die Jugendbewegungen unterscheiden sich daher infolge dieser Motivationsstruktur von vornherein wesentlich z. B. von den von Erwachsenen geschaffenen politischen oder konfessionellen Jugendverbänden und Vereinen, selbst wenn diese den Zielsetzungen jener sehr nahekamen und die von der Jugendbewegung geschaffenen äußeren Lebensformen zu übernehmen versuchten, wie dies z. B. bei der Hitlerjugend der Fall war. Sie unterscheiden sich aber auch von den „Peergroups" durch ihre kulturkritische Aktivität. Im 20. Jahrhundert kam es im deutschen Sprachraum bisher zwei, wenn nicht dreimal zu einem solchen autonomen Zusammenschluß von Jugendlichen. Den Anfang machte am Beginn des Jahrhunderts die „deutsche Jugendbewegung", die bis zum Ausbruch des Ersten Weltkrieges „Wandervogel"-Bewegung hieß. Die nach dem Ende des Ersten Weltkrieges unter den neuen politischen und sozialen Gegebenheiten in verschiedener Weise weiterentwickelte Form, in mehreren Gruppierungen und vielfach auch bereits unter Mithilfe erwachsener Führer entstandene heißt „bündische Jugendbewegung". Die erste deutsche Jugendbewegung bestand bis zu ihrer gewaltsamen Auflösung durch Hitler im Jahre 1933, in Österreich bis 1938. Während der Herrschaft des Nationalsozialismus gab es das Phänomen „Jugendbewegung" nicht, aber interessanterweise auch nicht unmittelbar nach dem Zweiten Weltkrieg, also in der Nachkriegsgeneration 1945–1967. Sie war eine sich an die Erfordernisse des nackten Überlebens im zerstörten Nachkriegsdeutschland nüchtern anpassende Generation, von H. Schelsky[3] daher „skeptische Generation" genannt. Sie war nicht gewillt, „in flammender kollektiver Leidenschaft das mühselig und glücklich wieder Erreichte" (den bescheidenen Wohlstand, das gute Gewissen, die gebilligte Demokratie und die private Zurückgezogenheit) „wieder aufs Spiel zu setzen". Hingegen machte sich in der nachfolgenden Generation, also bei ihren Kindern, das Phänomen Jugendbewegung fast in der ganzen Welt um so spektakulärer bemerkbar. In Deutschland heißt sie die „1968er-Studentenprotestbewegung". Sie versuchte bekanntlich, ihre gesellschaftlichen Reformwünsche, die sich stark dem „Dubčekschen" Kommunismus mit menschlichem Antlitz annäherten, mit politischen Mitteln durchzusetzen. Sie wurde aber nach wenigen Jahren zum Schweigen gebracht, da sie in den Verdacht einer geistigen Mitschuld an den Aktivitäten der sich abspaltenden, sich terroristischer Gewaltanwendung verschreibenden, fanatischen „Baader-Meinhof Bande" geriet. Als dritte Jugendbewegung unseres Jahrhunderts könnte man, wenn auch mit Vorbehalten, die sogenannte „Alternativbewegung" der jüngsten Vergangenheit und Gegenwart bezeichnen. Sie übernahm in freilich sehr abgeschwächter Form einige Tendenzen der Studentenprotestbewegung, weist aber eine in ihren Motiven und Zielen größere Ähnlichkeit mit der ersten deutschen Jugendbewegung auf (Beispiele hierfür: Ihre Sehnsucht nach Selbstbestimmung, nach einer naturverbundenen, einfachen Lebensweise, ihr Eintreten für den Schutz der unberührten Natur, für die gleiche soziale Wertschätzung der Geschlechter und für die Überschaubarkeit und Humanisierung aller sozialen Beziehungen). Sie verwirklichte auch in den alternativen „Aussteigergruppen" eine eigene Subkultur. Infolge dieser zahlreichen Parallelen gewinnt die Beschäftigung mit der ersten deutschen Jugendbewegung in der letzten Zeit wieder zunehmend an Interesse.

Die Wissenschaft ist auf das Phänomen Jugendbewegung erst in unserem Jahrhundert aufmerksam geworden. Dabei entdeckte sie, daß es Jugendbewegungen auch schon vor dem 20. Jahrhundert gegeben hat (Beispiele hierfür: Die schon erwähnten „Genialischen Jünglinge" der Sturm- und Drang-Zeit und die „Urburschenschaft"). Das Faktum, daß es vor dem Ende des 18. Jahrhunderts keine Jugendbewegung gab, aber auch noch keine Arbeiter- oder Frauenbewegung, legt den Schluß nahe, es habe die sich massiv durchsetzende Industrialisierung, Bürokratisierung und Verstädterung viele Menschen krisenanfälliger und unruhiger gemacht, was von vielen als Symptom einer tiefgreifenden permanenten gesellschaftlichen Krise gewertet wird.

Das Studium der sozialen Bewegungen, ihrer Ursachen und Wirkungen ist bekanntlich primär eine Aufgabe der Geschichtswissenschaft. Aber während z. B. die Erforschung der Entstehungsbedingungen und Zielsetzungen der Arbeiterbewegung kaum der Mithilfe der Psychologie bedarf, läßt sich ein tieferes Verständnis des Wesens und Werdens der Jugendbewegung ohne Psychologie und Soziologie überhaupt nicht gewinnen. Denn ihre Entstehungsbedingungen sind nicht primär ökonomischer, sondern entwicklungspsychologischer und psychosozialer Natur. Auch fällt auf, daß die an der Jugendbewegung Beteiligten zum allergrößten Teil Studenten waren, die fast ausschließlich dem mittleren Bildungsbürgertum entstammten. Erst in der bündischen Zeit stießen auch Jugendliche aus der aufstiegsorientierten Arbeiterschaft dazu.

Doch nun zu unserer Hauptfrage: Wie sind die achtenswerten Träume beschaffen, also die Ideale der Jugendbewegung, und welche Bedeutung hatten sie in ihrem Seelenleben? Daß in der Motivationsstruktur aller drei Jugendbewegungen ein starker idealistischer Antrieb vorhanden ist, ja im Mittelpunkt steht, und daß es kein wirkliches Verständnis ohne diesen Faktor gibt, braucht wohl nicht eigens bewiesen zu werden. Die Unterschiede in ihren konkreten Zielsetzungen und in der Art ihres Auftretens in der Öffentlichkeit (also z. B. ob unpolitisch oder politisch) erklären sich daraus, daß die Realisierung ihrer sehr ähnlichen seelischen Anliegen infolge des raschen sozialen und kulturellen Wandels nicht auf die gleiche Weise anstrebbar war. Jede Bewegung sucht sich naturgemäß auch bei übereinstimmender Motivation und Idealität ihrer Ideen im Repertoire ihrer Zeit. Zum Zwecke unserer Fragestellung genügt es daher, nur die Motivationsstruktur der ersten deutschen Jugendbewegung aufzuhellen, was sich auch deshalb empfiehlt, weil ich sie aus eigener Erfahrung kenne. Die Fragen, welchen geschichtlichen Verlauf sie genommen hat, welche Reformideen sie im einzelnen entwickelte, und wie man sie vom Standpunkt der eigenen Wünsche und der gesamten gesellschaftlichen Entwicklung rückblickend zu bewerten hat, klammere ich aus, abgesehen von dem, was zum Verständnis unserer „psychohistorischen Fallstudie" und zur Verifikation unserer Motivationsanalyse zu berichten nötig ist. Aber wohlgemerkt: Die Ergebnisse dieser Analyse können nur aussagen, was sich erfahrungsnah aus dem Phänomen Jugendbewegung ableiten läßt. Die Gruppenidealbildung ist nämlich eine viel zu komplexe sozialpsychologische Erscheinung, als daß sich von diesem einen Aspekt aus alles Wissenswerte eruieren und verifizieren ließe.

Doch befragen wir nun einen Jugendbewegten von damals: „Was waren und was bedeuten dir deine Ideale, und wie könnte ich als Außenseiter zu einem tieferen Verständnis ihres Wesens und Wertes gelangen?" Jeder Befragte, sei es ein alter Wandervogel oder ein Angehöriger der bündischen Jugendbewegung, hätte geantwortet: „Mit Worten kann ich dir dies nicht klarmachen, du müßtest mit auf eine „Fahrt" gehen. Dann würdest du deine Fragen aus eigenem Erleben beantworten können, vorausgesetzt, daß du jetzt noch innerlich jung genug bist, um dich in unsere damalige Lebenslage einzufühlen."

Mit dem Wort „Fahrt", die in der Phantasie wir mitzumachen aufgefordert sind, ist eine Fußwanderung gemeint heraus aus der Großstadt, der „grauen Städte Mauern", hinein in die unberührte Natur. Mindestdauer: zwei bis drei Tage, in den Ferien vier bis fünf Wochen, tägliche Wegstrecke 30 bis 40 Kilometer. In der Regel nahmen nicht mehr als vier bis zehn Burschen daran teil. Sie waren angetan mit einer ziemlich dreckigen, wetterfesten Wanderkleidung, „Kluft" genannt, mit einem Schlapphut, ein paar farbigen Bändern, einem Rucksack mit Schlafsack, auf dem außen ein rußiger Kochtopf baumelte, und auf der Schulter eine Gitarre. Dieser Aufzug verrät schon: Die „Fahrt" ist etwas anderes als ein sonntäglicher Familienspaziergang oder ein Schulausflug oder eine touristische oder sportliche oder naturkundliche Wanderung. Man lebte gewollt spartanisch. Man übernachtete bei Bauern im Heu oder im Freien, in einem Zelt oder in Kornmannderln, aber gelegentlich auch in einem einfachen Dorfgasthaus. Man kochte das Essen selbst. Abends saß man noch einige Zeit am Lagerfeuer beisammen. Man musizierte und sang alte Volkslieder aus dem Wandervogelliederbuch „Zupfgeigenhansl" und berichtete von früheren Fahrten oder erzählte Gruselgeschichten. Man rauchte nicht und trank keinen Alkohol. Die Fahrt wurde vom Gruppenführer festgelegt, und auch für die Durchführung trug er die Verantwortung. In der Regel war er fünf bis sechs Jahre älter. Er war auch verantwortlich für die Auslese der Teilnehmer. „Mitläufer" wurden nicht geduldet. Die Fahrten verliefen durchwegs diszipliniert. Sie erstreckten sich bis ins benachbarte Ausland, im Norden bis nach Finnland, und im Osten bis zu den deutschen Volksgruppen Ungarns und Rumäniens.

Die erste Fußwanderung dieser Art unternahm 1897 ein 21jähriger Jusstudent, namens Hermann Hoffmann. Er wanderte mit einigen ausgewählten Schülern der oberen Klassen des Steglitzer Gymnasiums in Berlin, die sein von ihm geleitetes Freifach Stenographie besuchten. Unter den ersten Teilnehmern befand sich als Unterführer auch Karl Fischer, der einige Jahre später nach dem Weggang Hoffmanns die Fahrten nach der Steglitzer Art selbständig weiterführte und sie weit über Berlin hinaus verbreitete. Mit Hilfe zweier Professoren und einiger angesehener Bürger von Steglitz gelang ihm die sehr wichtige Gründung des Vereins „Wandervogelausschuß für Schülerfahrten". Bis dahin war ja das Wandern von Jugendlichen ohne Führung Erwachsener verboten gewesen; Studenten konnten auch keine Vereine gründen oder ihnen angehören. Die Wanderfahrten zu Fuß nach der urwüchsigen Steglitzer Art er-

fuhren auch später keine nennenswerte Umgestaltung.
 Die „Fahrt" schuf erstaunlicherweise eine der wichtigsten Erlebnisgrundlagen des jugendbewegten Fühlens, Denkens und Handelns. Sie war „die erste und ernsteste Aufgabe des Wandervogels aber nicht der tiefste Kern unseres Wesens, sondern nur der notwendige Ausdruck eines Tieferen, aus dem die äußere und innere Kultur der deutschen Jugend erblühte", hieß es 1913 in einer Bundesmitteilung.[4] Wir verstehen den vielfachen Wert, den für jugendliche Bewohner von Großstädten, die damals sehr wenig Möglichkeiten hatten, aus ihrer Umgebung herauszukommen, das Erlebnis der unberührten Natur haben mußte. Bei keiner anderen Art der Fortbewegung lernt man ihre Schönheit im Kontrast zur Häßlichkeit der meisten Stadtviertel, lernt man Land und Leute so gründlich und gut kennen und auch lieben, wie beim Fußwandern. Nichts wiederholt sich dabei, während man z. B. vom Flugzeug aus fast immer das gleiche sieht. Man erlebt die Bauern in den Dörfern und die freie Natur, die Wälder, die Seen, die Auen und die Tiere und Pflanzen. Sie alle freuen sich auf unseren zweckfreien Besuch und beglücken uns mit ihrer Schönheit. Man möchte Goethe und die Dichter der Romantik bitten, uns an ihre wunderschönen Gedichte zum Lobpreis der Natur zu erinnern, die wir in der Schulzeit gelernt haben. Und noch etwas: Der eine ganze Nacht im Freien zubringende Wandervogel erlebt beim Blick auf den gestirnten Himmel den Geheimnischarakter der Existenz der Welt, sich aussprechend im Erstaunen darüber, daß überhaupt etwas ist und nicht vielmehr nichts. Dieses Welt- und Naturgefühl verträgt sich schlecht mit dem des nüchternen Naturforschers, der aufgrund der Kenntnis der Naturgesetze die Wirkung der Naturkräfte berechnet und dann feststellt, daß die Natur sich vom Menschen willenlos beherrschen lasse. Das Gefühl für das Übermächtige, Verehrungswürdige, Schöne und Göttliche der Natur muß ihm dabei abhanden kommen. Es wundert uns nicht – und die literarischen Erzeugnisse beweisen es –, daß alle Jungen und Mädchen der ersten deutschen Jugendbewegung zumindest im Sinne einer „Weltfrömmigkeit"[5] religiös gestimmt waren. Es wäre aber ein sehr oberflächliches Urteil,

die Jugendbewegung bloß als eine romantische und konservative Reaktion auf die Verstädterung des Landes und der Menschen im Industriezeitalter anzusehen.

Die Fahrt, die Begegnung mit der Schönheit der Natur und den Menschen auf dem Land, schuf nur eine der Erlebnisgrundlagen des jugendbewegten Lebensgefühls. Das nicht rational vermittelbare, als geheimnisvoll empfundene sogenannte „Jugenderlebnis" wurzelte auch noch in etwas anderem, tieferem, nämlich in der beglückenden seelischen Rückwirkung auf das Gruppenerleben und den Freundschaftsbindungen der Jugendlichen untereinander.

Über diesen Faktor befragen wir am besten den kompetentesten Kenner des Wandervogels, ihren Mitbegründer Karl Fischer. Er war, nachdem er sehr erfolgreich den Wandervogel durch Jahre hindurch geführt hatte, zum Militärdienst nach Tsingtau in China eingerückt, wo er bis zum Ende des Ersten Weltkrieges blieb. Nach seiner Rückkehr berichtete er in einem Vortrag vor dem evangelischen Jugendtag in Berlin über seinen 1897 erfolgten Entschluß, Wandervogel zu werden, folgendes: „Bei einer dreitägigen Wanderung in den Herbstferien damals durch den riesigen Forst am Scharmützelsee entlang, an der fünfzehn Personen unter der Führung Hoffmanns teilnahmen, kam es am ersten Tag, als wir am Abend vor unserer Bleibe auf dem Marktplatz saßen, bei einigen von uns, ganz besonders aber bei mir, wie ein Rausch über uns. Wir sangen unsere Lieder und in der Schar kam es mir zum Bewußtsein: „Du hast jetzt endlich nur das gemacht, was dich in deinem Herzen seit Jahren bewegte und wonach du dich sehntest." Und was war dies? Offensichtlich hängt das geschilderte, rauschartige „Wandervogeldurchbruchserlebnis", wie ich es nennen möchte, ursächlich mit dem zusammen, wonach er sich seit Jahren sehnte. Darüber berichtete er: „Auch ich habe das Entwicklungsalter mit seinen Schwierigkeiten durchlebt. Was mich aber seit meinem fünfzehnten Lebensjahr besonders beschäftigte, war, daß damals in den Zeitungen sehr häufig von Durchbrennergeschichten berichtet wurde, wie Jungen das Elternhaus und die Heimat verließen, um anderswo ihr Glück zu versuchen. Diese Geschichten haben mich in einer mir selbst nicht erklärlichen

Weise stark erregt . . . Es kam mir der Gedanke, wenn Jungen auch aus so guten Familien durchbrennen können, daß da etwas nicht in Ordnung sein mußte – nicht bei den Jungen, sondern überhaupt in den Verhältnissen. Ob es nicht verkehrt sei, dieses Abenteuerliche, dieses Streifen in die Ferne, zu verbieten? Es müssen doch auch in diesen Durchbrennermenschen wertvolle Lebenskräfte vorhanden sein, und es kann doch einfach nicht recht sein, diesen Kräften so ohne weiteres die Luft wegzunehmen. Es muß doch etwas zu machen sein, um diesen abenteuerlichen Jungen gerecht zu werden." So der Bericht.[6] Wir vermuten wohl alle, daß sein auffälliges, ihm selbst nicht erklärliches starkes Interesse an den Ausreißern sich daraus erklärt, daß er selbst ausreißen wollte, und dies – wir wissen es aus seinen Lebensumständen – nicht aus Angst vor schulischen Mißerfolgen (er war freilich nur ein mäßiger Schüler), auch nicht aus Strafbefürchtungen irgendwelcher Art, auch nicht infolge eines „pathologischen Wandertriebes", sondern weil ihm das Leben, wie es sich abspielte, die einengende, kühle, häusliche Atmosphäre, der lustlose Schulalltag, leer und schal vorkamen, und weil er sich darin wie ein Gefangener fühlte. Der mildeste Ausdruck hierfür wäre, wienerisch gesprochen, weil ihm so entsetzlich „fad" war. Auch der Blick in die ihn erwartende Erwachsenenexistenz konnte seine arge Lebensverdrossenheit nicht aufhellen. Denn er bezweifelte, daß jene für ihn je zur befriedigendsten Lebensführungsweise werden könnte. Sollte es für ihn wirklich das Wichtigste sein – etwas, wonach er zu streben hätte –, um jeden Preis durch ein rücksichtsloses und hinterhältiges Niedertrampeln anderer vorwärtszukommen? Oder sollte es das Wichtigste sein, durch Reichtum oder Macht oder Ansehen die Eitelkeit seiner Angehörigen und seine eigene Geltungssucht zu befriedigen? Oder Liebe zu heucheln, um Sex zu bekommen, oder sich zu besaufen, um Hemmungen loszuwerden? In dieser Lebenslage mußte sich ihm die Frage immer wieder aufdrängen: „Wie schaut das richtige, das schöne, das lebenswerte erwachsene Leben aus, das ich ersehne? Hast du wirklich nichts anderes zu tun, als für dich allein auf der Welt zu sein? Aber wo finde ich den Menschen, der mir durch sein Vorbild dabei hilft, mich selbst zum ersehnten Ideal zu machen?" Das Gesagte dürfte genügen, um Fischers gefährdeten, krisenhaften seelischen Zustand zu verstehen und zu diagnostizieren.

Fischer steckte in einer schweren Adoleszenzkrise in der Art einer „Identitätsdiffusion",[7] die sich zu einer ernsten Lebenskrise auszuwachsen drohte. Als Hauptgrund hierfür machte meines Wissens als erster Siegfried Bernfeld,[8] ebenfalls ein Wandervogelführer der ersten Wandervogelgeneration, 1922 in einem Vortrag in der „Wiener Psychoanalytischen Vereinigung" die von ihm sogenannte „verlängerte" oder „gestreckte Pubertät" namhaft. Diese liegt dann vor, wenn die psychischen Erscheinungen der Pubertät über die Zeit der physiologischen Pubertät hinaus andauern. Sozial ist sie verursacht durch die von der Industriegesellschaft verhängte Zwangslage, nach abgeschlossener pubertärer Reifung noch jahrelang auf den Erwachsenenstatus warten zu müssen, im Extremfall („Postadoleszenz" genannt) sogar bis zum dreißigsten Lebensjahr ein „Jugendlicher" bleiben zu müssen. Dieses „Zuwarten" wird bei der studierenden Jugend zusätzlich belastet durch die Zumutung sexueller Enthaltsamkeit und das Fortbestehen der wirtschaftlichen Abhängigkeit. Fügen wir zu den beiden von Bernfeld genannten Übelständen des studentischen Lebens noch als dritten Faktor das entehrende Ertragenmüssen der sturen autoritären Unterordnung am Arbeitsplatz „Schule" hinzu. Diese drei Hauptübel erklären nebst weiteren noch wirksamen persönlichen Faktoren, warum sich fast nur die studierende Jugend der Jugendbewegung anschloß. Jugendliche, die mit diesen Übeln nicht oder nur in sehr abgeschwächter Weise belastet waren, interessierten sich nicht für sie. Nicht angesprochen fühlten sich daher z. B. die bereits im Leben stehenden Lehrlinge oder in Büros Tätigen oder die Söhne von Bauern. Das gleiche gilt aber auch für Studenten, wenn sie bereits heftig mit Mädchen poussierten. Auch Studierende aus den privilegierten reichen Oberschichten (z. B. der Aristokratie, des hohen Militärs oder Söhne reicher Industrieller) schlossen sich nicht an.

Man ahnte diese Zusammenhänge übrigens in der Jugendbewegung selbst bereits sehr früh, ohne sie freilich ernstlich zu reflektieren. So schrieb Hans Blüher[9], der Verfasser der ersten Geschichte der deutschen Jugendbewegung, bereits 1912: „Wo Väter und Söhne ganz und gar einig lebten, der Vater seinen Charakter dem Sohn widerstandslos zu übertragen vermochte und dieser stolz darauf war, der Erbe des Vaters zu sein, da gab es keinen Boden für den Wandervogel".

Wenn nun gilt, daß Fischers Bereitschaft, ein begeisterter „Wandervogel der ersten Stunde" zu werden, etwas zu tun hat mit seiner bis dahin bestehenden Lebenskrise, dann dürfen wir verallgemeinernd sagen: Der deutschen Jugendbewegung gelang es, die bei Jugendlichen infolge eines solchen oder ähnlichen Entwicklungsnotstandes vorhandenen seelischen Spannungszustände und Konflikte (die sich bei Fischer z. B. in seinen asozialen Ausreißertendenzen verrieten) durch eine „sublimierende Zielablenkung" mittels der Methode des Wanderns nach „Steglitzer Art" und mittels einer sich hierbei entwickelnden „narzißtisch" sehr befriedigenden Primärgruppenbildung in eine produktive kulturelle Leistung umzuwandeln. Es liegt nahe, anzunehmen, daß sich in den kleinen Wandervogelgruppen, die sich regelmäßig zu Wanderfahrten und „Nestabenden" trafen – und wohlgemerkt: die ganze Jugendbewegung bestand nur aus solchen kleinen Gruppen! – die meisten Beeinflussungsweisen wirksam geworden sein dürften, die die heutige Gruppendynamik (z.B. zum Zwecke der „Selbsterfahrung") praktisch einsetzt. Aus dem Bewußtsein der Zugehörigkeit zu einer elitären Gruppe gleichgesinnter, gleichaltriger Kameraden entstand als neues Lebensgefühl das sogenannte „Jugenderlebnis", das als ungeheure Steigerung und Aufrüttelung des persönlichen Lebens empfunden wurde. Die Teilnehmer an den Wanderfahrten wuchsen zu einer „Primärgruppengemeinschaft" von einer solchen Qualität und Festigkeit zusammen, die sie nach ihrer entwicklungsbedingten Herauslösung aus den familiären Bindungen der Kindheit nicht glaubten, überhaupt noch vorfinden zu können. Das zentrale Ereignis dieser Primärgruppenbeziehung war das Erleben von vorher nicht existenten Idealen, die lange seelisch wirksam blieben.

Das Ergriffenwerden von gleichen Idealen war der tiefste und eigentliche Kern des „Jugenderlebnisses", an dessen Äußerungen auch später alle Jugendbewegten, in alle Berufe zerstreut, einander ihr Leben lang erkannten. Der Wandervogel als Bewegung war eine Jugendangelegenheit, der Wandervogel als Mensch aber blieb!

Worauf aber bezogen sich diese Ideale? Im Mittelpunkt standen zwei Ideale, ein „Freiheitsideal" und ein „Gemeinschaftsideal". Das Freiheitsideal wurde auf dem großen Jugendfest am „Hohen Meißner", Oktober 1913, feierlich proklamiert. An ihm nahmen etwa dreitausend Jugendliche teil. Es lautet: „Die freie deutsche Jugend will aus eigener Bestimmung, aus eigener Verantwortung, mit innerer Wahrhaftigkeit ihr Leben gestalten. Für diese Freiheit tritt sie unter allen Umständen geschlossen ein. . . .Alle gemeinsamen Veranstaltungen der freideutschen Jugend sind alkohol- und nikotinfrei." Die Meißner Proklamation enthält eine Mitteilung an die Erwachsenen, nämlich die entschiedene Ablehnung der „Fremdbestimmung", aber auch eine Verpflichtungserklärung der Jugend selbst. Sie teilt der Mitwelt mit: „Wir jungen Menschen wollen uns allein erziehen nach Grundsätzen, die der eigenen, inneren, ehrlichen und gewissenhaften Überprüfung standhalten. Und wir streben an, Erwachsene zu werden, die sich ihr Leben lang bemühen werden, die selbsterkannten wahren Werte des Lebens zu verwirklichen. Zu dieser Autonomie der Lebensführung und zu verantwortungsbewußter Selbsterziehung verpflichtet sich jeder, der unserer Gemeinschaft angehört." Mit dieser Meißner Proklamation erklärte der Wandervogel den unselbständigen und unfreien Adoleszentenstatus im Bereich des inneren Lebens für beendet. Die Jugendlichen des Wandervogels erklärten, nicht mehr abhängige „Jugendliche", sondern freie „junge Erwachsene" zu sein. (Diese begriffliche Statusunterscheidung und Benennung stammt vom Soziologen L. Rosenmayr[10]). Im äußeren Leben freilich blieb diese Freiheit, das Unter-sich-sein-können und die freie Gestaltung des Zusammenlebens, beschränkt auf den Freizeitraum. Es wird niemanden wundern, daß jeder Jugendliche seinen Eintritt in die Jugendbewegung vor allem als ein großes „Befreiungserlebnis" empfand. Auch die Rückerinnerung eines jeden, selbst nach 50 oder 60 Jahren bestätigt dies.

Im jugendbewegten Gemeinschaftsideal, um nun das zweite Ideal zu verdeutlichen, leuchten die im freien Primärgruppenleben erprobten sozialen Lebensführungsweisen als hochwertige persönliche Lebensführungsziele auf. Die in der Meißnererklärung offengelassene Frage, was eigentlich die wahren Werte des Lebens sind, wurde zwar nie explizit beantwortet, aber jeder hatte Gelegenheit, sie praktisch kennenzulernen, der längere Zeit mit dabei war.

Wie mich das Gemeinschaftsleben, das „Gemeinschaftsideal", in meiner jugendbewegten Zeit beeindruckte, darüber berichtete ich als 29jähriger in einem Zeitschriftenaufsatz, betitelt „Die Schwierigkeiten des Jugendbewegten beim Eintritt in den Beruf",[11] folgendes: „Das Zusammenleben offenbarte in ungeheurer Eindringlichkeit, wie ein Leben beschaffen ist, das in sich wert ist, gelebt zu werden. Die Züge dieses Lebens voll Wert und Würde und Schönheit – wir hatten hierfür den Namen „Der wesentliche Mensch" – gewannen Gewalt in unserer Seele und wurden zum Leitbild der Selbsterziehung, zur geheimen Sehnsucht, zu einem Inbegriff von Ansprüchen, die jeder an sich stellte. Es gab in dieser Gemeinschaft kein Konkurrenzstreben, es gab keinen, der sich zu mehr dünkte als der andere. Jeder war bereit, jeden als gleichwertig zugehörig zu betrachten, und jeder half jedem, wenn er sich an ihn wandte." Und ich erinnere mich: Auch zu den Mädchen der Bewegung, mit denen wir nur bei Festen und Tagungen zusammentrafen (auf „Fahrt" gingen sie allein) verhielten wir uns ebenso und auch sie sich zu uns. Wir begegneten einander in offener, kameradschaftlicher, gleichberechtigter Zuwendung, aber zugleich in einer uns selbstverständlich erscheinenden asketischen Zurückhaltung. „Es bleibt die unbestrittene schöpferische Großtat der neuen Jugend, daß sie den Ausweg aus dem Sumpf des bürgerlichen Liebeslebens und des unjugendlichen Geschlechterverhältnisses fand, indem sie den gordischen Knoten durchhieb und zunächst, eine Kameradschaft voller Menschlichkeit an ihre Stelle setzte" (E. Busse Wilson).[12] Für den Verzicht auf Liebesbeziehungen entschädigte uns reichlich die Klarheit und Schönheit des Zusammenseins, das Bemühen um Natürlichkeit und Einfachheit und um Ausdrucksechtheit der Form. Dieses Bemühen um Ausdrucksechtheit bestimmte auch unsere Umgangsformen sowie die Gestaltung unserer Feste und den Stil aller künstlerischen und kulturellen Produktionen. Und bei größeren Zusammenkünften, festlich gemeinsam gefeiert in freier Natur mit Gesang, Spiel und Tanz, fühlte jeder, jung sein bedeute, ein Teil der Schönheit der Welt zu sein. Ja, so war unser Fühlen, Streben und Ringen! Wir durften nehmen und wir konnten geben. Aber vielleicht wendet jemand ein: „Das sind wohl Berichte über Erfahrungen, beruhend auf Erlebnissen, aber zu verklärt in der Erinnerung." Ich will zur Ernüchterung nochmals S. Bernfeld[13] herbeiholen, der als 21jähriger, allerdings verbittert darüber, daß die Geldgeber in Wien, seinen neuen Erziehungsversuch in einem von ihm gegründeten Kinderheim überraschend sabotierten, über die „Neue Jugendkultur" schrieb: „Sie beruht im Gegensatz zur bürgerlichen Kultur auf einem völlig neuen Gemeinschaftsgefühl, das irgendeinmal alle Ich-Geilheit, alle Macht und Selbstgier auf Erden . . . vernichten oder sublimieren wird". Um genau zu zitieren: er schrieb „durch Terror vernichten", eine prophetische Vorahnung des fünfzig Jahre später tatsächlich erfolgten Fanatismusdurchbruchs innerhalb der deutschen Studentenprotestbewegung!

„Tief erfüllt von einem Gemeinschaftserlebnis, das an Wucht und verpflichtender Kraft alles übertraf, was ihnen ihr bisheriges Leben gebracht hatte", so lautete 1913 ein Bericht, „zogen die Teilnehmer am Meißner Fest am Ende des dritten Tages zu Tal, mit dem Gelöbnis, das Feuer, das auf dem Hohen Meißner aufgeflammt war, ein jeder in seinen Beruf und in sein ganzes bisheriges Leben hineinzutragen".[14] Allein durch diese idealistische Gesinnung und ihr idealistisches vorbildliches Verhalten hoffte die erste deutsche Jugendbewegung, das deutsche Volk geistig und sittlich erneuern zu können. Dies, nur dies wollte sie.

An dieser Stelle muß erwähnt werden, daß das deutsche Volk der Gegenstand einer besonderen Liebe dieser Jugend war, nicht aber der deutsche Staat („Der wilhelminische Obrigkeitsstaat war ihr ein Greuel, die Weimarer Republik ist ihr fremd geblieben")[15]. Unter Volk verstand sie im Gegensatz zur künstlichen und abstrakten Ordnung des Staates die naturgegebene, lebendige Schicksalsgemeinschaft, der man auf Gedeih und Verderb mit einem Teil seiner Identität angehört. Die Sorge um das Schicksal des deutschen Volkes bewog die akademische Freischar in Jena Anfang August 1914 ein Telegramm an den deutschen Kaiser zu richten, in dem sie ihn beschwor, er möge kein Mittel unversucht lassen, um das entsetzliche menschenunwürdige Verhängnis eines europäischen Krieges abzuwenden. Die gleiche Sorge aber motivierte nach Ausbruch des Ersten Weltkrieges 15 000 Wandervögel, sich freiwillig zur Wehrmacht zu melden, von denen 7000 fielen! Ihre Kampfbereitschaft in der historischen Schlacht bei Langemarck war aber kein dynastischer Hurra-Patriotismus! Stolz auf das deutsche Volk waren sie nicht wegen der kulturellen Leistungen der Gegenwart im kapitalistisch-technischen Zeitalter, sondern aufgrund seiner großen politischen und kulturellen Bedeutung in der Vergangenheit, besonders im Hochmittelalter. Infolge dieses romantischen Nationalgefühls (das nicht bei allen Gruppen gleich stark entwickelt war) mußte es mit der Zeit zu Spannungen mit den jüdischen Gruppenmitgliedern kommen. Sie wurden dadurch entschärft, daß zur Pflege der jüdischen Volkskultur eigene jüdische Wandervogelgruppen gegründet wurden, in die vor allem die mit den politischen Zielsetzungen und Ideen des Zionismus Sympathisierenden eintraten. Jede Gruppe der Jugendbewegung fühlte sich als „Volk im kleinen". Das Wesen des deutschen Volkes verkörperte am vorbildlichsten der Bauer auf dem Land, den kennen und schätzen zu lernen sie bei ihren Fahrten überall Gelegenheit hatten, wo deutsche Bauern siedelten.

Doch nun zur Frage: Wodurch entstanden diese Ideale, diese zentralen Antriebskräfte der jugendbewegten Lebensführung und Umweltsveränderungsbestrebungen, diese eigentlichen Verursacher, wie ich glaube, des geheimnisvollen „Jugenderlebnisses"? Und welche Funktionen hatten diese Ideale? Aber was sind eigentlich Ideale? Der Ausdruck „Ideal" ist ein substantiviertes Eigenschaftswort, er ist aber nicht völlig bedeutungsgleich mit dem Eigenschaftswort. Diese Frage bedarf einer begrifflichen Klarstellung. Als Eigenschaftswort verwendet, verweist es auf die besonders wertvolle Beschaffenheit derjenigen Eigenschaften eines Gegenstandes, die diesen zu einem Wertobjekt oder Wertträger, also zu einem „Gut" machen. Ein bestimmtes Wertobjekt besitzt eine ideale Beschaffenheit dann, wenn es, verglichen mit anderen Gütern der gleichen Art, das wertvollste ist, weil es mithin, bezogen auf einen gewünschten Zweck („Wert"), den wünschenswertesten Vollkommenheitsgrad aufweist. Beispiele: ein ideales Auto, ein idealer Mitarbeiter, ein idealer Freund. Wir sagen von einem Menschen, er sei ein idealer Freund, wenn er sich allen seinen Freunden gegenüber jederzeit als verläßlicher, guter und hilfreicher Freund erweist. Wir sagen, ein Mensch sei eine „ideale Persönlichkeit", wenn er im Unterschied zu anderen Menschen diejenigen Eigenschaften in vollendeter Ausprägung besitzt, die ihn im Zusammenleben wertvoll machen. Auch stellt man sich oft in der Phantasie das erwünschte und angestrebte Ergebnis einer eigenen Tätigkeit ideal verwirklicht vor trotz des Wissens, daß man dieses ideale Wunschbild nur annähernd wird realisieren können. Dieses lebensnützliche Ausdenken der idealen Wertausstattung von Lebensgütern ist aber etwas anderes als ein „illusionierendes Wunschdenken": Bei diesem wird einem Wertgegenstand unberechtigterweise die Qualität der idealen Vollkommenheit, oder einer nicht oder nur unvollkommen realisierbaren Zielsetzung die volle Realisierbarkeit zugesprochen. Wir nennen diese von Wunschdenken beeinflußte, utopisch verklärende Überbewertung „Idealisierung". Auch eine Vervollkommnung der eigenen Person in irgendeinem sozial positiv bewerteten Leistungsbereich (z. B. in einer bestimmten moralischen Eigenschaft oder einer bestimmten beruflichen überlegenen Tüchtigkeit oder in einem sportlichen Können) kann in verklärender, überwertender Idealisierung nicht nur vorgestellt, sondern auch für realisierbar gehalten werden („idealisierende Ich-Ideale").

Benennt das Eigenschaftswort „ideal" die vergleichsweise vollkommenste, daher am meisten erwünschte Beschaffenheit eines Wertträgers (es könnte auch zur Kennzeichnung eines „Unwertobjektes", etwa einer Verbrechensplanung, verwendet werden!), so schreibt das Hauptwort „Ideal" einem Wertträger die positive Eigenschaft zu, zu den jeweils wertvollsten und anstrebenswertesten Lebensgütern schlechthin zu gehören, und dies sowohl deshalb, weil es sich zur Befriedigung des bedeutsamsten aller menschlichen Bedürfnisse, nämlich des „Lebenssinnbedürfnisses" eignet (also, wie ich sage, weil es einen „Lebenssinngrundwert" oder „Heilswert" besitzt), als auch, weil dieses Gut in einer bestimmten Lebenslage für die Lebenssinngebung aktuell dringend benötigt wird. Die Eignung für diese Bedürfnisbefriedigung kann, muß aber nicht optimal, also „ideal" sein, sie muß nur vorhanden sein. Auch muß dieses Gut erreichbar sein, d. h. es wieder zu beschaffen oder es vor Verlust zu bewahren muß im Machtbereich des Menschen liegen. Seiner beraubt zu werden, darf kein unabwendbares und unabänderliches Lebensschicksal sein. Und da das Bedürfnis, es zu erstreben, lebensnotwendig sein muß, gehört zum Begriff Ideal auch, daß es im Seelenleben eines Menschen nicht nur als Wertvorstellung, sondern auch als Wunsch und Strebensziel manifest existent sein muß. Es besitzt mithin nicht jedes Gut, das einen Lebenssinngrundwert hat, eo ipso auch bereits die Valenz, als „Ideal" in der Seele aufzuleuchten. Für die „Gruppenideale" im besonderen gilt: Um diesem Anspruch zu genügen, müssen mehrere Menschen vorhanden sein, deren Leben infolge eines drohenden oder faktischen Verlustes dieses Gutes in Gefahr gerät, lebensunwert zu werden. Und lebensunwert wird dieses Leben, wenn den Menschen zugemutet wird, mehr Schmerzen und Leiden zu ertragen als erträglich sind, und/oder auf mehr Freuden zu verzichten, als sie entbehren können. Vergegenwärtigen wir uns diesen Begriffsinhalt am Beispiel eines Gruppenideals! Angenommen, man sagt von einem Menschen, er lebe und sterbe für das Ideal der Freiheit seines Volkes, dann besagt dies: 1. Daß er diese Freiheit für ein überaus lebenswichtiges Gut hält, ohne das er sich kein lebenswertes Leben für sich und sein Volk vorstellen kann, und daß daher die Freiheitsberaubung eines der verabscheuungswürdigsten Übel ist. 2. Daß er bereit ist, mit allen seinen Kräften für die Verwirklichung oder Bewahrung dieser Freiheit zu kämpfen, sich diese Freiheit ständig als gefühlsstarkes, inneres Wunsch- und Strebensziel vorstellend. Der von einem Ideal ausgelöste Entschluß, sich um seines benötigten „Heilswertes" willen freiwillig, anstrengungs- und opferbereit für die Verwirklichung des Ideals einzusetzen, kann entweder lediglich um einer benötigten Wert- und Sinngebung des eigenen Lebenswillens („Eigenideale" oder „persönliche Ideale" genannt) gefaßt werden oder wegen der Lebenswertsicherung des Zusammenlebens mit anderen Menschen. In diesem Falle kann das angestrebte „Gruppenheil" natürlich nur durch einen gemeinsamen Gruppeneinsatz erreicht werden („Gruppenideal"). Bekanntlich ist aber nicht jeder Mensch zur idealistischen Wertschätzung eines Gruppenideals und auch nicht zum selbstlosen Einsatz hierfür bereit. Daher stellt sich die Frage: „Wie kommt es überhaupt zum Erleben eines Gruppenideals, und was bedingt die konkrete „Idealwahl"?

Seit Freuds Arbeit über „Massenpsychologie und Ich-Analyse"[16] wissen wir ziemlich genau über die dynamischen Prozesse Bescheid, die sich in einer Gruppe abspielen, in der Gruppenideale seelisch existent werden. Bei seiner Forschungsarbeit könnte Freud auch das Gemeinschaftsexperiment der Jugendbewegung von Nutzen gewesen sein, über das er sicher informiert war. Der Wandervogelführer S. Bernfeld war schon 1912 Gasthörer der psychoanalytischen Gruppe in Wien. Auch befand sich in der jüdischen Jugendbewegung „Blau-Weiß" in Wien ein Sohn Freuds unter den Gruppenmitgliedern. Die Idealbildung in der „Gruppe" beziehungsweise „Masse", so lautet Freuds bekannte These, setzt die faszinierende Vorbildwirkung eines Menschen voraus, der ein Ideal – das er entweder autonom in sich entwickelt oder bereits fremdbestimmt übernimmt –, glaubhaft verkörpert. Seit M. Weber nennen wir einen solchen Menschen eine „charismatische Führerpersönlichkeit". Es bedarf aber natürlich auch einer spezifischen Bereitschaft der Gruppenmitglieder, sich mit dieser Führerpersönlichkeit zu „identifizieren". Durch den Vorgang der „Identifikation" wird das Streben nach der Verwirklichung des Ideals zu einem starken eigenen, inneren Bedürfnis. Was der Gruppenführer in der Gruppe sein muß, um diese Identifikation zu ermöglichen, schildert Bernfeld aus eigener Erfahrung (er war ja jahrelang Gruppenführer) folgendermaßen: „Der Führer muß jeden einzelnen der Gefolgschaft lieben, sonst wird er deren Liebe nicht gewinnen. Er muß andererseits ihrem Liebesbedürfnis die einfache Befriedigung – in Paarbeziehung – versagen, sonst wird er Eifersucht anstatt Solidarität erzeugen. Er muß Liebe erzeugen, sie aber zugleich von seiner Person als ihrem Gegenstand ablenken. Er muß vorbildlich sein, um Ideal zu werden. Es darf aber die Distanz zwischen ihm und den von ihm Geführten nicht allzu groß werden, sonst entsteht eher Anbetung und Resignation als Selbsterziehungswille; es muß die Möglichkeit gegeben sein, sich mit ihm zu identifizieren. Die Lösung dieser Widersprüche findet sich darin, daß er Führer zu etwas ist, das er repräsentiert, verkörpert, dem er aber zugleich unterworfen ist, dem er dient".[17] Nur ein solcher Mensch, der unser angestrebtes „Selbstbild", die ersehnte, ideale Beschaffenheit der eigenen Person, in einer vorbildlichen Weise verkörpert, kann uns veranlassen, ihn zu lieben. Ihn nachahmend und ihm nachstrebend, ermöglicht er es uns, ähnlich wertvoll zu werden, wie er selbst, und dadurch liebenswert zu werden sowohl für ihn, als auch für uns selbst und für alle, die ihn lieben. Auf diesem Wege wird die „ideale" Persönlichkeit des Gruppenführers zu einem Gruppenideal. „Ideal" nennen wir sie deshalb, weil wir bei ihm die sehr ersehnten, wertvollen Persönlichkeitseigenschaften in bewunderungswerter Vollkommenheit wahrnehmen oder doch, ihn „idealisierend", wahrzunehmen glauben.

Über das konkrete seelische Geschehen bei der „Idealübernahme", aber auch über die Funktion der „Idealeignung" verriet uns das allerwesentlichste bereits K. Fischer in seiner schon erwähnten Schilderung seines „Idealdurchbruchserlebnisses". Erinnern wir uns an den entscheidenden Satz: „Als wir abends vor unserer Bleibe auf dem Marktplatz saßen und sangen, kam es bei einigen von uns, besonders aber bei mir, wie ein Rausch über uns, und ich fühlte, jetzt geht etwas in Erfüllung, was ich schon lange ersehnte." Und was war dieser seelische Rausch? Offenbar der Durchbruch des Gefühls der Begeisterung. Dieses Erlebnis, ein innerer Jubelschrei, eine Freude besonderer Art, die man erlebt haben muß, um zu wissen, was sie ist, ist die Gefühlsreaktion auf eine kaum mehr möglich gehaltene, aber nun überraschend erfolgte Beseitigung einer arg frustrierenden Lebenslage. Diese Freude wird noch verstärkt durch ein gleichzeitiges Auftauchen einer neuen Zukunftsperspektive, nämlich der Hoffnung auf einen beglückenden Lebensneubeginn. Ein solches Begeisterungsgefühl beendete tatsächlich fast schlagartig Fischers bisherige depressive Lebensgrundstimmung. Es brach die Liebe durch zu seinem Gruppenführer, zu seinen Kameraden und zu allem, was sie gegenwärtig taten und zu tun vorhatten. Aus dem gelangweilten, mißmutigen, sich und seine Lage verwünschenden, ohnmächtigen Obersekundaner wurde ein sich glücklich fühlender Mensch voll jugendlichem Tatendrang, der plötzlich wußte, wozu er auf der Welt war: nämlich dafür, sich für die ideale Sache des Wandervogels einzusetzen. Erklärung: Das in dieser Gemeinschaft auftauchende Gefühl der Begeisterung verschaffte ihm zu seiner großen Überraschung die Gelegenheit, endlich etwas tun zu können, was er für sein Selbstwertgefühl dringend benötigte, nämlich sich in Spannung für eine große Gemeinschaftszielsetzung zu bewähren! Das Auftauchen des Gefühls der Begeisterung für eine neue Lebensaufgabe ist mithin eine der rätselhaften Möglichkeiten – und dies ist die zentrale Funktion des Gruppenideals im menschlichen Leben! – trotz zunächst weiterbestehender trister äußerer Lebensverhältnisse dem eigenen Leben wieder Wert und Sinn zu geben. Wir verstehen jetzt den Satz, daß Gruppenideale nur Güter sein können, die einen Lebenssinngrundwert besitzen. Ihre Heilsfunktion, sich als Mittel zur Beseitigung hoffnungslos erscheinender Lebensverdrossenheit und Niedergedrücktheit zu eignen, ist freilich an die Bedingung geknüpft, sich selbstlos und opferbereit für die Verwirklichung der Gruppenideale einzusetzen. Aber die Gruppenideale befähigen den Menschen auch dazu, denn ihre das Selbstwertgefühl aufhellende

Wirkung ist schon an den „guten Willen" und nicht erst an den äußeren Erfolg geknüpft. Ideale sind „Gesinnungswerte"! Sie belohnen den zum selbstlosen idealistischen Einsatz Gewillten für die Überschreitung der Grenzen des Egoismus mit einer wirksamen Steigerung seines Lebens- und Selbstwertgefühls. Sein Leben erhält einen Wert, den sich der Mensch allein nicht zu geben vermag. Es lohnt sich nicht zu leben, wenn das Leben nicht auch zur Freude anderer gelebt werden kann! Durch das Ergriffenwerden von einem Gruppenideal erwirbt der Mensch mithin eine neue altruistisch motivierte Handlungsdisposition. Sie erweitert seine nicht egoistisch begründete soziale Einstellung noch über den Bereich hinaus, in dem ihn dazu auch sein Gewissen und die persönliche Liebe befähigen.

Da die Gruppenideale sowohl Grundsätze der Lebens- wie auch der Gesellschaftsgestaltung sind, rufen sie dazu auf, auch öffentlich für sie einzutreten, für sie zu werben und für sie zu kämpfen. Als hochrangige, einen Lebenssinngrundwert besitzende Lebensführungsziele gründen sie sich auf den Wertanspruch, die zentralen Lebenswünsche nach Glückssicherung und nach Unglücksvermeidung, die jeder Mensch, der sein Leben selbst zu führen hat, willensgesteuert anstrebt, mitbefriedigen zu helfen. Sie verlangen, daß der Mensch sich bemüht, sein ideales Streben auch gegen den Widerstand anderer, minderwertigerer oder idealwidriger Wünsche in sich, aber auch gegen äußere Gegnerschaft, aufrechtzuerhalten. Da der Mensch unter dem Einfluß neu aufleuchtender, sich verinnerlichender Gruppenideale überzeugt ist, sein Leben auf richtigere Weise als bisher führen zu können, bewirken sie eine bedeutsame innere Veränderung. Sie treten teilweise oder ganz an die Stelle der obersten Lebenszielsetzungen, die bisher die Lebensführung bestimmt haben. Dadurch kann es zu einer mehr oder weniger tiefgreifenden Persönlichkeitsumwandlung kommen, wobei in extremen Fällen die persönliche „Ich-Ideal"-Veränderung sich auch der Gewissensinstanz unterordnen kann (Übergang des humanen „enthusiastischen" zum intoleranten, „fanatischen" Idealismus). Und ferner gilt: Es gibt auch im Jugend- und Erwachsenenalter, also „jenseits der und über die in der frühen Kindheit angelegten ersten psychischen Strukturen", die „Entwicklung neuer Verhaltens- und Erlebnisweisen", was man auch als einen „Neubeginn" bezeichnen kann.[18]

Für die Gesellschaft besitzen Gruppenideale einen Mittels- oder Nutzwert von einer, von außen gesehen, verschieden bewertbaren Effektivität.

So viel zur Beantwortung der Frage, was sich beim Erleben eines Gruppenideals seelisch ereignet, und welche persönliche Bedeutung diesem Erleben zukommt. Offen ist noch die Frage nach den Bedingungen der „Idealwahl". Was muß ein Gruppenziel beinhalten, um Begeisterung auszulösen (denn nicht alle Gruppenziele rufen sie hervor)? Und wovon hängt es ab, welche Menschen sich für ein bestimmtes Gruppenideal begeistern (denn nicht alle sind hierzu fähig und gewillt)? Über das Letztere, die „subjektive" Voraussetzung der Idealwahl, lehrte uns bereits implicite das Wichtigste unsere psychohistorische Fallstudie. Nur solche Menschen begeistern sich für dieselbe Zielsetzung, die sich in einer gleichen oder ähnlichen bedrückenden Lebenslage befinden, welche sie auf sich allein gestellt, nicht glauben verändern zu können. Infolge dieser auf die Dauer sehr schmerzlichen Belastung laufen sie Gefahr, in den deprimierenden Gefühlszustand einer hoffnungslosen Sinnleere ihrer Existenz zu geraten. Das Bewußtsein der eigenen Ohnmacht in dieser Situation macht sie beeinflußbar und anschlußbereit. Für ein Ideal vermag sich demnach, um mit Fr. Nietzsche zu sprechen, nur derjenige Mensch zu begeistern, „der es nötig hat". „Gruppenbegeisterungsfähig" ist nur der „Gruppenbegeisterungsbedürftige"! Hinsichtlich der „objektiven" Voraussetzung der Idealwahl, also der Frage, welche Beziehung zwischen einem Ideal und der Ursache der Begeisterungsbedürftigkeit besteht, gilt: Um ein bestimmtes Gruppenziel als begeisterndes Gruppenideal erleben zu können, muß diese Zielsetzung dem Teilnehmer an einem Gruppentreffen den Glauben, ja die Überzeugung vermitteln, mit ihrer Hilfe die eigene Lebenssinnkrise überwinden zu können. Diesen erlösenden Glauben ruft vor allem die Begegnung mit der faszinierenden Persönlichkeit des Gruppenführers hervor, der offensichtlich aus dem starken Erleben der gleichen

Nöte und Konflikte zu einer geradezu „visionären" Gewißheit darüber gelangt ist, auf welchem Wege es nicht nur ihm, sondern allen unter den gleichen Lebensverhältnissen Leidenden möglich sein müsse, aus dieser unleidlichen Lebenslage herauszukommen. Die in dieser Vision aufleuchtende neue Lebenschance heißen wir, als „Heilswert" besitzendes Gruppenziel begründet und verkündet, „Gruppenideologie", als eine durch die Gruppenbegeisterung ausgelöste persönliche seelische Einsatzbereitschaft „Gruppenideal". Wieso aber vermag ein solches Gruppenideal dem Leben Wert und Sinn zu geben? Am glaubhaftesten geschieht dies, wenn der Inhalt der Zielsetzung verspricht, die Ursachen einer Lebenssinngefährdung beseitigen zu können. Dann fordert sie dazu auf, in der für diese Mißstände verantwortlichen Gesellschaft die notwendigen Reformen durchzusetzen, und dafür, wenn nötig, auch mit vereinten Kräften zu kämpfen. Das klassische geschichtliche Beispiel: Der jahrzehntelang, erbittert geführte gewerkschaftliche Kampf der Industriearbeiter um ihre wirtschaftliche und soziale „Entproletarisierung". Sind aber die faktischen Ursachen nicht oder nicht klar genug erkennbar oder erscheint ihre Bekämpfung infolge fehlender Machtmittel aussichtslos, dann kann ein Gruppenideal den Leidensdruck erträglicher machen. Ein an sich unerträgliches Leid zu einem erträglichen zu machen, setzt freilich voraus, daß es in einen schon vorhandenen, aber bisher nicht beachteten, oder in einen erst zu schaffenden Sinn- und Zweckzusammenhang eingeordnet werden kann. Dies tut der Mensch schon im täglichen Leben, wenn er z. B. eine recht beschwerliche, lästige, langdauernde Arbeit zu Ende führt, weil der Wert des Ergebnisses die Mühe aufwiegt. Das Gleiche unternimmt der Mensch, wenn er seinem infolge eines großen Unglücks fraglich gewordenen Dasein gegenüber, auf Umstände verweist, um derentwillen sich die Anstrengung auch eines überstark belasteten Lebens lohnt. Selbst die Tat der freiwilligen Aufopferung des eigenen Lebens zur Rettung des Lebens anderer vermag der Mensch unter bestimmten Bedingungen begründbar und motivierbar zu machen. Denn: „Wer ein Wozu hat, erträgt fast jedes Wie". Das Verfahren der „Lebenswertabstützung" durch „Aufwertung" setzt freilich eine zureichende Frustrationstoleranz voraus; das Übel selbst verschwindet ja dadurch nicht aus dem Leben, es wird nur erträglicher. Naturgemäß ist dieses Verfahren nicht so leicht oder gar nicht anwendbar, wenn einer schwächeren Menschengruppe von einer stärkeren grundlos Leid in einem unerträglichen Maße zugefügt wird, z. B. durch eine ständige physische Lebensbedrohung, permanente grausame Mißhandlung, brutale Arbeitsversklavung. Das Aufwertungsverfahren eignet sich vor allem dann, wenn eine Sinngefährdung dadurch erfolgt, daß uns unsere Mitmenschen unbegründeter Weise mehr Lust und Freude vorenthalten, als wir entbehren können. Denn der Mensch lebt nicht vom Brot allein, es kann ihm auch nicht genügen von den Mitmenschen bloß „geduldet und in Ruhe gelassen" zu werden, er braucht auch eine spürbare, erfreuliche seelische Lebensmithilfe, die Zubilligung verdienter sozialer Achtung, Wertschätzung und Liebe. Ein zwar körperlich schmerzfreies, aber allzu freudloses Leben ist eben noch lange kein sinnvolles Leben! Freilich sind die Ursachen des Übels „Freudlosigkeit" sehr oft nur schwer zu eruieren und zu beseitigen. Daraus erklärt sich auch, daß sich die Menschen selbst in besonders auswegslosen und undurchschaubaren Lebenslagen durch eine Einordnung dieses Übelstandes in einen illusionären Zweck- und Sinnzusammenhang zu trösten versuchen und es vermögen. Freilich wirkt diese „Aufwertung" nur so lange entlastend, so lange kein „Illusionsverdacht" aufkommt, die Mitbeteiligung des „idealisierenden Wunschdenkens" also nicht bemerkt wird, weil sie aufzudecken zu schmerzlich wäre. Es sind also auch oft unbewußte Motive an Aufwertungsverfahren beteiligt, „Idealisierungen", pseudovernünftige „Rationalisierungen", „kollektive Illusionen".[19]

Überprüfen wir das eben Gesagte an unserer „Fallstudie". Auf welchen Wegen vermochten die Ideale der Jugendbewegung ihre Lebenssinnfunktion zu verwirklichen? Daß sie in dieser Funktion nur von demjenigen Teil der Jugend erlebt werden konnten, die unter den Bedingungen einer sehr verschärften Adoleszenzkrise zu leiden hatten, wissen wir bereits. Die an sich schwierige Lösung der emotionellen Bindungen an das Elternhaus, also der Übergang von der familienzentrierten Existenz zu einer auf das gesamte gesellschaftliche System bezogenen befriedigenden Erwachsenenidentität, wurde ja der studierenden Jugend noch dadurch besonders erschwert, daß ihr die Gesellschaft zusätzlich zur überlangen Dauer der Berufsausbildung den altersmäßig zustehenden Erwachsenenstatus vorenthielt und ihr überdies, wie erwähnt, die sexuelle Askese, die völlige materielle Abhängigkeit von den Eltern, die entehrenden autoritären Unterordnungsverhältnisse am Arbeitsplatz Schule, mitunter auch bereits im Elternhaus, zumutete. Daß die höhere und besonders die Hochschule überdies eine Brutstätte von Minderwertigkeitsgefühlen war und ist, macht die Sache auch nicht leichter. Den zu diesem Übelstand beitragenden überfordernden eigenen Ehrgeiz übernimmt der Student dem elterlichen Auftrag, sich durch sein Studium auf einen den elterlichen sozialen Status oft weit überragenden Beruf vorzubereiten. Unter diesen Lebensbedingungen ist es nicht verwunderlich, daß der sensiblere Teil der Studierenden dieses Leben nicht erfreulich genug empfand und sich fragte, ob das ihnen für die Zeit nach dem Studienabschluß in Aussicht gestellte „Glück" eine vollwertige Kompensation für die vorher gefühllos auferlegten Verzichte und Opfer wäre. Der sensiblere Teil der Studierenden mußte „idealbedürftig" werden und Ausschau halten nach Abhilfe.

Es läßt sich in wenigen Sätzen sagen, wieso die Jugendbewegung mit Hilfe ihres Freiheits- und Gemeinschaftsideals dieses Bedürfnis zu befriedigen vermochte. Dem Belastungsfaktor „sexuelle Enthaltsamkeit" wurde mittels des Verfahrens der „Aufwertung" ein Sinn gegeben durch den Hinweis, es sei dies ein Anreiz zur Triebsublimierung, diese aber veranlasse eine erfreuliche Steigerung der kulturellen produktiven Fähigkeiten und Interessen.[20] Der „Aufwertungsappell" lautete: „Rein bleiben, um reif zu werden". Die „aufwertende" Einordnung des Belastungsfaktors „totale wirtschaftliche Abhängigkeit" ermöglichte die Erfahrung, daß man zur Teilnahme an der Wandervogelbewegung nicht mehr, sondern eher weniger an materiellen Gütern bedurfte, als man von daheim erhielt. Auch entdeckte man dabei: Nur Menschen ohne geistige Interessen imponiert der Reichtum. Ihn übertrifft an Wert das einfache, naturnahe, bedürfnislose Leben. Auch die freiwillige Verpflichtung zur Alkohol- und Nikotinabstinenz war ein Ausdruck dieser Lebenseinstellung, der Verachtung des bequemen, passiven Lebensgenusses, des „satten Weideglücks" (Fr. Nietzsche). Der Faktor „erzwungene" erniedrigende Unterordnung unter die Willkürherrschaft autoritätssüchtiger Mitmenschen" wurde erträglicher gemacht durch die ausgleichende Möglichkeit zu einem völlig anders gearteten mitmenschlichen Umgang, dem gewaltfreien, fröhlichen Zusammenleben in der Subkultur. Nie wurde dort ein Mensch in seiner Menschenwürde angetastet. Jeder ging offen auf den anderen zu, jeder konnte auf die Anständigkeit, die Kameradschaftlichkeit, die Hilfsbereitschaft aller vertrauen, ein Vertrauen, zu dem auch die zur Vermeidung der konventionellen Verlogenheit geschaffenen „Umgangsformen" beitrugen, die unmittelbar wahrnehmbar machten, daß das gesprochene Wort wahr und das ausgedrückte Gefühl echt ist. Der Wertvergleich dieser „solidarischen", ethisch hochstehenden Art des Zusammenlebens mit derjenigen in der Lebenswelt der Erwachsenen, fiel eindeutig zu Gunsten der jugendbewegten Gemeinschaft aus. Und im Bewußtsein dieser Wertüberlegenheit des sozialen Verhaltens und der Eigenständigkeit ihrer kulturellen Interessen wagte diese Jugend die souveräne „Unabhängigkeitserklärung" am „Hohen Meißner", des Inhalts, nicht mehr statuslose Jugendliche, sondern junge Erwachsene zu sein, und das Recht auf Selbsterziehung und auf freie selbstverantwortliche Lebensgestaltung zu beanspruchen. Die auf diesem Wertvergleich beruhende Kritik an der bestehenden bürgerlichen Unkultur motivierte sie zu dem Entschluß, erneuernd und verlebendigend auf die immer unlebbarer werdende Daseinsordnung der industrialisierten und verstädterten bürgerlichen Welt einzuwirken. Sowohl die freiwillige Verpflichtung zur Selbsterziehung, wie auch der aktivistische Appell zur Gesellschaftserneuerung gewährte mithin jedem von ihnen, der „guten Willens" war, eine realisierbare Lebenssinngebungschance. Diese veränderte ursächlich die bisherige studentische Gesamtlebenslage, da sie zum familiären und schulischen Bereich einen dritten Lebensbereich hinzufügte, das Gemeinschaftsleben in der Subkultur, in seinem Wert fast vergleichbar einer „Oase" in der Wüste!

Man ist geneigt, anzunehmen, daß der Mensch die Fähigkeit, Gruppenziele durch Verinnerlichung zu starken seelischen Antriebskräften („Ich-Idealen") zu machen, im späteren Leben ebenso benötigen werde wie in den Entwicklungsjahren, was niemand bestreitet. Aber ist Mensch sein gleichbedeutend mit der ständigen Suche nach Sinn und Wert des Lebens, also immer begeisterungsbedürftig zu sein? Normalerweise gilt doch: Die Aufgabe, nach Idealen Ausschau zu halten, die unserem Leben Wert und Sinn geben können, stellt sich nach dem Eintritt ins Erwachsenenalter nicht mehr in der bisherigen Dringlichkeit. Auch die vorher arg mit sexuellen und narzißtischen Frustrierungen belasteten studierenden Jugendlichen benötigen die jugendbewegten Ideale nachher nicht mehr in ihrer manifesten Lebenssinnfunktion. Denn jetzt wurde es ihnen ermöglicht, das Leben in freier Selbstverantwortlichkeit faktisch sinnvoll zu leben. Sinn und Wert verleiht dem Erwachsenen die selbständig ausgeführte, Einkommen und Ansehen verbürgende Berufsarbeit, vorausgesetzt, daß er Gelegenheit hat, etwas Nützliches zu leisten und zu können, was er tut. Und Sinn und Wert gibt dem Leben die Partnerbeziehung, vorausgesetzt, daß sie bestätigende Liebe, sexuelle Befriedigung und ein gutes Zusammenleben einbringt, und daß jeder Partner im anderen immer wieder wenigstens eine teilweise Verwirklichung seines Partnerideals zu sehen vermag. Ein Rest von Idealbedürftigkeit bleibt freilich im ganzen weiteren Leben bestehen, bedingt vor allem durch die schicksalshafte Misere der Endlichkeit des menschlichen Lebens. Denn den eigenen Tod in einen tröstlichen Sinnzusammenhang so einzuordnen, daß man an ihn ohne Angst zu denken vermag, kann mit rein diesseitigen Überlegungen schwerlich gelingen. Auch das im Wesen der kulturellen Existenz begründete Freudsche „Unbehagen in der Kultur", verstärkt in der neuesten Zeit besonders durch die Schattenseiten der Industrialisierung und Verstädterung, bildet einen bleibenden Bodensatz von Idealbedürftigkeit. Doch diese Quellen der Idealbedürftigkeit können zwar, müssen aber nicht die Fähigkeit des Erwachsenen beeinträchtigen, bei neu auftretenden idealistischen Bewegungen auch die Vernunft angemessen mitsprechen zu lassen. Jedoch was geschieht, wenn es im Verlaufe des Erwachsenenlebens zu außergewöhnlichen, sehr belastenden gesellschaftlich bedingten „Lebenskrisen" kommt, verursacht z. B. durch persönlich unverschuldete soziale Mißstände, durch Arbeitslosigkeit, berufliche Mißerfolge, durch drohenden Statusverlust, durch politische Unterdrückung und durch Vertreibung aus der Heimat. In solchen Krisen- und Notzeiten ist man genötigt, sich von neuem umzusehen, ob sich das Leben auch noch auf eine andere Weise als bisher dazu gebrauchen läßt, erfreulich zu sein. Im Besitz einer belastbaren „Ich-Stärke", also bei vorhandenen, von der Krise nicht betroffenen Lebens- und Selbstwertgefühlsstützen, vermag sich der Mensch jedoch aus eigener Kraft herauszuarbeiten, also zu lernen, sich die Lebenswertheit seines Lebens durch „alloplastische" oder „autoplastische" Lebensveränderungen weiterhin zu sichern. Anders aber, wenn solche Lebensführungskrisen in eine bedrohliche „Lebenswertkrise" umschlagen, der Mensch sich also nicht mehr zutraut oder zu hoffen vermag, dem Leben selbst wieder Wert und Sinn geben zu können. Dann kann auch der Erwachsene in den psychischen „Ausnahmezustand" einer starken Gruppenbedürftigkeit geraten! Diese späte Idealbedürftigkeit hat aber nicht nur andere Ursachen, sondern sie ist auch in ihren möglichen gesellschaftlichen Auswirkungen anders zu beurteilen. Denn wenn eine sozial verursachte, viele Erwachsene aktivierende „Massenbegeisterung" aufflammt, dann kann sie in der Realität weit mehr verändern als jugendbewegte idealistische Aktivitäten. Nun aber gilt, und zwar für jedes Alter: Das Auftreten einer solchen, viele Menschen gleichzeitig ergreifenden idealistischen Begeisterung kann sowohl eine aktive, humane, die Menschenwürde der Gegner nie mißachtende Protest- und Reformbewegung auslösen, aber auch den inhumanen, intoleranten, in seinen Spätfolgen verheerenden „Fanatismus". Wie die Fanatismusforschung lehrt, besteht

diese Gefahr immer dann, wenn die Begeisterung auslösende charismatische Führerpersönlichkeit zwar idealistisch gesinnt ist, aber zugleich starke verdrängte persönliche Haß- und Rachetendenzen ausagiert, also ein psychisch gestörter Mensch ist. Wird seine seelische Gestörtheit nicht rechtzeitig erkannt, dann steckt er mit seinem haßerfüllten Fanatismus diejenigen Menschen an, die er infolge ihrer großen idealistischen Bedürftigkeit zu begeistern vermag. Verharmlosen wir diese Gefahr nicht!
Begeisterungsbedürftig und in den entsprechenden sozialen Situationen daher auch fanatisch „verführbar" ist fast jeder Mensch, der sich in einer längerwährenden existentiellen Lebenssinnkrise befindet, mit der er allein nicht fertig werden kann, und wenn ihm das Ergriffenwerden von idealen Zielsetzungen und das hierfür Gebrauchtwerden einen „Lebensneubeginn" verspricht. Und vergessen wir nicht: Es gibt kaum einen heimtückischeren und gefährlicheren Feind der Menschlichkeit als den mit einer gewaltigen Verführungskraft ausgestatteten, „fanatisierenden" Fanatiker, der sich im Besitz einer ihm von der „göttlichen Vorsehung" übertragenen Heilsaufgabe zur Errettung oder vollkommenen Beglückung seiner Mitmenschen wähnt. Denn sein Idealismus wurzelt nicht in der Liebe, sondern hintergründig in einem unstillbaren, irrationalen Haß. Es verwundert uns daher nicht, daß sich besonders im geschichtlichen Erfahrungsbereich verheerender fanatischer Massenbewegungen immer wieder Menschen dazu gedrängt fühlen, nicht bloß vor dem fanatischen, sondern vor jedem, intrinsische Begeisterung für Gruppenziele auslösenden Idealismus zu warnen und ihn vorbeugend zu bekämpfen.[21] Aber sollte man wirklich versuchen, jegliche Gruppen- und Massenbegeisterung deshalb zu verhindern, weil übergroße Begeisterungsbedürftigkeit und die nicht rechtzeitig erkannte Psychopathie eines fanatisierenden Führers zu entsetzlichen gesellschaftlichen Katastrophen führen können und oft schon geführt haben? Sollte es nicht möglich sein, andere Mittel und Wege zur Verhinderung einer solchen Massenfanatisierung zu finden? Könnte und müßte nicht einer solchen Gefahr durch Aufdeckung und rechtzeitige Beseitigung der sie verursachenden sozialen

Übelstände vorgebeugt werden? Diese sehr ernsten und sehr schwierigen Überlegungen drängen uns zum Abschluß auch noch die Frage auf: Warum kam es in der ersten deutschen Jugendbewegung zu keinem fanatischen Mißbrauch der ebenfalls vorhandenen, starken Begeisterungsbedürftigkeit, wohl aber fünfzig Jahre später in der Studentenprotestbewegung, wenn auch nur bei einer sehr kleinen, radikalen Minderheit? Die bewegenden psychosozialen Ursachen waren ja – natürlich modifiziert durch die veränderte politische und kulturelle Zeitlage –, im wesentlichen bei beiden Jugendbewegungen sehr ähnlich. Etwas stärker dürfte bei der Studentenprotestbewegung als Mitursache das Versagen der Gesellschaft bei der Befriedigung des Grundbedürfnisses nach weniger autoritären Beziehungen am Arbeitsplatz Schule und das Versagen der Gesellschaft an der Mithilfe der Identitätsstabilisierung durch sinnstiftende Lebensaufgaben und Lebensziele beteiligt gewesen sein.[22] Die erste deutsche Jugendbewegung vermied die Gefahr der Fanatisierung – und dies ist die nächstliegende Erklärung –, weil sie es unterließ, politisch zu werden, während die Studentenprotestbewegung ihre idealistischen Ziele von Anfang an mit politischen Mitteln durchzusetzen versuchte, wozu sie u. a. durch die trügerische Hoffnung auf eine wirksame Unterstützung durch die Industriearbeiterschaft verleitet wurde.

Wer einen idealistischen Kampf mit politischen Machtmitteln ohne ausreichenden Machtbesitz beginnt, gerät, besonders auch bei jugendbedingter, unzureichender politischer Erfahrung, leicht in Gefahr, daß der zunächst legal geführte Kampf bei nicht befriedigenden Erfolgen in eine fanatische, alle Machtmittel rücksichtslos einsetzende, auch terroristische Gewaltanwendung nicht scheuende Kampfesweise umschlägt. Die hierfür benötigten, fanatisch veranlagten, sich zum Grundsatz „Der Zweck heiligt alle Mittel" bekennenden Führerpersönlichkeiten finden sich schon rechtzeitig ein. Die erste deutsche Jugendbewegung unterließ es aber beharrlich, politisch zu werden, obwohl ihr viele dazu rieten. Sie verharrte in einem scheinbar unüberwindbaren Spannungsverhältnis zu allen politischen Parteien und „blieb der Ebene der politischen Entscheidungen so fern, daß die Nationalsozialisten sie schließlich in völliger Wehrlosigkeit antrafen und über sie zur Tagesordnung hinweggehen konnten"[23]. Aber warum blieb sie unpolitisch?

Für die Weigerung, politisch zu werden, gibt es mehrere Ursachen und daher auch divergierende Erklärungsversuche.

In jüngster Zeit wurde von den Soziologen Aufmuth[24] und Neuloh/Zilius,[25] die Hypothese vertreten, die Jugendbewegung sei deshalb nicht protestierend in die Öffentlichkeit gegangen, weil sie nur eine „Erziehungsgemeinschaft" gewesen sei, die sich lediglich „neue Formen eines jugendgemäßen Lebens zur Persönlichkeitserweiterung schaffen wollte, quasi zur Selbsthilfe". Denn, so die Begründung, hätte sie auch reformatorische Ziele verfolgt, dann hätte sie sich nicht, was sie angeblich wirklich getan hat, „seriös" in das bürgerliche Leben von Schule und Elternhaus einfügen können, hierbei „keinerlei Gefühle von Inkonsequenz und Ambivalenz" verspürend. Ihr für manche Erwachsene freilich etwas befremdliches Eigenleben hätte sich lediglich unauffällig in der Freizeit abgespielt. Unerklärlich bleibt bei dieser Interpretation, warum eine angeblich seriös angepaßte Jugend es überhaupt für nötig hielt, „quasi in Selbsthilfe" sich selbst erziehen zu wollen! Für die Vermutung, dazu hätten sie „prominente und einflußreiche Erwachsene ihrer Herkunftsschicht hingeführt", sich ihrer „regenerativen Kraft" bedienend zur „Abwehr der bürgerlichen Identitätsverunsicherung durch die Industriegesellschaft – dazu reichen die vorhandenen historischen Belege meines Erachtens nicht aus. Freilich setzten sich auch erwachsene Persönlichkeiten, wenn auch relativ wenige, für die Jugendbewegung ein, und zwar im Glauben nur durch eine idealistische Jugend könne das deutsche Volk geistig, sittlich und religiös erneuert werden, eine „Erwartung, die von rechts bis weit nach links reichte".[26]

Die nächstliegende Erklärung, warum die erste deutsche Jugendbewegung nicht politisch wurde, ist wohl die, daß die Jugendbewegung dem einzelnen nur so lange volle Lebenswirklichkeit sein konnte, als seine Jugend ihn von der Sorge um die Existenz entband. Die mit dem späteren

Berufseintritt erzwungene Notwendigkeit der eigenen Existenzsicherung nötigte den Jugendbewegten ja zum Rückzug in die Bürgerlichkeit, womit er aber der Bewegung nicht nur äußerlich verloren ging. Um politisch schlagkräftig zu werden, hätte die Jugendbewegung versuchen müssen, auch die materielle Existenz der Älteren durch Gründung eigener gemeinsamer Wirtschaftsunternehmungen zu sichern, also die „Jugendgemeinschaft" in eine „Lebensgemeinschaft" überzuführen. Dies ist aber nur in bescheidenem Umfang geschehen.

Beispiele hierfür sind die Landschulheimgründungen in Deutschland und Österreich und vor allem in geschichtlich bedeutsamer Weise die landwirtschaftlichen Siedlungsgemeinschaften, „Kibbuzim" genannt, in Israel. Schon seit 1912 wanderten zuerst einzelne, später seit 1919 aber auch die ersten jüdischen Wandervogelgruppen geschlossen nach Palästina aus, in der festen Absicht, dort die Ideale der jugendbewegten Gemeinschaft im Sinne der zionistischen Bestrebungen wirtschaftlich und politisch zu realisieren. Sie errichteten die ersten Brückenköpfe des künftigen Staates Israel. Die Begeisterung für ihre alten Gemeinschaftsideale vermochten sie freilich nicht, wie angestrebt, in ihren Kindern in gleicher ursprünglicher Form wachzurufen. Dies überrascht uns nicht; denn diese, in einer Lebenswelt aufwachsend und lebend, die von jener ihrer Eltern völlig verschieden war, benötigten die lebenssinngebende Funktion dieser Ideale nicht mehr. Doch viele Eigenarten dieser landwirtschaftlichen Siedlungen verraten bis heute deutlich ihre jugendbewegte Herkunft.[27, 28, 29]

Wie aber erging es jenen Jugendbewegten, für die der Berufseintritt den individuellen Übertritt in die alte bürgerliche Lebenswelt bedeutete? Überflüssig zu begründen, warum dieser Eintritt in die bürgerliche Lebenswelt gewisse „typische" seelische Schwierigkeiten bereitete. Diese Menschen mußten sich ja in diejenigen gesellschaftlichen Verhältnisse und konventionellen Umgangsformen einfügen, die sie in der Gruppe abgelehnt hatten und mit denen sie dort nie konfrontiert worden waren.

Die Umstellungsschwierigkeiten wurden zwar von nicht allen überwunden (es gab scheiternde, erfolglose, sogenannte „ewige Wandervögel"), aber die meisten bewältigten sie gut. Dies bezeugen die später hervorragenden beruflichen Leistungen vieler. Der Jugendbewegung gehörten z. B. an: Werner Heisenberg, Martin Heidegger, Nicolai Hartmann, Paul Natorp, Rudolf Bultmann, Rudolf Carnap, Walter Benjamin, Ludwig Klages, H. Schultz-Henke, Carl Zuckmayer, Teddy Koller.

Vielleicht hat aber die erste deutsche Jugendbewegung, wie auch H. Mau[30] vermutet, sich auch deshalb nicht zur Gründung einer politischen Organisation entschließen können, weil sie instinktiv ahnte, es wäre utopisch, nur mit Hilfe ihrer Gemeinschaftserfahrung die Gesellschaft aus ihren rationalistischen, seelenlosen Zweckbeziehungen herausholen zu wollen. Sie hätte ja nicht nur global fordern, sondern auch konkret angeben müssen, wie die unlebbare „soziale Entfremdung" in der industrialisierten Massengesellschaft sicher zu beseitigen wäre, eine Aufgabe, zu deren Lösung die studentische Lebenswelt keine ausreichende Erfahrungsbasis lieferte. Auch war zu befürchten, daß sie sich selbst, nämlich ihr Wesentlichstes, die Gemeinschaft, dabei verlor. Daß sich die „Grenzen der Gemeinschaft" auf diese Weise nicht überschreiten lassen, dies versuchte schon 1924, an die Adresse der Jugendbewegten gerichtet, der Soziologe H. Pleßner[31] in einem gleichnamigen Buch nachzuweisen. Aus dem Gemeinschaftserleben heraus den Staat und die bestehenden institutionalisierten Gesellschaftsformen „überhöhen" zu wollen, sei „aus anthropologischen Gründen eine irreführende Utopie". Der Gemeinschaftsenthusiasmus freilich sei aber „das Idol dieses Zeitalters".

Kehren wir zur Mitteilung zurück, die Fr. Schiller einem jungen Mann zukommen ließ, nämlich er solle vor den Träumen seiner Jugend Achtung tragen, wenn er ein Mann sein wird. Aber Schiller fügte auch noch hinzu, er solle nicht „irre werden, wenn des Staubes Weisheit Begeisterung, die Himmelstochter, lästert". Warum nannte Schiller die Ideale Träume? Offenbar weil auch er zur Ansicht gelangte, daß sich die Idealität einer Jugendgemeinschaft von der nüchternen gesellschaftlichen Realität ähnlich unterscheidet wie die Traumwelt von der Wachwelt, jene sich also in dieser nicht realisieren läßt. Aber warum nannte er sogar einen an der Realität scheiternden Idealismus, wie den der „Stürmer und Dränger" in seiner Jugend, achtenswert? Weil er von der Unentbehrlichkeit, dem unsterblichen Wert des echten Idealismus schlechthin, der „Himmelstochter Begeisterung", überzeugt war. Denn die Begeisterung ist eine Kraft, die den Menschen hoffen läßt, aber auch, vernunftgeleitet eingesetzt, befähigt, selbst in ausweglos erscheinenden Lebenslagen dem Dasein einen, wenn auch zeitlich oft nur begrenzten, Sinn und Wert zu geben. Freilich, Begeisterung ohne Vernunft ist blind und kann gefährlich werden. Aber ebenso gilt: Vernunft ohne Begeisterung ist lahm. Sie vermag von sich aus, wenn überhaupt, nur äußerst mühselig und langsam die Menschen dazu zu bewegen, ihr Zusammenleben und Zusammenarbeiten friedlicher und beglückender zu gestalten, selbst wenn dies dringend nötig wäre. Ohne „Leidenschaft", sagt Hegel, ist nichts Großes in der Weltgeschichte vollbracht worden.

Zweites Kapitel

ERGÄNZUNGEN UND ERLÄUTERUNGEN

2.1 Von den zwei Typen der Massenführerschaft

Ob die Begeisterung einer Masse Enthusiasmus oder Fanatismus ist, hängt in erster Linie davon ab, ob der Massenführer ein Enthusiast oder ein originärer Fanatiker ist. Wir fragen daher: Was kennzeichnet den enthusiastischen Massenführer im Unterschied zum fanatischen? Über letzteren brauchen wir nur wenig zu sagen, da wir ihn schon kennen. Ersterer aber läßt sich leicht beschreiben. Eigentlich brauchten wir nur zu sagen, er unterscheide sich von dem anderen nur dadurch, daß er eben kein Fanatiker ist. Die Feststellung, kein Fanatiker zu sein, bezeugen vor allem folgende Eigenschaften: Der enthusiastische Massenführer ist sachwert-, also objektswertbezogen, während der fanatische subjekts- oder eigenwertsbezogen ist. Letzteren motiviert primär sein persönliches Selbst- und Lebenswertbedürfnis. Den sachwertsbezogenen Führer motiviert primär die Wahrnehmung einer großen Gefahr oder einer unerträglich werdenden sozialen Belastung nicht nur seiner Person, sondern auch seiner Mitbürger. Diese Gefahr zu beseitigen, kann aber nur unter Mithilfe aller davon betroffenen Mitbürger geschehen. Er übernimmt die Führerrolle deshalb, weil er sich von ihnen berufen und beauftragt fühlte, als er sie auf diese Gefahren aufmerksam machte. Die erfolgreiche Führerschaft macht ihn nicht überheblich, er benötigt sie nicht primär zur Stabilisierung seines Selbst- und Lebenswertgefühls. A. Mitscherlich[1] nennt die von diesem Führer initiierte Massenbewegung eine gezügelte, die nicht den rationalen Bezugsrahmen verliert, aber den Elan akuter Massenbewegungen behält. Die so aktivierte Masse ist keine reflexionslose, ergeht sich auch nicht in der Anbetung eines Führers. Mitscherlich nannte als Vertreter enthusiastischer Massenführung Martin Luther King und Gandhi. Deren Rezept der Gewaltlosigkeit entspricht den Grundsätzen der von Max Weber Verantwortungsethik genannten ethischen Handlungsweisen. Ihre Grundgedanken lauten: „Widerstehe dem Übel ohne Anwendung von Gewalt, wenn dies möglich ist. Ist dies nicht möglich, dann trage die Verantwortung für den unbedingt nötigen Einsatz von Gewalt. Handle daher nie nach dem Grundsatz: Der gute Zweck heiligt alle Mittel". Die von Max Weber[2] in seinem Essay: „Politik als Beruf" genannten drei Eigenschaften: Leidenschaft, Verantwortungsgefühl und Augenmaß kennzeichnen den erfolgreichen enthusiastischen Massenführer. Leidenschaft, im Sinne von Sachlichkeit, muß verknüpft sein mit der Verantwortlichkeit für diese Sache und dazu bedarf es des Augenmaßes. Das ist die Fähigkeit, die Realitäten mit innerer Sammlung und Ruhe auf sich wirken zu lassen, also der Distanz zu den Dingen und den Menschen. Das Problem ist vor allem, daß die heiße Leidenschaft und die kühle Sachlichkeit in derselben Seele zusammengezwungen werden können. Dies kann dem fanatischen Massenführer aufgrund der realitätsfremden Überwertigkeit seiner Zielsetzungen auf die Dauer nicht gelingen. Wieso er zu dieser verhängnisvollen monomanen Überbewertung seines Einsatzzieles, seines Lebensideals kommt, wissen wir bereits. Es geht ihm bei seinem Kampf ja nie allein um die Sache, sondern immer auch um sein persönliches Seelenheil. Er kann sein persönliches Leben nur durch diesen kämpferischen Einsatz für diese Zielsetzung lebenswert machen. Sein Kampf bewahrt ihn vor der totalen Wert- und Sinnlosigkeit seiner Existenz.

Dieser erlöst ihn aus dem unerträglichen Leiden einer akuten Lebenssinnkrise, die er auf keine andere Weise glaubt, beenden zu können, als durch die radikale Beseitigung des sozialen Übelstandes, der auch seine Mitbürger unglücklich macht, ihn jedoch viel stärker trifft, weil er ihn in die Krisensituation der Verzweiflung hineintreibt. Er sieht sich unentrinnbar vor die Alternative gestellt, entweder sein, so wie er glaubt, sinnlos gewordenes Leben selbst zu beenden oder gegen dieses lebenszerstörende Übel radikal anzukämpfen, für diesen kämpferischen Einsatz auch seine Mitbürger benötigend und mobilisierend. Sein begeisterter, unermüdlicher Kampfeseifer macht ihn zu ihrem Anführer. Daß ihn aber sein persönliches Kampfmotiv nicht nur zu seiner mutigen und übereifrigen Kampfbereitschaft, sondern insgeheim auch zu seinem Entschluß veranlaßt, dieser Kampf benötigt und gestattet den Einsatz aller Kampfmittel, also zu jeder Art von Gewaltanwendung, diese auch vor Verbrechen nicht zurückscheuende Kampfesweise bemerken die von ihm fanatisierten Anhänger überhaupt nicht, die mit ihm sympathisierenden lange nicht. Ja, er vermag dies auch vor sich selber geheimzuhalten, also zu verdrängen. Dies ermöglicht ihm, zur Überzeugung zu gelangen, es handle sich bei seinem Kampf um einen heiligen Krieg, der alle Mittel heilige. Soviel zur Charakteristik des dynamischen inneren Geschehens der originären Fanatikerpersönlichkeit. Überflüssig zu sagen, zu einer Korrektur seines Lebenszieles vermag ihn niemand mehr zu bewegen. Er glaubt berechtigt zu sein zu allem, was er tut und was er befiehlt. Er kann es und will es nicht zugeben, daß in der entscheidenden Krisensituation auch andere Zielsetzungen möglich gewesen wären. Er hat auch kein Schuldgefühl für seine Taten und Untaten. Auch am Scheitern seines Kampfes und seines Unterganges trügen andere Schuld. Etwas provokant läßt sich daher sagen, der Fanatiker ist ein Mensch, der es zustandebringt, mit gutem Gewissen verbrecherisch zu handeln. In seiner privaten Lebenswelt ist er unauffällig, wie jeder andere normale und anständige Mitmensch. Die Weltgeschichte bestätigt leider immer wieder den Satz Pascals: „Niemand tut so vollständig und gut das Böse, als wenn er es mit gutem Gewissen tut".

2.2 Warum es ein friedliches Zusammenleben in einer Großgruppe ohne die Institution Staat nicht geben kann

Zur Begründung der These, es gäbe im menschlichen Zusammenleben Grenzen der Vergemeinschaftung, die zu übersteigen dem idealistischen Streben keiner Jugendbewegung gelingen könne, ja, daß es geradezu unvernünftig wäre, eine radikale Beseitigung des „Establishments" anzustreben, zu dieser Klarstellung geben wir Norbert Elias[3], einem deutsch-englischen Soziologen das Wort, der durch sein zweibändiges Werk: „Der Prozeß der Zivilisation" bekannt wurde. In seinem Eröffnungsvortrag auf der 32. Steirischen Akademie in Graz sagte Norbert Elias, Macht stehe heute in einem denkbar schlechten Ruf. Viele meinen, daß es sie überhaupt nicht geben solle, dagegen hat die Zivilisation (ein Wort, das bei Norbert Elias nicht nur die äußere materielle, sondern auch die seelisch-geistige Kultur miteinschließt) heute einen ausgezeichneten Ruf und die Meinung, daß sich Macht und Zivilisation im Grunde ausschließen, sei weit verbreitet. Wie Norbert Elias betont, gehe es ihm nicht um Wertungen, sondern um Tatsachen und hier wiederum im besonderen um die Frage, wie historisch gesehen der Macht- und Zivilisationsprozeß miteinander zusammenhängen. Es sei äußerst schwirig, Macht als eine gesellschaftliche Tatsache anzuerkennen, ohne dabei ein äußerst ungutes Gefühl zu haben. Auch er sei sich durchaus darüber im klaren, daß Machtausübung und vor allem Machtunterschiede mit erheblichen Gefahren verbunden sind. Die entscheidende Frage sei nur, wie man diesen Gefahren am wirksamsten begegnen könne. Im Hinblick auf das heute so aktuelle Problem von Distanzierung und Engagement ergibt sich für ihn die folgende Lehre: Je größer die Gefahr ist, in der sich ein Mensch befindet, destoweniger ist er im allgemeinen in der Lage, realitätsgerecht darauf zu reagieren. Nur wenn es ihm gelingt, gleichsam zurückzutreten und Distanz zu gewinnen, bestehe für ihn eine Chance, den Teufelskreis zu durchbrechen und sich allenfalls zu retten. Nun vertritt Norbert Elias in der Tat die These, daß im Laufe des Zivilisationsprozesses die ungehemmte und exzessive Gewaltanwendung zwischen Menschen, wie sie nicht nur für den Naturzustand, sondern auch noch bis hinein ins europäische Mittelalter kennzeichnend war, schrittweise domestiziert und als rohe Gewalt zivilisatorisch desavouiert wurde. Der Prozeß der Zivilisation ist für ihn geradezu ein Prozeß der Gewissensbildung, insoferne er mit dem Verzicht verbunden ist, physische und militärische Stärke im vollen Umfang auszunutzen, was nur auf der Grundlage einer zumindest partiellen Identifikation mit allen Menschen und vor allem mit den Machtschwächeren möglich ist. Die entscheidende Frage ist aber dann die, wie es eigentlich dazu gekommen ist, daß die physisch Stärkeren ihre Machtmittel nicht mehr im vollen Umfang, nämlich bis zur vollständigen Vernichtung des Gegners, ausspielten, sondern sich zumindest zu einem relativen Gewaltverzicht bereit fanden. Norbert Elias nannte hier vor allem zwei wesentliche Ursachen, nämlich 1. die Überwindung des affektiv mythisch-magischen Weltbildes durch das objektive, am Realitätsprinzip orientierte Denken der Wissenschaft und 2. den Prozeß der Staatenbildung, der durch die Monopolisierung der Gewalt in Händen bestimmter Institutionen zu einer relativen Pazifizierung innerhalb begrenzter Territorien geführt hat. Im Staat erblickt Norbert Elias eine soziale Erfindung allererster Ordnung, die allerdings, wie jede menschliche Erfindung überhaupt, zweischneidig und janusköpfig ist. Auf der einen Seite verdanken wir dem Prozeß der Staatenbildung und dem damit verbundenen Selbstzwang die fundamentalen ethischen Unterscheidungen zwischen Gut und Böse, Recht und Unrecht, auf der anderen ist das Gewalt- und Steuermonopol Jahrtausende hindurch von den jeweils Herrschenden für ihre eigenen Interessen rücksichtslos ausgebeutet worden, wodurch freilich überhaupt erst die Möglichkeit entstand, mit Hilfe des den Adelssklaven abgepreßten Mehrwerts unersetzliche Kulturgüter zu schaffen.

    Im Blick auf unsere eigene Zeit sagte Norbert Elias: „Heute ist es wirklich so, daß wir innerhalb der Staaten relativ hoch pazifizierte, und wenn Sie wollen, zivilisierte Räume geschaffen haben, wo es ein Monopol der physischen Gewalt gibt, d. h. die Staatsregierungen haben den Anspruch, allein Gewalt ausüben zu dürfen. Gewalt der anderen wird also durch die Gewaltorganisation des Staates, durch Polizei und Militär verhindert. Hier sehen Sie schon an dieser Formulierung, wie schwierig es ist, eine Organisation zu finden, deswegen habe ich es eine Erfindung genannt, die es möglich macht, Menschen nicht zu mißbrauchen. Nur durch die Spezialorganisation der Polizei und des Militärs, die ein Monopol der Gewalt darstellt, ist es gelungen, pazifizierte Räume, wo 5 oder 60 oder 400 Millionen von Menschen relativ gewaltfrei miteinander leben können, zu schaffen. Wir sehen auch, daß die friedlich gewaltlose wirtschaftliche Entwicklung nur möglich ist, wenn sich Staaten gebildet haben. Die Staaten, die Pazifizierung, die Monopolisierung der physischen Gewalt, die wir so oft vergessen haben, ist die Bedingung für die Form des ergiebigen Warenverkehrs. Noch in der alten Welt Mesopotamiens waren die die Reichsten, die im Kriege Gewinne machen konnten. Das erste, das primäre Problem der Menscheit war, wie man gewaltlose Räume schaffen könne, innerhalb derer Warenverkehr und Wirtschaft und Kultur möglich waren.

Unsere Zeit ist strukturell charakterisiert durch eine Zweiteilung: Wir haben außerordentlich große pazifizierte und wenn Sie wollen zivilisierte Räume, in denen der Zwang zum Selbstzwang, der Zwang zu einer Vernunft- und Gewissensbildung, der Zwang zu Zurückhaltung, zur Selbstkontrolle sehr groß ist, aber wir haben zugleich zwischen den Staaten kein Gewaltmonopol, und im Verhältnis zwischen den Staaten leben wir heute noch genau in derselben Weise wie unsere frühesten Ahnen. Wir müssen immer auf der Hut sein, daß uns nicht irgendein Stärkerer überfällt. Da gibt es niemanden, der den Stärkeren zurückhalten kann, uns zu überfallen. Wir fühlen ständig den inneren Gegensatz zwischen der hohen Gewaltlosigkeit im Inneren der Staaten und der Sinnlosigkeit, der Tatsache, daß zwischen den Staaten noch die Gewalt des Stärkeren vorherrscht".

2.3 Was die Studentenprotestbewegung von der ersten deutschen Jugendbewegung lernte

Die erste deutsche Jugendbewegung hat das Verdienst, die schwere Identitätskrise erfolgreich bekämpft zu haben, in die ein Teil der jungen Menschen damals ohne ihr eigenes Verschulden hineingeraten ist, hervorgerufen durch bestimmte Lebensschwierigkeiten in der industrialisierten Großgesellschaft. Was ihr diese Hilfeleistung ermöglichte, war das von ihr gewählte Verfahren, die unter der allgemeinen, sehr belastenden sozialen Bindungsschwäche leidenden Jugendlichen in ein Gruppenleben zu integrieren, in dem jeder sich gleichwertig zugehörig und zur Verwirklichung wertvoller Aufgaben gebraucht fühlen konnte, so wie er war. Aber wie lange konnte die erfreuliche Veränderung der seelischen Lebenslage, das Glück, in der jugendbewegten Subkultur erhalten bleiben? Voll und ganz doch nur bis zum Ende der Studienzeit. Der Lebenskampf in der Erwachsenenwelt, gleichgültig in welchen Beruf die Umstellung erfolgte, belehrte jeden von der unveränderten Unwirtlichkeit des Zusammenlebens in ihr. Daß die Jugendbewegten die Erwachsenen wie in einem Spiegel sehen ließen, daß sich das Leben auch anders leben läßt, menschlicher, beglückender, lebenswerter, änderte die Erwachsenenwelt nicht. Der Gedanke schmerzt: Wie ganz anders hätte sich das politische, wirtschaftliche und kulturelle Leben in Deutschland nach 1918 entwickelt, wenn statt Adolf Hitler die Männer und Frauen der deutschen Jugendbewegung beschlossen hätten, Politiker zu werden. Aber zuviele von ihnen, darunter sicher sehr viele Hochbegabte, waren im Ersten Weltkrieg gefallen. An den Mißerfolgen der ersten deutschen Jugendbewegung lernte die deutsche Studentenprotestbewegung nach dem Zweiten Weltkrieg, in ihre Ideale von Anfang an politische Zielsetzungen miteinzubeziehen. Denn sie erkannte, daß die Lebensverhältnisse in der öffentlichen Lebenswelt fast zur Gänze von den bestehenden staatlichen Machtverhältnissen bestimmt würden, und daß ein friedliches und erfreuliches Zusammenleben in einem gemeinschaftlichen Geist nur sinnvoll anstrebbar ist, wenn es gelänge, den Mißbrauch der staatlichen Gewalt über den Bereich hinaus, in dem dies unbedingt nötig wäre, wirksam zu verhindern. Das politische Kampfziel der deutschen Studentenprotestbewegung lautete daher, an die Stelle des bestehenden, durch vielfachen Mißbrauch der staatlichen Gewalt gekennzeichneten Staates, ein jeden Mißbrauch der staatlichen Machtmittel vermeidendes, also relativ gewaltfreies, humanes Staatswesen zu setzen. Doch vermochte die deutsche Studentenprotestbewegung die entscheidende Frage, durch Verwendung welcher politischer Mittel diese Zielsetzungen realisiert werden können, nicht befriedigend zu lösen, weder in der Theorie und schon gar nicht in der Praxis. Auch der an sich vernünftige Gedanke, es müsse, um Gemeinschaft zu ermöglichen, die Ansammlung großen Reichtums in den Händen weniger unmöglich gemacht werden, um zu verhindern, daß Reichtum als ein böses Machtmittel zur Unterdrückung der Armen dienen könne, ist wirkungslos, wenn man zu diesem Zweck den Staat zum Alleinbesitzer der wirtschaftlichen Produktivkräfte machte (so geschehen bekanntlich in den kommunistischen Staaten des Ostens). Denn wer kontrollierte dann den auf diese Weise geradezu allmächtig gewordenen Staat, um Machtmißbrauch zu verhindern? Hätte die richtige Parole nicht lauten müssen: Alles für das Volk, aber soviel als möglich auch durch das Volk und alle politische Machtausübung kontrollierbar durch alle?

2.4 Die Grundgedanken der zweiten deutschen Jugendbewegung

Diese Ergänzung soll dem Leser ermöglichen, mehr über die zweite deutsche Jugendbewegung, die sogenannte Studentenprotestbewegung oder später auch die Neue Linke genannt, zu erfahren. Hierüber berichtete Prof. Norbert Leser sehr informativ in einem Radiovortrag vor einigen Jahren.

Die erste Forderung der Studentenprotestbewegung ist die Demokratisierungsforderung. Die Menschen sollten dazu aufgerufen werden, ihr Schicksal in die eigene Hand zu nehmen und vor allem in überschaubaren Bereichen Initiativen zu setzen zur Verbesserung der Umwelt. Hier wird schon deutlich, daß die Neue Linke vielfach gespeist wurde auch von einer Ablehnung der modernen Zivilisation, von einer Technikfeindlichkeit und von einem Versuch, gewisse Reservate der Natur wiederherzustellen oder aufrechtzuerhalten. Hier berühren sich die Vertreter der Neuen Linken sehr häufig ungewollt oder gewollt in ihren Vorstellungen und Aktionen mit konservativen, ja sozialromantischen Gruppen, z. B. der ersten deutschen Jugendbewegung. Jedenfalls hat die Neue Linke mit diesem Ruf nach mehr Demokratie im engsten Bereich viele Menschen für die bis dahin nicht so deutlich wahrgenommene Umweltproblematik sensibilisiert. Im übrigen aber ist der Ruf nach mehr Demokratie ein Ruf, der ja auch von anderen politischen Kräften aufgenommen wurde und unsere Epoche charakterisiert, wobei es strittig ist und bleibt, wie weit sich andere Lebensbereiche als die im engeren Sinn politischen und staatlichen aufgrund ihrer Strukturen überhaupt für die Demokratisierung eignen.

Eine zweite Forderung, die von der Neuen Linken mit allem Nachdruck erhoben wurde und die vielleicht am nachhaltigsten bewußtseinsbildend geworden ist und am durchschlagkräftigsten wurde, ist der Ruf nach Abbau von Repressionen. Von Repressionen, die dazu dienen, die bestehende Gesellschaftsordnung zu stabilisieren, obwohl sie dem Glück der Selbstverwirklichung des Individuums im Wege stünden. Der sie in dieser Forderung sehr beeinflussende geistige Wortführer H. Marcuse traf die Unterscheidung zwischen der notwendigen Unterdrückung, ohne die keine Gesellschaft auskommen kann, die funktionieren und stabil bleiben will, und der zusätzlichen Unterdrückung, die auf das Konto besonderer ökonomischer Interessen geht, kapitalistische Ausbeutungsverhältnisse verewigen soll. Dies bedingte eine Forderung nach einer kommunistischen Wirtschaftsordnung, also einer Verstaatlichung aller Produktionsmittel im Dubček'schen Sinn, d. h. unter Beibehaltung einer echten Demokratisierung. Die Idee von Marcuse ist, daß in der künftigen freien Gesellschaft, die ihm vorschwebt, die traditionelle Repression bis zu einem hohen Grade aufgehoben werden kann. Er geht davon aus, daß an die Stelle der erzwungenen Sublimierung (z. B. der durch die Tabus und durch die Repressionen erzwungenen sexuellen Sublimierung) eine repressive Entsublimierung treten wird, die aber noch immer im Zeichen des Profits und des Kommerzes steht, also die Pornographie und alle Erscheinungsformen der kommerzialisierten Sexualisierung. Erst dann würde der Weg frei, im Zusammenhang mit einer grundlegenden Veränderung der ökonomischen Struktur, zu einer nichtrepressiven Sublimierung oder Entsublimierung, die dann letzten Endes wieder zurückführt zu einer nichtrepressiven Sublimierung. (Er erachtet z. B. die wahre Liebe erst dann für möglich, wenn die entsprechenden gesellschaftlichen Voraussetzungen hergestellt sind; dann könnten auch die höchsten Ideale der romantischen Vergangenheit wieder in ihre Rechte treten).

Ein weiterer Gedanke, den Marcuse in seiner Kulturphilosophie ausgeführt hat, ist der, daß die pessimistischen Aussagen der Freudschen Kulturanthropologie und Metatheorie nur gelten für alle Gesellschaften, die noch nicht einen bestimmten Grad der Produktivität erreicht haben. Marcuse ist ja nicht nur stark von Karl Marx beeinflußt, sondern auch von Freud. Er hat versucht, beide in einer Synthese zu revitalisieren, Freud beizubehalten als eine führende Figur und die Psychoanalyse als eine führende

Theorie, ohne aber die pessimistischen Konsequenzen der Freudschen Kulturtheorie zu übernehmen. Er meint, daß die Erwartung von Freud, daß das Realitäts- und Lustprinzip ständig in einem Gegensatz bleiben werden, nur so lange gilt, als eben die Gesellschaft nicht einen gewissen Grad der Produktion erreicht haben wird, der es allen Menschen erlaubt, sich aus diesem Springquell der Produktion zu bedienen, zur Befriedigung ihrer Bedürfnisse.

Ein weiteres wesentliches Kennzeichen der Neuen Linken ist die Infragestellung von bestehenden Autoritäten. Die Ablehnung der Autorität, das Mißtrauen gegen die Autorität und der Versuch, die bestehenden Amtsautoritäten auf ihre natürliche Autorität zu reduzieren und zurückzuführen, also jede Autorität nur für so gut zu halten, wie gut ihre Argumente sind. Das macht auch nicht vor der staatlichen Gewalt halt, die nicht als eine höhere Autorität von vornherein bejaht wird, sondern als eine Zwangsorganisation angesehen wird. Die Aktionen der Neuen Linken zielen vielfach darauf hin, diese Gewaltnatur des Staates zu entlarven. Hier ist also ein starker antietatistischer und stark anarchistischer Einschlag bei der Neuen Linken unverkennbar. Auch was ihre pädagogischen Ideale anbelangt stützen sie sich auf die Theoretiker der antiautoritären Erziehung, die gegen Repressionen in der Erziehung auftreten. Im Zusammenhang mit dieser Ablehnung der Autoritäten wird auch eine zweifache Kritik entwickelt und angewendet. Einerseits die transzendente Kritik von außen. Die Autoritäten werden hinterfragt, – (wie es im Vokabular der Neuen Linken heißt) –, aufgrund ihrer fragwürdigen Legitimationsgrundlagen und Prämissen. Es werden aber auch jene Maßstäbe der Kritik angelegt, die die bestehende Autorität konfrontieren mit den von ihnen selbst artikulierten Wertvorstellungen. Es wird also eine Art immanente Kritik geübt und zu zeigen versucht, daß die bestehenden Autoritäten nicht im Einklang stehen mit den von ihnen tatsächlich verkündeten Prämissen, daß hier ein Widerspruch zwischen Theorie und Praxis klafft, und daß daher die bestehenden Autoritäten entlarvt werden müssen. Diese Entlarvung der bestehenden Autoritäten wird oder wurde von der Neuen Linken sehr häufig verbunden mit einer neuen Kampfform, die es bisher in der Geschichte politischer Bewegungen kaum gegeben hat und die überhaupt erst durch die modernen Massenmedien, vor allem durch das Fernsehen, in dieser Form möglich geworden ist, die jede Aktion einer kleinen Minderheit sofort der großen Masse der Bevölkerung zur Kenntnis bringt. Das ist die Technik der organisierten Provokation, des Tabubruches, wobei also die Intention eines solchen Tabubruches und einer solchen Provokation darin besteht, etwas zu tun, was nicht erwartet wird. Durch dieses Überraschungsmoment wird eine schockierende Wirkung und gleichzeitig eine erzieherische Wirkung auf das öffentliche Bewußtsein ausgeübt. Sehr häufig wurden öffentliche Veranstaltungen dazu benützt, solche Provokationen vorzunehmen. Zu diesen Formen der Provokation zählen die berühmten Teach-Ins, Sit-Ins und Go-Ins bis zu Love-Ins an den Universitäten, aber auch öffentliches Auftreten der Neuen Linken, wobei in diesem Zusammenhang ein sehr gefährlicher Aspekt dieser Neuen Linken Theorie und Praxis zu reflektieren ist, nämlich die Überzeugung, daß man unterscheiden kann zwischen Gewalt gegen Sachen und Gewalt gegen Personen. Gewalt gegen Personen wurde im allgemeinen abgelehnt, im Gegensatz zur alten marxistischen Revolutionsstrategie, Gewalt gegen Sachen dagegen nicht. Aber es ist häufig so, daß eine Gewalt gegen Sachen, also z. B. eine Hausbesetzung, zwangsläufig auch zu einer Aktion gegen die Eigentümer und ihre persönliche Sicherheit wird.

Grundlegend ist jedenfalls für die Philosophie der Neuen Linken, daß die eigene Gewalt oder die von Minderheiten eingesetzte Gewalt grundsätzlich gleichgestellt wird der staatlichen Gewalt, ja historisch höher gewertet wird, und die staatliche Gewalt nur als ein tatsächliches Repressionsinstrument, nicht aber als etwas höher Legitimiertes angesehen wird.

Im Unterschied zur alten klassischen marxistischen Revolutionstheorie, nach der die Industriearbeiterschaft der harte Kern des sozialistischen Vormarsches ist, erklärte Marcuse, diese Funktion falle heute dem „frei schwebenden" Intellektuellen zu. Denn dieser sei aufgrund seiner nicht definierten Stellung in der Gesellschaft eher in der

Lage, die wunden Punkte eines Gesellschaftsgefüges festzustellen und daraus revolutionäre Konsequenzen zu ziehen, zumindest hierfür die Initialzündung zu setzen.

Die Neue Linke hat auch erkannt, daß die Welt, in der wir leben, eine kleine Welt geworden ist. Was wo immer geschieht hat auch Rückwirkungen auf das Geschehen in anderen Ländern. Daraus erklärt sich z. B. die Anteilnahme der Studentenprotestbewegung an dem Befreiungskampf des vietnamesischen Volkes, dessen Unterstützung aber sehr stark idealisiert wurde.

Die Neue Linke hat Teilerfolge zu verzeichnen, sie hat Eingang gefunden in die Einrichtungen des öffentlichen Lebens, sie hat zum Teil die Gesetze verändert, sie hat das Klima verändert, aber sie hat ihr großes Ziel einer völligen Veränderung des gesellschaftlichen Gefüges nicht erreicht.

Vierter Teil

PHILOSOPHIE ALS RELIGIONSERSATZ

Erstes Kapitel

DAS RINGEN DER NEUZEITLICHEN PHILOSOPHIE UM DEN SINN DES LEBENS

> Wer Kunst und Wissenschaft besitzt, der hat Religion. Wer beides nicht besitzt, der habe Religion!
> *Schiller-Goethe, Xenien*

Die Frage, ob die Philosophie die Religion zu ersetzen vermag, kann ernstlich nur von einem Menschen gestellt werden, der infolge unlösbarer Glaubenszweifel an seinem religiösen Glauben irre wurde und ihn verloren hat. Vereinzelt gab es Glaubensverlust schon immer, aber als Massenerscheinung und geistige Macht tritt er im christlichen Europa erst seit zweihundertfünfzig Jahren auf. Aus dem Gott zugewandten und im Gottvertrauen sich geborgen fühlenden Menschen wurde der auf sich gestellte, ohne Kirchenglauben, ja schließlich ohne Gottesglauben lebende „autonome" Mensch der Neuzeit. Ausgelöst wurde dieser „Säkularisation des Geistes" genannte Prozeß vor allem durch zwei sich zeitlich berührende Ereignisse: durch die Reformation und die nachfolgenden Religionskriege, sowie durch den Aufstieg der Erfahrungswissenschaften und einer sich von der Theologie völlig emanzipierenden Philosophie. Die Glaubensspaltung stellte den Menschen vor die schwierige Aufgabe einer persönlichen Glaubensentscheidung und Glaubensbegründung, die bitteren Erfahrungen der Religionskriege weckten den Wunsch, einen Standort im Denken und Leben zu gewinnen, der, dem Streit der Konfessionen entrückt, künftige Religionskriege für immer verhindern sollte. Einen ersten, aber völlig mißglückten Versuch in dieser Richtung unternahmen unmittelbar nach dem Ende des Dreißigjährigen Krieges die Begründer der sogenannten „natürlichen Religion" (J. Bodin, H. Cherbury); ihrer Auffassung nach sollte nur das von allen großen Religionen gemeinsam Geglaubte Inhalt des Glaubens sein. Hingegen gelang es einer Richtung der neuzeitlichen Philosophie, von mir „gnostische Philosophie" genannt, im Bunde mit den Naturwissenschaften und ihrem neuen Weltbild die Hoffnung zu erwecken, daß die irrationale Seins- und Welterklärung der Religionen durch eine rational begründbare Lösung der Welträtsel ersetzt werden und dadurch – mit Hilfe einer nun zu erwartenden wissenschaftlich-technischen Totalbeherrschung der Natur und einer rein vernunftgeleiteten Lebensführungslehre – auch ein *„sinnvolles",* das heißt durch kein sinnloses Leiden mehr belastetes Leben verbürgen könnte. In der Antike hatte vorübergehend die Philosopie des *Neuplatonismus* die gnostische Funktion: Sie bot den Gebildeten einen geläuterten Ersatz der heidnischen traditionellen Religionen.

Trotz anfänglicher großer Erfolge scheiterte dieser Versuch schließlich doch aus verschiedenen Gründen: So entwickelte diese Richtung zum Beispiel keinen eigenen Ritus und unterlag in der Auseinandersetzung mit dem sich ausbreitenden und immer mächtiger werdenden Christentum. Das gnostische Philosophieren ist nur eine in einer Reihe von anderen Ausprägungen des philosophischen Geistes. Andere „Motive" sind zum Beispiel, die Verträglichkeit von Wissen und Glauben zu erweisen („apologetisches Philosophieren"), das Staunen vor der Unendlichkeit und den Geheimnissen der Welt („kosmophiles Philosophieren") sowie das Streben, das sogenannte „positive" Wissen, das Naturbeherrschung oder Menschenbeherrschung ermöglicht, zu fördern („pragmatisches" Philosophieren). Den Versuch, den Menschen zu einem *„Mitwisser"* des *Weltgeschehens* zu machen, damit er sich vergewissern könne, daß die gesamte Wirklichkeit, also auch das menschliche Leben, wert- und sinnerfüllt sei, unternahm die gnostische Philosophie der Neuzeit mit bewunderungswürdigem, spekulativem Einfallsreichtum durch fast zwei Jahrhunderte hindurch in den großen metaphysischen Systemen, beginnend mit Descartes, Spinoza, über Leibniz bis hin zu Fichte, Schelling, Hegel und Schopenhauer, und endend mit den Materialisten und Biologisten des späten 19. Jahrhunderts. Die Zielsetzung, den Menschen durch ein universales Wissen zu „erlösen", hob die gesellschaftliche Stellung der Philosophie. Sie wurde vorübergehend die oberste Führungsmacht des Lebens und der Kultur. Das Pathos der Höchstwertigkeit des „freien Geistes" umstrahlte sie ebenso wie das Pathos der Fortschrittlichkeit. Dieser Erfolg machte sie aber unkritisch gegenüber den Schwächen der angewendeten Denkverfahren und der unbeweisbaren Grundannahmen. Die Unhaltbarkeit des „metaphysischen Rationalismus" in jeder seiner Ausprägungen klar erwiesen zu haben ist das Verdienst der *Metaphysikkritik* des 19. und 20. Jahrhunderts. Sie entwickelte sich in fast genauer Entsprechung zu den jeweils neuen metaphysischen Positionen, gleichsam als Antithese, wenn auch im Abstand einer Generation. An ihr beteiligten sich vor allem die englischen Empiristen sowie Immanuel Kant und der Positivismus. In unserer Zeit leisteten originale Beiträge sowohl der Neopositivismus der Wiener Schule wie auch die sprachanalytische Philosophie um Wittgenstein und der kritische Rationalismus um K. Popper. Die Metaphysikkritik zeigte auf, daß die metaphysischen Systeme hinsichtlich des beanspruchten Gewißheits- und Sicherheitsgrades auf trügerischen Evidenzen und hinsichtlich ihres Inhaltes auf vorschneller und einseitiger Verallgemeinerung beruhen. Sie seien, so urteilte W. Dilthey, „schimmernde Märchen", die „Jünglinge so lange verführen, bis das Leben sie aufklärt". Der gnostisch-metaphysische Glaube an eine totale wissenschaftliche Lösbarkeit der „Welträtsel" und eine reale Beantwortbarkeit der Lebenssinnfrage erwies sich als *Utopie* und ist heute aufgegeben. Die am nächsten liegende Schlußfolgerung aus dem Scheitern der gnostischen Metaphysik ist der Standpunkt des *Agnostizismus,* also ein partieller weltanschaulicher Skeptizismus. Das Geheimnis der Existenz der Welt, sich aussprechend in der Frage: „Warum ist überhaupt etwas, und nicht vielmehr nichts", läßt sich nicht in Wissen auflösen. Gegenstand der wissenschaftlichen Forschung ist nur das „Sosein" der vorhandenen Welt. Daß wir Menschen unbezweifelbar nur wissen, was kaum wissenswert ist, und nichts darüber wissen können, was zu wissen eigentlich am lebenswichtigsten wäre, dieses „Schweigenmüssen" ist schmerzlich.

Nach dem Versagen des metaphysischen Rationalismus übernahm es die philosophische „gnostische" Ethik, die Religion zu ersetzen. Denn mit dem Scheitern der Metaphysik war auch die Überzeugung unhaltbar geworden, es gebe eine metaphysisch begründbare, objektive, sinnverbürgende „Bestimmung" des Menschen. In dieser, von Friedrich Nietzsche *„Nihilismus"* genannten Seelenlage, das heißt in der wegen des „Todes Gottes" heraufbeschworenen „Entwertung aller obersten Werte", mußte sich der ungläubig gewordene Mensch die Frage stellen, ob sich dem menschlichen Leben nicht auch aus eigener Kraft, also ohne Religion und Metaphysik, ein ausreichender Wert und Sinn geben ließe. Aber was müssen der Mensch und/oder die menschliche Gesellschaft tun, um das Leben *begründbar lebenswert* zu machen? Es müßte sich verhindern lassen, daß der Mensch schuldlos und hoffnungslos in Gefahr gerät, daß er mehr Schmerzen und Leiden ertragen muß, als erträglich sind, und/oder daß er auf mehr Lust und Freude verzichten muß, als er entbehren kann. Auch die „Beraubung des Lebens" (S. Freud) durch das Übel „Tod" sollte nicht völlig sinnlos sein. Daher müßte die gnostische Ethik befähigt sein, Mittel und Wege aufzuzeigen, durch die sich die Belastung einer drohenden totalen Sinnlosigkeit entweder vorbeugend vermeiden oder wieder beseitigen oder durch Einordnung in einen vorher nicht gesehenen oder neu zu schaffenden Wert- und Sinnzusammenhang wieder erträglich machen ließe. In glücklichen Zeiten freilich, verschont von niederdrückenden Leiden und Ängsten und mit sich selbst zufrieden lebend, erübrigt sich jede „Lebenssinnvorsorge". Sonst aber nimmt sie im Leben des nichtgläubigen Menschen dieselbe Stelle ein wie die Sorge des gläubigen Christen um sein Seelenheil nach dem Tode. Die Dringlichkeit, die Lebenssinnfrage zu lösen, wurde aber anfangs noch übertroffen von der Befürchtung eines allgemeinen moralischen Verfalls der Gesellschaft und

Kultur, verursacht durch den Gedanken: „Wenn es keinen Gott gibt, dann ist alles erlaubt." Die sich hieraus ergebende Aufgabe der gnostischen Ethik, auf metaphysikfreie, rationale Weise die intersubjektive Verbindlichkeit des ethischen Handelns zu sichern, konnte aber bald durch eine Moralphilosophie auf eudaimonistisch-utilitaristischer Grundlage relativ befriedigend gelöst werden. Dies leistet sie mit ihrer vernünftig motivierbaren obersten Sozialregel: „Nütze dem anderen, wenn dies auch dir nützt, und schade ihm nicht, wenn du dir dadurch auch selbst schadest!" Auch *I. Kants* eigenständige Ethikbegründung, die Verankerung der Verbindlichkeit der ethischen Normen im „erstaunlichen Faktum" eines „Gesetzes in uns", in der kategorisch befehlenden, unbestechlichen Stimme des menschlichen Gewissens, war gnostisch motiviert. „Gesetzt also", so schrieb er, „ein Mensch überredete sich . . ., es sei kein Gott, so würde er doch in seinen Augen ein Nichtswürdiger sein, wenn er dann die Gesetze der *Pflicht* für bloß eingebildet und ungültig hielte und ungescheut zu übertreten beschließen wollte."[1] Kant hoffte, mit seiner normativen Pflichtenethik die gleiche Verbindlichkeitsstärke des moralischen Handelns erreichen zu können wie die religiös begründete Moral. Aber mit den Mitteln der Ethikbegründung allein, verstanden als Lehre von den unabdingbaren Regeln eines optimal nützlichen, mitmenschlichen Zusammenlebens und Zusammenarbeitens läßt sich weder die Lebenssinnfrage lösen noch das Auftreten sinnloser Schmerzen und Leiden verhindern (die überdies nicht nur sozial verursacht werden) oder rechtfertigen. Auch die *marxistische* Gesellschafts- und Geschichtsphilosophie (selbstkritisch und relativ utopiefrei in unserem Jahrhundert vertreten durch die sogenannte „Kritische Theorie" der Frankfurter Schule) vermag durch ihre ethischen Zielsetzungen der Beseitigung des Übels der Armut und der ungerechten gesellschaftlichen und politischen Privilegierungen der „Klassengesellschaft" keine universelle gnostische Lösung der Lebenssinnfrage anzubieten. Dies bestätigt J. Habermas[2]: „In Anbetracht der individuellen Lebensrisiken ist . . . eine Theorie nicht einmal *denkbar,* die die Faktizitäten von Einsamkeit und Schuld, Krankheit und Tod hinweginterpretieren könnte . . . Mit ihnen müssen wir prinzipiell trostlos leben." Lediglich das nackte Überleben der *Menschheit* vermag eine „ideale Kommunikationsgemeinschaft mündiger Menschen zu sichern".

Der erste eigenständige, universelle Entwurf einer gnostischen Lebenssinnethik stammt von *F. Nietzsche*. Er beschrieb eindringlich – wie dies auch gleichzeitig S. Kierkegaard und nach ihm im 20. Jahrhundert die „Existenzphilosophen" taten – ohne Illusion und Schonung die gefährdete Situation einer Menschheit, die weder den Gottesglauben noch auch den metaphysischen Vernunftglauben aufrechtzuerhalten vermag. Und Nietzsche zog daraus die aufrüttelnde Folgerung: „Der Mensch im nihilistischen Zeitalter kann nicht um das Risiko herumkommen, sich selbst ein Ziel zu geben."[3] Aber durch welche Zielsetzung erreicht er die Beseitigung des nihilistischen Seelenzustandes? Nietzsches Antwort: Dies vermag nur die *Motivation* durch ein *Ideal*. Was aber ist ein Ideal, und wie gelangt man zu der benötigten Idealmotivation? Während das Eigenschaftswort „ideal" einem Objekt die Eigenschaft zuschreibt, verglichen mit anderen Gütern der gleichen Art das wertvollste, das heißt, bezogen auf ein bestimmtes zwecksetzendes Bedürfnis, das zur Befriedigung geeignetste und wünschenswerteste zu sein (zum Beispiel ein ideales Auto), so bezeichnet das Hauptwort „Ideal" eine Zielsetzung, die einen alle anderen Ziele überragenden Wert deshalb besitzt, weil der Mensch, wenn er sich für ihre Verwirklichung einsetzt, das bedeutsamste menschliche Bedürfnis, nämlich das „Lebenssinnbedürfnis", zu befriedigen vermag. Diese Sinnbefriedigung wird auf eine zweifache Weise erreicht: 1. Durch den erhofften Erwerb desjenigen besonders wertvollen Gutes, das zu schaffen oder zu erhalten oder wiederzugewinnen das Ideal auffordert. Dieses Gut besitzt infolge seiner Unentbehrlichkeit für ein lebenswertes Leben einen „Lebenssinngrund" oder „Heilswert", wie zum Beispiel das Ideal der Freiheit eines Volkes oder das Ideal der Gerechtigkeit im Zusammenleben. 2. Durch die erstaunliche positive Rückwirkung, die bereits das „Idealdurchbruchserlebnis" durch das Gefühl der *„Begeisterung"* auslöst. Der begeisterte Mensch fühlt sich beauftragt und befähigt, sich für die Verwirklichung eines solchen Gutes allein um dessen gefühlten Wertes willen, also selbstlos, einzusetzen, hierfür keine Anstrengungen und Opfer scheuend. Diese „idealistische" Einsatzbereitschaft – so definiert sie Nietzsche – ist „die Gesinnung eines Menschen, welcher ein Ziel erstrebt, gegen das gerechnet er gar nicht mehr in Betracht kommt . . . Leben und Glück wird dagegen gleichgültig!"[4]. Dies besagt: Das persönliche Lebensglück wird für den zu einer solchen, von Nietzsche „Heroismus" genannten Lebensführung Entschlossenen ein Gut zweiten Ranges. Das Gefühl einer Sinnleere, einer Überflüssigkeit, einer Hilflosigkeit, einer Verzweiflung, das früher im Vordergrund gestanden war, wird durch eine solche Idealmotivation in den Erlebnishintergrund gedrängt, und das Leben wird trotz aller weiterbestehender äußerer Lebensbelastung innerlich wieder lebbar. Denn „wer ein ‚Wozu' hat, erträgt fast jedes ‚Wie'!" (F. Nietzsche) Auf der psychologischen Erfahrung dieser Leistungsfähigkeit der Idealmotivation beruht Nietzsches ethisches Sinngebungskonzept, aber letztlich auch jede gnostische Lebenssinnethik. Das „Ideal" ist keine moralisch verpflichtende, mit Strafandrohung befehlende innere Stimme, wie es eine Gewissensregung ist. „Es schwebt mir nur vor" und erweckt „freiwillige Zustimmung" und „Nacheiferung" (J.W. v. Goethe). Die ideale Zielsetzung kann entweder spontan nach einem längeren inneren Ringen um einen Lebensneubeginn als „originäres" Idealdurchbruchserlebnis auftauchen (M. Weber nannte den so motivierten, auch andere Menschen mit seinem „Charisma" ansteckenden, das heißt, ihn zur Identifizierung mit ihm veranlassenden Menschen „charismatische Führerpersönlichkeit"), oder sie kann reaktiv durch die Begegnung mit einem bereits Idealmotivierten wirksam werden („induzierte" Idealmotivation). Nietzsche war überzeugt, daß im nihilistischen Zeitalter jeder Mensch zur Sinngebung seines Lebens eine solche Idealmotivation benötige.

Aber durch welche ideale Zielsetzung, glaubt Nietzsche, könne der Mensch sein sinnverbürgendes „Wozu" erleben? Er erhoffte sich dies von seinem Ideal des *„Übermenschen",* verkörpert in der Gestalt des „Zarathustra".

Zarathustra lebt sein Leben in völliger eigener Verantwortlichkeit, sozialer Selbständigkeit und produktiver Freiheit unter selbstgewählten, ja gewollten harten Lebensbedingungen und unter einer durch die eigene Vernunft gerechtfertigten „Herrenmoral" des „freien Geistes", die er sich selbst zur Verpflichtung gemacht hat. Das Lebenskampfziel dieser gnostischen, konsequent *individualistischen* Lebenssinnethik lautet: Trotz zu bieten jeder Anwandlung eines verzweifelten Pessimismus, sich nie passiv geschlagen zu geben, machtstolzes, tapferes Standhalten um jeden Preis. Der Mensch braucht zur Sinngebung des objektiv zweck- und sinnlosen Lebens demnach nichts und niemanden anderen als sich selbst, seinen unbeugsamen Willen. Denn aus der Unbezwingbarkeit des Willens, aus der Lust am Kampf, am sich Bewähren auch in den extremsten Lebenslagen geht eine Lebensfreude hervor, die es als einzige verdient angestrebt zu werden und die von Dauer ist. Wer etwa auf eine selbstlose Lebensmithilfe der Mitmenschen oder gar auf ihre Liebe vertraue, erliege einer Illusion. „Liebe gibt es nicht, oder wenn, dann nur für kurze Augenblicke."[5] Zarathustra bevorzugt daher die Einsamkeit. Wenn er aber unter die Menschen geht, dann nur mit der Einstellung des „vergesellschafteten" Robinson. Das besagt: Er bindet sich gefühlsmäßig an niemanden und tauscht Lebensgüter korrekt gegen Gegenleistungen ein. Er verkehrt unter ihnen als unabhängiger, gleichstarker „Stärkster", als „souveräner" Herrenmensch. Unwillkürlich drängt sich der Vergleich dieser sozialen Einstellung mit der politischen Ethik von Machiavelli auf. Die primär nur von Selbsterhaltungs- und Machtsteigerungsinteressen bestimmten Beziehungen der souveränen Staaten des Weltstaatensystems gleichen jener völlig – sie entspringen aus ähnlichem Mißtrauen. Nietzsches individualistisches, elitäres Sinngebungsmodell ist ein Spiegel seiner eigenen inneren Bedürftigkeit und Sehnsüchte, ist der Ausdruck des Ringens, mit seinem „Eigenmachtstreben" sein Selbstwertgefühl auf einem sehr hohen Niveau zu stabilisieren. Es fragt sich, ob dieser Eigenidealentwurf auch als realisierbares, die Lebensgrundstimmung aufhellendes Motiv in der Seele jedes Idealbedürftigen aufzuleuchten vermag.

Nietzsche selbst glaubte, sein Übermenschenideal werde sich erst in hundert Jahren, den nihilistischen Seelenzustand überwindend, durchsetzen. Schrieb der metaphysische Idealismus dem Menschen titanische Erkenntniskräfte zu, so postuliert Nietzsches Übermenschenideal titanische Willens- und Begeisterungskräfte. „Es ist ein schmales Gelände, auf das sich des Philosophen „himmelstürmende Schöpferkraft" gedrängt sieht: auf die „Selbsterlösung vom Druck des Nihilismus durch dessen freiwillige Aufnahme in den eigenen Willen" (R. Reininger)[6].

Motivisch gleichartig, aber in der Zielsetzung völlig anders, ist der *Grundgedanke* der *„gemeinschaftsbezogenen" gnostischen Lebenssinnethik*. Er lautet: es *lohnte* sich nicht zu leben, wenn das Leben nicht auch zur *Freude anderer Menschen* gelebt werden könnte. Denn nur denjenigen Menschen vermögen sinnzerstörende Ereignisse nicht hilflos in die Verzweiflung zu treiben, der weiß, daß sein Leben – abgesehen vom Wert, den er ihm durch seinen tapferen Lebenskampf selbst zu geben vermag – auch noch einen „sozialen" Wert hat, nämlich die Freude seiner Mitmenschen über ihn. Aber von welcher Art muß diese soziale Erfreulichkeit der eigenen Person sein? Da der erwachsene Mensch in zwei *„Lebenswelten"* lebt, in der „privaten" und in der „öffentlichen" Welt, so muß diese Frage für beide getrennt beantwortet werden.

Die soziale Freude, die privatim lebenssinngebend wirkt, kennt jeder Mensch schon vom Beginn seines Lebens an. Er nahm sie wahr, sooft seine Mutter, mit ihren Augen seine Blicke festhaltend, ihn anlächelte. Diese Freude drückt etwas völlig anderes aus als die Freude etwa über irgendeinen gegenseitigen Nützlichkeitswert. Sie ist aber auch von einer anderen Qualität und Bedeutung als zum Beispiel die soziale Wertschätzung der eigenen Person wegen großer, bewunderungswürdiger beruflicher Leistungen. Die Freude, welche die Mutter erlebt, die ihr Kind anlächelt, empfindet das Kind als ein sehr herzliches „Willkommen-geheißen-werden" in der Welt, als eine Freude über das eigene Dasein, und zwar so, wie es ist. Für den geliebten Menschen hat dieses Geliebtwerden nur deshalb, weil er lebt und ist, wie er ist, einen „Lebenssinngrundwert"; denn es ermöglicht es ihm, das Gefühl der Erfreulichkeit der eigenen Person auch dann noch aufrechtzuerhalten, wenn er selbst seine Lebenslage nicht mehr positiv zu bewerten vermag. Diese sehr bedeutsame Feststellung gilt sowohl für das kindliche wie auch für das erwachsene Leben. Dem Kind verhilft diese soziale Erfahrung des Geliebtwerdens um seiner selbst willen – vorausgesetzt, daß sich von dem Tag an, an dem es unbefragt und ungewarnt und hilflos in der Welt ankam, sich zuverlässig und echt wenigstens ein Mensch stark und lange genug darüber mitgefreut hat, daß es existiert – zum Gefühl des eigenen Wertes, der eigenen Lebenstauglichkeit, der gleichwertigen Zugehörigkeit zur vertrauten Menschengruppe, vielleicht auch zu einem optimistischen „Urvertrauen" zum Leben überhaupt. Diese soziale Erfahrung bewirkt dies, weil das Kind, das sich um seiner selbst willen geliebt fühlt, auch seine Schwäche, seine Hilflosigkeit, seine Mängel und Fehler ohne deprimierende Traumatisierung seines Selbstwertgefühles zu ertragen vermag.

Freilich, schon bald nach dem Ausscheiden aus der Geborgenheit des familiären Primärgruppenlebens – beginnend mit dem klaren Wissen um das persönliche eigene Existieren und der Wahrnehmung, daß man sich um das Überleben unter fremden Menschen selbst kümmern und einmal allein sterben muß – reicht zur Bewältigung unerträglicher Lebensbelastungen die Lebensmithilfe der uns persönlich liebenden Mitmenschen allein nicht mehr aus. Es müßte jetzt also neuerlich ein zusätzlicher, „transsubjektiver", sozialer Lebenswert auffindbar und realisierbar sein. Nun gibt es aber für den Menschen, der nicht mehr daran glauben kann, daß ihm ein Gott zur Hilfe eilt, keine andere Quelle des seelischen Rückhalts als den Mitmenschen, abgesehen vielleicht von der erfreulichen Anhänglichkeit eines ihm zugetanen Tieres. Es müßten sich jetzt also diejenigen Menschen zur zusätzlich benötigten „Sinnlosigkeitsprophylaxe" eignen, mit denen er in der *„öffentlichen Welt"* zusammenlebt und zusammenarbeitet, und die, so wie er, schicksalhaft der gleichen, sich „zusammengehörig" fühlenden Menschengruppe angehören. Die gewünschte existentielle Lebenshilfe kann natürlich auch nur dann erfolgen, wenn er erfährt, daß er zur Freude auch seiner „Mitbürger" auf der Welt ist. Diese Freude zu erleben bereitet wenig Schwierigkeiten, so scheint es zumindest, bei den kleinen „Stammesgruppen" der Urkulturen, in denen jeder Erwachsene allen Gruppenmitgliedern bekannt ist und jeder sich von allen im alltäglichen gemeinsamen Überlebenskampf persönlich benötigt und geschätzt fühlen kann. In der *„Großgruppengesellschaft"* der Hochkulturen aber sind die sozialen Beziehungen nicht mehr durch persönliche Bekanntschaft erlebbar und motivierbar, sondern müssen in ihr „objektiviert" und „versachlicht" werden. Ihre Verwirklichung bedarf der „öffentlichen" Einrichtungen („Verbände", „Institutionen"). Der einzelne gewinnt zwar in der rational durchorganisierten „Massengesellschaft" eine größere persönliche Unabhängigkeit und individualistische Freiheit, zugleich aber verringert sich das Gefühl seiner persönlichen Bedeutung. Er wird ersetzbar und verliert die hilfreiche, immer präsente persönliche Anteilnahme aller an seinem Leben und Sterben. Im Extremfall kann er in ihr fast als ein bloß äußerlich vergesellschafteter „Robinson" anonym leben. Eine „Sinnlosigkeitsprophylaxe" in der arbeitsteiligen, unüberschaubaren Großgruppengesellschaft erfordert, um realisierbar zu sein, daß die verantwortlichen Leiter der öffentlichen Einrichtungen, vor allem die des größten und für alle in gleicher Weise überlebenswichtigen Verbandes, die Leiter der Institution *„Staat",* jedem erwachsenen Mitbürger Aufgaben zuweisen, die gemeinsam zu verwirklichen für alle von großem Wert ist und die jedem das Gefühl vermitteln, gebraucht zu werden und brauchbar zu sein, so wie er ist. Diese Aufgaben müssen im Sinn der gnostischen Lebenssinnethik „lebenssinnverwirklichend" sein, das heißt, sie müssen eine freiwillige, selbstlose, idealistische Einsatzbereitschaft ermöglichen, sie müssen als echte „Gruppenideale" in der Seele aufleuchten. Denn nur die Bereitschaft, aus nicht egoistischen Motiven im Dienste eines begeisternden, idealen Anliegens altruistisch zu handeln, erzeugt die „heroische" Gesinnung, Ziele anzustreben, gegen die gerechnet der Mensch, sein privates Lebensglück und seine privaten Interessen nicht mehr ins Gewicht fallen. Die Geschichte lehrt: Solche sinngebenden Gruppenideale vermochten faktisch nicht nur religiöse, sondern auch rein innerweltliche Gemeinschaften wachzurufen. Auch areligiös und agnostisch eingestellte Mitbürger betätigen sich selbstlos und freiwillig für bedeutsame politische oder soziale Anliegen (zum Beispiel für die Erringung gleicher Menschenrechte oder menschenwürdiger wirtschaftlicher Bedingungen für alle) und setzten sogar ihr Leben dafür ein. Ihre idealistische Einsatzbereitschaft ermöglichte es ihnen mithin, auch den *Tod* in einen Wert- und Zweckzusammenhang einzuordnen; so verliehen sie ihm einen *Sinn!* Aber könnte zu einer solchen Sinngebung des Todes nicht auch schon zum Beispiel der Gedanke befähigen, der Fortbestand der Gesellschaft erfordere es, im Alter einer neuen Generation Platz zu machen? Um freilich die Sinngebungsmöglichkeiten des Großgruppenlebens ins Gefühl zu bekommen und nützen zu können, muß die Gefühlseinstellung des einzelnen zur übergeordneten Gemeinschaft mehr als eine rationale Wertschätzung wegen irgendeiner Nützlichkeit sein. Sie muß *Liebe* heißen und schlichter *Stolz* auf Zugehörigkeit!

Daß die gnostische, gemeinschaftsbezogene Lebenssinnethik natürlich nur unter diesen seelischen Bedingungen auch das größte und beängstigendste Übel des Lebens, den Tod, in einen positiven Wert- und Sinnzusammenhang einzuordnen vermag, verschafft ihr einen hohen Rang unter den Lebenssinnethiken. Die entscheidende Frage freilich, ob sie zur Gänze die *Religion* zu *ersetzen* vermag, läßt sich mit einigen Vorbehalten wohl nur für die *Theorie* bejahen, aber *nicht* für die *Praxis* des Lebens. Denn die für die Umsetzung der Theorie in die Praxis erforderlichen, nicht religiösen, solidarischen, sinnvermittelnden Gemeinschaften existieren nicht, zumindest nicht in der benötigten Größe und Güte. Nur am Rande der Gesellschaft entstanden bisher immer wieder kleinere, begeisterungsbeseelte Gemeinschaftsgründungen, im 20. Jahrhundert zum Beispiel die „Subkulturen" der Jugendbewegungen und die diversen solidarischen Selbsthilfegruppen in der Gegenwart. Es hat sich aber bisher im nihilistischen Zeitalter noch keine staatlich organisierte Großgruppengesellschaft als fähig erwiesen, die gesellschaftlichen Voraussetzungen für eine *Lebenssinngebung* durch *Gruppenideale* für alle ihre Mitglieder zu schaffen – außer in den Ausnahmesituationen von Kriegen oder Revolutionen, deren idealistische Imperative aber bisher nie länger vorhielten als diese Situationen selbst. Ja, von vielen Staaten wurde die „Nihilismusprophylaxe" überhaupt noch nicht als eine ihnen zugehörige Aufgabe gesehen und bejaht! Nur die totalitären Staatsgründungen, unter ihnen am vielversprechendsten die marxistisch-kommunistischen, strebten dies bewußt an, aber sie mußten scheitern, da sich ihre Staatsform in eine gewalttätige, alle Staatsbürger zu passivem Gehorsam zwingende Diktatur umwandelte. Die freiheitlich-demokratischen Staaten unserer Zeit aber bieten ihren Bürgern viel zu wenige echte, aktive Mitarbeitsmöglichkeiten an. Daß es sich überdies auch politisch sehr unheilvoll auswirken kann, dem Staatsvolk nicht mehr Mitbestimmung an den öffentlichen Angelegenheiten einzuräumen als die Abgabe des anonymen Stimmzettels in Wahljahren, darauf macht mit besonderem Nachdruck H. Arendt[7] aufmerksam. Sie wies darauf hin, daß sich durch eine „Entpolitisierung" der Staatsbürger in den Massendemokratien eine „privatisierende Lebensform" ausbreite, die, wie die Geschichte besonders der jüngsten Vergangenheit lehre, ein idealer Nährboden für die Errichtung totalitärer Staaten sei. Ferner gilt: auch die erfolgreichste und verdienstvollste technisch-ökonomische Beseitigung der Armut allein vermag nicht zu leisten, was der Staat zum Wohle der säkularisierten Gesellschaft neben seinen Nützlichkeitsaufträgen zu leisten hätte, nämlich, das hohe *Ethos* des *Dienstes* an der *Gemeinschaft* in der Seele der Bürger zu verankern und sich nicht selbst zu einem bloßen nützlichen Gebrauchsgut herabzuwürdigen. Die bisher im Bunde mit den angewandten Naturwissenschaften erzielten gewaltigen Fortschritte dienten vorwiegend der Verbesserung nur der materiellen Lebensverhältnisse. Die so nötige intensivere „Vergemeinschaftung" der Menschen unterblieb. Die *seelische Entfremdung* der Menschen wuchs besonders im *Industriezeitalter* bedrohlich an; sie besteht bis heute und ist das am weitesten verbreitete, beklagenswerteste psychosoziale Übel der Gegenwart. Aber was könnte der in hoffnungsloses seelisches Unglück geratene Mensch des nihilistischen Zeitalters tun, wenn die Hoffnungen der gnostischen Lebenssinnethik Utopie blieben? Er müßte entweder wieder in eine ihn beschützende *Religion* zurückkehren (wobei er übrigens erführe, daß die Lebenssinnfunktion der Religionen nicht allein auf dem Wahrheitsanspruch ihrer tröstenden Glaubensinhalte beruht, sondern mindestens ebenso auf der gekonnten Eingliederung der Gläubigen in eine solidarische Lebensgemeinschaft), oder er müßte sein Glück in einem Land suchen, in dem der *Staat* selbst die einzig wahre Weltanschauung, also ein „Religionsersatz" zu sein beansprucht und ihm daran zu glauben befiehlt (was freilich den Verzicht auf jeden individualistischen Selbstverwirklichungswunsch und auf jegliche öffentliche Freiheit verlangt), oder er müßte – wenn seine Kräfte, Leiden zu ertragen, schwinden – *verzweifeln*. Wenn aber das Bemühen, dem säkularisierten Leben durch eine Synthese von Freiheit und sinngebender Bindung echte Lebenswertheit zu sichern, völlig erfolglos bleiben sollte, wäre es dann nicht sehr unklug gehandelt von der Menschheit, gegen das „Ableben Gottes" so wenig zu unternehmen?

Zweites Kapitel

ERGÄNZUNGEN UND ERLÄUTERUNGEN

2.1 Ist Agnostizismus Atheismus?

Ist der philosophische Agnostizismus Atheismus? Nein, denn zu behaupten, nicht zu wissen, ob es Gott gibt, weil sich zu dieser Frage keine wissenschaftlich begründbare Aussage machen läßt, ist nicht dasselbe, wie die Existenz Gottes zu leugnen. Dies tut zum Beispiel implizite der metaphysische Materialismus, der behauptet, alles in der Welt sei Materie oder eine Umwandlung der Materie und die Materie existiere seit Ewigkeit. Der Agnostiker ist aber auch nicht etwa deshalb ein Gottesleugner, weil er die Gottesbeweise für nicht beweiskräftig genug hält. Der Agnostiker hat daher auch keinen Grund als Gegner oder gar als Feind der Kirchen und ihrer Gläubigen aufzutreten, vorausgesetzt, daß sie auch ihn als freien Mitbürger tolerieren. Er anerkennt, in objektiver Würdigung, den seelischen und moralischen Wert der echten religiösen Gläubigkeit. Es stirbt sich leichter, wenn der Tod nicht das unwiderrufliche Ende der persönlichen Existenz bedeutet! Der Agnostiker hätte aber noch einen anderen Grund, den Gläubigen wegen der Vorteile seines Glaubens zu beneiden. Dann nämlich, wenn er die Erfahrung machen könnte, die Kirchengläubigen von heute erlebten bei ihren Gottesdiensten das gleiche wie die Urchristen bei ihren Zusammenkünften. Es wird glaubhaft berichtet, wann und wo immer sie sich im Namen Christi versammelten und in Erinnerung an das letzte Abendmahl gemeinsam das Brot brachen, dann verspürten sie, daß auch der Mensch gewordene Gott unter ihnen weile. Seine Anwesenheit bestärkte und vertiefte die Wirkung jedes echten Gemeinschaftserlebens. Sie fühlten sich in gleichwertiger Verbundenheit wie Brüder und Schwestern. Die gemeinsam erlebte Begeisterung befähigte sie, sich auch in ihrer öffentlichen Lebenswelt mutig als Christen zu bekennen, keine Opfer, auch nicht die Hingabe ihres Lebens für ihren Glauben scheuend. Aber erinnert uns dieses Gemeinschaftserlebnis, ob ihrer Beglückung und seelischen Befreiung, nicht an das Jugenderlebnis, wie es die Jugendbewegten der ersten deutschen Jugendbewegung erlebten und schildern? Das Gemeinschaftserlebnis der ersten Christen muß freilich noch viel stärker und lebensbestimmender gewirkt haben. Ihr Leben und ihr Todesmut bezeugen dies.

Was aber erlebt der Agnostiker, wenn er heute an irgendeinem der Gottesdienste der Gläubigen teilnimmt? Kann er auch dabei erleben und spüren, daß ein Gott inmitten der Gläubigen anwesend ist? Erlebt er das vertiefte Gemeinschaftserlebnis der Urchristen? Wohl kaum. Auch in der öffentlichen Lebenswelt unterscheidet sich der Lebenswandel der Gläubigen recht wenig von dem der Nichtgläubigen. Dies ist sehr bedauerlich. Der Agnostiker, der ja durchaus kein Atheist ist, weil er nicht weiß, was er verneinen sollte, würde dieser Agnostiker heute in eine Versammlung der gläubigen Christen kommen, deren Fühlen und Denken denen der Urchristengemeinde gleicht, so würde das Primärgruppenerleben ihm vielleicht die Chance bieten, ein gläubiger Agnostiker zu werden. Denn nur, wenn man in der Gemeinschaft von einander liebender Menschen erfährt, daß man seinem Leben Wert und Sinn zu geben vermag, kann man im wissenschaftlichen Zeitalter Gott begegnen. Es muß genügen, in diesem Zusammenhang lediglich zu erwähnen, daß alle großen Religionsstifter, die im vorwissenschaftlichen Zeitalter lebten, geniale charismatische Führerpersönlichkeiten waren, im Besitz von großer menschlicher Erfahrung und tiefer Menschenliebe. Nach Überwindung schwerster Lebenskrisen und persönlicher Lebenszweifel erfüllte sie ein klares göttliches Sendungsbewußtsein. Sie fühlten sich berufen, ihre

Heilserfahrungen ihrem Volke mitzuteilen, ohne Opfer und Mühen für diesen Auftrag zu scheuen. Zu Religionsstiftern machten sie ihre Jünger, deren große Liebe zu ihrer Person und deren große Begeisterung für ihre Lehren sie befähigten, die Religion zu verbreiten. Wenn dies auch später oft auf andere Weise geschah (z. B. durch Einsatz politischer Machtmittel), so gilt doch: Ohne Beteiligung der Gefühlsansteckung, also der Massenbegeisterung und Massenbegeisterungsbedürftigkeit, wäre keine Religion entstanden und könnte keine Religion überleben.

2.2 Ein philosophisches Selbstgespräch

Was könnte den ungläubigen Menschen unserer Zeit veranlassen, wieder an Gott zu glauben? Die Menschen der früheren Zeit hätten geantwortet, der Blick auf den gestirnten Himmel, die Geordnetheit des Weltalls bewiesen seine Existenz. Aber selbst wenn uns der gestirnte Himmel veranlaßte „des Ewigen Ehre" zu rühmen, so macht dies nicht überflüssig zu fragen, zu welchem Ergebnis der Rückblick auf das eigene Leben führt. Denn, wenn uns zurückblickend die Bewertung des gelebten Lebens keinen Anlaß zur dankenden Lobpreisung geben sollte, der Blick empor zum gestirnten Himmel löste dann zwar nach wie vor großes Erstaunen in uns aus, aber nicht rühmende Bewunderung und Verehrung. Denn es gilt: An Gott kann der Mensch in unserer gottlosen Zeit nur glauben, wenn er überzeugt sein kann, einen Grund dazu zu haben, für sein Leben dankbar zu sein, in das er völlig ungefragt und ungewarnt geworfen wurde. Aber wofür soll er dankbar sein und wem soll er danken? Die Antwort auf die erste Frage kennen wir. Er soll dankbar sein, wenn ihn die Erfahrung seines Lebens lehrt, ein lebenswertes Leben zu führen. Denn was er selbst dafür durch seine Lebensführung beigetragen hat und beitragen kann, reicht zur Erklärung der erfreulichen positiven Bewertung des Lebens nicht aus. Er braucht dazu die Mithilfe der ihn liebenden, sich über ihn, so wie er ist, ehrlich freuenden Mitmenschen und eine ihn mit sinngebenden Lebensaufgaben betrauende Gemeinschaft. Aber wie erklärt sich das Vorhandensein dieser, einen Lebenssinngrundwert besitzenden Güter in meinem Leben? Es ist unwahrscheinlich, daß diese, ebenso wie mein eigenes Existieren ein Ergebnis des blinden Zufalls wären. Zufall nennen wir ein ungeplantes, unvorhersehbares Ereignis, das auch anders oder überhaupt nicht sein müßte. Aber wie erklärt sich mein Leben dann? Mein eigenes Dasein verdanke ich meinen Eltern und meinen Vorfahren. Aber wer oder was verhalf ihnen zu ihrem Leben? Es können nur diejenigen Kräfte und Mächte sein, die die Philosophen von alters her natura naturans nannten. Das ist derjenige Teil der Natur, der seine Existenz von Ewigkeit her aus sich selbst heraus hat. Aber was weiß ich sonst über das ewig Seiende in der Welt, außer daß es dieses geben muß. Ein sehr aufregender Gedanke, den in der Antike zuerst bekanntlich die philosophische Schule der Eleaten dachte. Denn ex nihilo nihil fit. Weiß ich dies oder glaube ich es nur? Jedenfalls in meiner mir zugänglichen wahrnehmbaren Welt entsteht aus nichts nichts. Aber was ist dieses ewig Seiende? Angesichts der Erkenntnis unserer modernen Naturwissenschaft von der unvorstellbaren, unermeßlichen Größe der materiellen Welt, der Milliarden und Milliarden von Galaxien, ist es sicher nicht abwegig zu vermuten, auch das ewig Seiende sei materieller Art. Aber von welcher Art muß dann diese materielle, ewig seiende Natur sein? Darüber weiß ich nur eines, sie darf nicht so sein, wie die Steinmassen im toten Gebirge oder wie das Urgestein, aus dem der Mond besteht. Denn kann ein Mensch einem toten Stein danken dafür, daß er ist und befriedigend existiert? Das ewig Seiende könnte eine Materie sein, die zugleich die Kräfte des Lebens in sich birgt. Oder sollte ich sagen, das ewig Seiende, und das würde mir auch das Danken leichter machen, das ewig Seiende sei von Ewigkeit her immaterieller Natur, die sich immer schon zu materialisieren fähig und gewillt ist. Kein Mensch weiß dar-

über etwas Sicheres auszusagen. Das ewig Seiende ist und bleibt der unbekannte Gott oder die unbekannten Götter. Ihm das Prädikat Gott zuzusprechen, kann ich und darf ich allerdings nur, wenn ich mein aufrichtiges Bedürfnis für mein Leben allen, die es mir gaben, zu danken verspüre. Aber jetzt taucht eine neue Schwierigkeit auf, und zwar von meiner Seite. Denn die Anforderung zu danken kann nur von der retrospektiven Bewertung meines bisher gelebten Lebens herstammen und selbstverständlicherweise auch nur dann, wenn dieses so verlaufen ist, daß man dafür wirklich dankbar zu sein hat. Aber noch geht mein Leben weiter, und niemand kann vorher wissen, wie es ihm bis zu seinem Todestag noch ergehen wird. Also kann ich meinem unbekannten Gott nur für den bisherigen Verlauf meines Lebens danken und ihn bitten, er möge mich auch weiterhin vor sinnlosem Unglück bewahren. Ich möchte für mein gesamtes Leben dem unbekannten Gott dankbar sein können. Aber nemo ante mortem beatus. Dieses vielleicht etwas gotteslästerlich anmutende „Gebet" eines Agnostikers mögen mir die gottesgläubigen und gottesfürchtigen Mitbürger nicht übel nehmen. Die überzeugten Atheisten können es belächeln. Aber eines müßten beide dem Agnostiker als eine gute Eigenschaft zubilligen, nämlich daß ihn sein Agnostizismus unfähig macht, ein Fanatiker zu werden. Und damit komme ich auf verschlungenem Weg wieder zum Hauptanliegen dieses Buches zurück. Auch sein Verfasser besitzt wegen seiner erworbenen Zweifelsucht nicht die Fähigkeit und Geneigtheit, sich blind für eine angeblich heilige Sache oder unfehlbare Wahrheit zu begeistern und ihre Gegner fanatisch zu bekämpfen.
Aber daß es und warum es gerade von dem Zeitpunkt ab, in dem wir jetzt leben, für die Menschheit viel dringender ist als bisher in der Weltgeschichte, eine aufflammende Massenfanatisierung zu Kriegszwecken zu verhindern, darüber wird im Nachwort berichtet.

Anhang

ÜBER DIE LEBENSWERTHEIT DES LEBENS

Erstes Kapitel

ÜBER DAS LEBENSSINNBEDÜRFNIS UND DIE SINNGEBENDEN WERTE DES LEBENS

> Für den Menschen ist die Zufriedenheit mit seinem ganzen Dasein nicht ein ursprünglicher Besitz . . ., sondern ein ihm aufgedrungenes Problem
> *Immanuel Kant*

Als Mensch leben heißt, auf die kürzeste Formel gebracht, sich in jedem wachen Lebensaugenblick einer Welt von Dingen und Vorgängen gegenüberzubefinden, um deren Existenz ebenso wie um die eigene wissend, und in ihr in der Richtung auf bestimmte Ziele tätig zu sein. Durch seine zielgerichtete Betätigung erstrebt der Mensch die Mittel zur Befriedigung seiner mannigfachen Bedürfnisse, das Wort „Bedürfnis" im weitesten Wortsinn verstanden, also umfassend Triebregungen, Wünsche, Interessen, Verpflichtungen, Ideale. Diese Bedürfnisse kommen dem Menschen in Form von lust- oder unlustbetonten Spannungsgefühlsempfindungen von bestimmter Erlebnisqualität und Spannungsintensität zum Bewußtsein und sie bewegen ihn zu seinem zielgerichteten Verhalten, ihn entweder unwillkürlich dazu nötigend, oder – und dies ist für die menschliche Existenzweise charakteristisch – ihn zu überlegten Entschlüssen und Handlungsweisen motivierend. Das der Entspannung seiner Handlungsantriebe dienliche Verhalten bereitet Lust und/oder beendet die Spannungsunlust. Es fragt sich nun, ob sich unter diesen Bedürfnissen auch ein Denk- und Handlungsantrieb befindet (auch das

Denken und Sprechen ist ja ein antriebsmotiviertes Handeln), den man am zutreffendsten *Lebenssinnbedürfnis* nennen sollte, und wenn ja, wie er sich äußert, wodurch er befriedigt wird, und wie sich Befriedigungsbehinderungen („Frustrationen") auswirken. Zu sagen, es gäbe ein solches Bedürfnis, ist dann berechtigt, wenn Menschen vom Erleben eines beunruhigenden, bedrückenden Gefühls der „Sinnlosigkeit ihres Daseins" berichten. Ihre Lebenslage nötige sie zum Nachdenken darüber, wozu und warum sie eigentlich lebten, und ob es für sie überhaupt noch sinnvoll sei, weiterleben zu wollen. Alle Autoren der sehr zahlreichen Arbeiten über dieses Thema – begonnen haben dürften Schopenhauer und Nietzsche – stimmen darin überein, daß es eine solche als Lebenssinnbedürfnis zu bezeichnende, reaktiv auftretende, starke affektive Beunruhigung und Aktivierung gibt. Aber schon bei der anschließenden Frage, ob dies bei jedem Menschen der Fall sei und aus welchen Ursachen es geschehe, gehen die Meinungen auseinander. Der Philosoph M. Schlick z. B. erklärte, nicht alle Menschen stellen die Sinnfrage. „Die einen – nicht die unglücklichsten – haben die Seele des Kindes, das noch nicht danach fragt. Sie hat das Leben noch nicht mit seinen rätselhaften dunklen Augen angeschaut. Die anderen – die Müden und Blasierten – fragen nicht mehr; sie haben das Fragen verlernt. Sie glauben an keinen Sinn des Daseins mehr, weil sie die Ziele verfehlten, nach denen ihre Jugend strebte, und weil sie keinen Ersatz mehr fanden. Zwischen diesen Gruppen stehen wir –, die Suchenden".[1] Auch S. Freud meinte, daß nicht jeder Mensch durch die Frage nach dem Sinn des Lebens beunruhigt würde. Aber er begründete dies anders als Schlick. Er meinte, sie dränge sich nur seelisch krank gewordenen Menschen auf. „Im Moment, da man nach Sinn und Wert des Lebens fragt, ist man krank, denn beides gibt es ja in objektiver Weise nicht. Man hat nur eingestanden, daß man einen Vorrat von unbefriedigter Libido hat, oder irgend etwas anderes muß damit vorgefallen sein, eine Art Gärung, die zur Trauer und Depression führt. Großartig sind meine Aufklärungen gewiß nicht – vielleicht weil ich selbst zu pessimistisch bin".[2] Eine andere Gruppe von Autoren wiederum hält das Fragen nach dem Lebenssinn nicht für das Anzeichen einer psychischen Störung oder Erkrankung, sondern behauptet umgekehrt, der Mensch könne seelisch erkranken, wenn er keine Antwort auf die Frage nach dem Sinn seines Lebens finde. Mit den bekannten Worten C. G. Jungs: „Die Psychoneurose ist ein Leiden der Seele, die ihren Sinn nicht gefunden hat".[3] Der Psychiater V. Frankl gab dieser dadurch verursachten psychischen Erkrankung den Namen „noogene Neurose", und er erklärte, jeder Mensch sei im Grunde auf die Suche nach Sinn angelegt, und deshalb erkranke er, wenn ihm die Lösung der Sinnfrage mißglücke. Das Leben habe immer einen Sinn; daher sei in jeder Lebenslage eine „Sinnfindung" möglich.

Bei dieser „Sinnfindung" könne der Mensch durch ein „Logotherapie" genanntes psychotherapeutisches Verfahren unterstützt werden[4]. Wie kommt es zu diesem – wie es scheint – unüberbrückbaren Widerstreit der Meinungen? Einige Meinungsunterschiede dürften zurückgehen auf terminologische Unklarheiten und begriffliche Divergenzen, die schon beim Terminus „Sinn" beginnen. Wegen der großen lebenspraktischen Bedeutung unseres Themas wählen wir eine allgemeinverständliche Darstellungsweise, die der Fachmann unschwer in die wissenschaftliche Fachsprache zu übersetzen vermag. Wir können natürlich nur diejenigen Streitfragen abzuklären hoffen, die unmittelbar unsere Themenstellung betreffen und zu denen sich aus unserer, auf nachprüfbar Erfahrbares beschränkten Sicht etwas sagen läßt. Wir beschäftigen uns mit folgenden Fragen: Was bedeutet der Ausdruck „Sinn" und wonach fragt der Mensch, wenn er nach dem „Sinn seines Lebens" fragt? Welche Beziehung besteht zwischen den Begriffen „Sinn" und „Wert" und „Zweck"? Was ermöglicht es dem Menschen, die Sinnfrage zu stellen, und weshalb und wann stellt er sie? Welche Umstände entscheiden darüber, ob die Antwort positiv oder negativ ausfällt, und welche Folgerungen ergeben sich hieraus? Und schließlich: Über welche Informationen und/oder über welche seelische Verfassung müßte der Mensch verfügen, um vom Vorhandensein gewünschter Sinngehalte auch in denjenigen Lebenslagen überzeugt sein zu können, in denen er dem Leben aus eigener Kraft keinen Sinn geben kann? Einer eigenen Untersuchung hingegen bedürfte die Frage, ob der gegenwärtig lebende Mensch unseres Kulturkreises von der Sinnfrage mehr beunruhigt wird als der Mensch vergangener Zeiten.

Wer nach den Sinn- und Sinnlosigkeitserlebnissen lediglich der Mitmenschen fragte, ohne auch sein eigenes Leben hinterfragt zu haben, also ohne die Erfahrung eigener Betroffenheit, verfehlte das Thema: er redete hierüber wie der Blinde von den Farben. Wer aber darüber aus echter eigener Betroffenheit etwas aussagt, kann nicht vermeiden, implizite auch die Ergebnisse eines fortlaufenden Selbstgespräches mitzuteilen.

Der Ausdruck „Sinn" ist ein äquivoker Terminus. Seine verschiedenen Bedeutungen dürften sich, abgesehen vom sinnesphysiologischen Wortgebrauch, auf folgende vier zurückführen lassen:

1) Sinn heißt das mit einem „Zeichen" Gemeinte, also dasjenige, worauf ein Zeichen verweist oder hinweist. Das Gemeinte kann die „Bedeutung" sein, die sprachliche Lautgebilde, Worte oder Sätze, auf Grund sprachlicher Konvention haben, oder es kann ein konstatierbarer Anzeichensinn sein. So drückt z. B. eine sichtbare mimische oder pantomimische Bewegung (etwa eine Geste) ein bestimmtes seelisches Erleben aus.

2) Sinn haben die Teile in Hinsicht auf ein Ganzes (z. B.: Bedeutung einer Nebenhandlung im Gesamtaufbau eines Dramas).

3) Sinn hat das „Mittel" in Hinsicht auf den „Zweck". Sinn heißt hier: Zweckdienlichkeit von etwas für etwas. Ein Wissen nicht nur darüber, wozu etwas zweckdienlich ist, sondern auch warum, also auf Grund welcher ursächlicher Verknüpfung der Mittel Zweckdienlichkeit zustandekommt, heißen wir *Sinnverständnis*.

4) Sinn hat das der Verwirklichung eines wertvollen Zieles oder Zweckes Dienliche, also dasjenige, was als „Mittel" zu einer „Wertverwirklichung" beiträgt.

Diese vier Bedeutungen hängen untereinander zusammen. Die zentrale dürfte die „teleologische" dritte Bedeutung sein. Dies wird einsichtig, wenn wir uns die Verwendungsweise der Worte „sinnlos" oder „absurd" oder „unsinnig" vergegenwärtigen, letzteres aber nicht in der Bedeutung von „sinnfrei" gemeint. Sinnlos oder unsinnig handelt, wer mit erkanntermaßen untauglichen Mitteln ein Ziel zu verwirklichen strebt, also „zweckwidrig" handelt. Ginge jemand z. B., um zu einem bestimmten Ort zu gelangen, wissentlich und hartnäckig in die von diesem Orte wegführende Straßenrichtung, so handelte er sinnlos. Wird die Untauglichkeit der Mittel nicht erkannt, obwohl sie leicht zu erkennen ist, dann handelt der Betreffende zwar nicht subjektiv, aber objektiv sinnlos, also „dumm".

Es ist nun klar angebbar, was das Wort „Sinn" bzw. sein Gegenteil, bezogen auf das menschliche Leben, besagen kann.

Die Sinnfrage kann sich beziehen entweder auf das Faktum, daß man überhaupt lebt oder auf eine bestimmte, konkrete, erlebte Lebenslage. Es empfiehlt sich, bei den folgenden Überlegungen vor allem die erste, die „radikale Sinnfrage" zu vergegenwärtigen. Bei ihr fragt der Mensch, ob es zweckdienlich, also sinnvoll ist, überhaupt weiterleben zu wollen. Der Entschluß, weiterleben zu wollen, hat Sinn, wenn sich das Leben dazu eignet, in wünschenswerter Weise gelebt zu werden. Das Wissen um die Lebenswertheit des Lebens rechtfertigt den Entschluß, am Leben zu bleiben, macht ihn sinnvoll. „Sinnlos" verdiente dieser Entschluß genannt zu werden, wenn der Mensch die Bemühung, das Leben zu erhalten, auch fortsetzte, nachdem er zur Überzeugung gelangt wäre, das Leben sei wertlos. Freilich, vermöchte der Mensch aus einem für ihn wertlos gewordenen Leben überhaupt nicht „auszusteigen", besäße er also überhaupt keine realisierbare Wahlmöglichkeit, dann ließe sich die Sinnfrage vernünftigerweise gar nicht stellen. Das Wort „Sinn" setzt also voraus, daß der Mensch mit innerer, freier Zustimmung lebt; das Wort „Wert" beurteilt lediglich die faktische Beschaffenheit des Lebens. Nun können wir in einer ersten Annäherung auch den Begriff *Lebenssinnbedürfnis* definieren: Das Lebenssinnbedürfnis ist der Wunsch und das Streben des Menschen, sein Leben möge jederzeit und in jeder Lebenslage in einem solchen Ausmaß Wert besitzen, daß es für ihn sinnvoll ist und bleibt, es zu erhalten und weiterzuführen und auch mit seinem Ende, dem Tod, einverstanden zu sein. Und dasjenige, was dem Leben den gewünschten Wert gibt, was es für den angestrebten wertvollen Zweck „zweckdienlich" macht, heißen wir den „Sinn des Lebens". Doch was bedeutet nun der für unsere Thematik so bedeutsam gewordene Terminus „Wert"? Was heißt es überhaupt, etwas zu bewerten, und was geht vor bei der Bewertung des eigenen Lebens?

Ein Objekt (z. B. eine Person oder eine Sache, ein Verhalten, ein Ereignis oder ein Projekt) bewerten heißt feststellen, ob dieser Gegenstand in positiver oder negativer Weise „bedeutsam" ist für mein, dein oder unser aller Leben. Bedeutsam ist ein Gegenstand dann, wenn er unmittelbar oder mittelbar eine Gefühlsreaktion auslöst, also lust- oder unlusterregend auf mich wirkt. Daß ein Gegenstand dies vermag („valere"), daß er die Kraft („Valenz") dazu hat, hebt ihn aus der Indifferenz heraus und macht ihn zu einem „Gut" oder zu einem „Übel". Wir nennen den klar bewußt gemachten, also gedanklich und sprachlich vergegenwärtigbaren Bedeutsamkeitsbezug eines Gegenstandes *Wert* („Gegenstandswert"). Ihn selbst heißen wir „Wertgegenstand" oder „Wertträger". Der Wert ist demnach keine ohne Bezug auf einen gefühlserregbaren Menschen vorhandene Gegebenheit, sondern eine von ihm als „Eigenschaft" erwartete Wirkungsweise. Der Wert ist eine Relationsqualität. Jedes Werturteil sagt daher etwas aus über einen objektiven, „rational" erfaßbaren und bestimmbaren Tatbestand, wie auch über einen subjektiven, nur im inneren Erleben konstatierbaren Tatbestand, nämlich die ausgelöste Gefühlserregung, das Wertgefühl. Daher gilt aber auch: eine völlige Übereinstimmung der Menschen in ihren Werturteilen, also deren Allgemeingültigkeit, läßt sich nur dann erwarten, wenn dieselben Wertgegenstände Menschen in gleicher Weise gefühlsmäßig beeinflussen, und wenn die Tatbestandsfeststellungen hierüber irrtumsfrei erfolgen.

Was die Frage nach der inneren Bedingtheit unserer Wertungen betrifft, also wovon es seelisch abhängt, ob ein Objekt lusterregend wirkt oder nicht, so wissen wir, daß dies bei einer großen Gruppe von Bewertungen von sich spontan oder reaktiv aufdrängenden „Bedürfnissen" abhängt (ohne Nahrungsbedürfnis z. B. könnte eine Speise nicht lusterregend wirken). Bei einer anderen Gruppe wissen wir aber um einen solchen Zusammenhang nicht unmittelbar Bescheid, so etwa bei den „moralischen" Bewertungen unserer Handlungen. Diese entstammen nicht triebhaften Bedürfnissen, sondern dem „Überich", sie haben einen anderen Ursprung. Sie werden „intrinsische" oder „institutionelle" Werte genannt, jene „extrinsische" oder „instrumentelle". Die Vergegenwärtigung des Wertes eines Gegenstandes, also seine erkannte Lusterregungseignung bzw. seine Unlusterregungsfähigkeit, veranlaßt uns dazu, implizite immer auch auf das Faktum der Existenz dieses Gegenstandes gefühlsmäßig zu reagieren, also die Beschaffenheitsbewertung mit einer Existenzbewertung zu verknüpfen. Gütern gegenüber ziehen wir die Existenz der Nichtexistenz vor und handeln auch danach, sie erhaltend oder erschaffend; Übeln gegenüber werten und verhalten wir uns hingegen umgekehrt. Nun könnte aber jemand auch noch die fast überflüssig erscheinende Frage aufwerfen, wodurch es sich erklärt, daß wir wünschen, es solle das uns Erfreuende auch geben? Woher stammt dieser Wunsch? Und welchem Bedürfnis oder welchem Wunsch widerstreitet die Existenz des Unerfreulichen? Die simple Antwort: wir wünschen die Existenz des uns Erfreuenden deshalb, weil es im Erleben der Freude selbst gelegen ist, erwünscht, also wert zu sein, ständig erlebt zu werden, und das heißt, fortzudauern, und wenn sie geschwunden ist, wiederzukehren. Für diese positive Wertschätzung der Lust gibt es allerdings keine weitere Begründung mehr, und sie benötigt auch keine! Wir sagen deshalb, Lust und Freude seien „um ihrer selbst willen" wertvoll, sie seien Güter, die „Selbstwert" besäßen, im Unterschied zu allen denjenigen Gütern, deren positiver Wert von ihrer Eignung zur Verwirklichung eines angestrebten erfreulichen Zweckes abhängt, die also einen „Mittelwert" haben. Daß es zur Bewertung auch des Lust- und Unlusterlebens selbst kommt und nicht bloß zu Objektbewertungen, ist für die Entwicklung des menschlichen Seelenlebens von größter Bedeutung. Denn diese Bewertung ermöglicht die Entstehung eines neuartigen, nur beim Menschen vorhandenen, nicht triebhaften Bedürfnisses, nämlich des „ichzentrierten", ja „ichidentischen" volitiven Strebens nach vorsorgender Lustsicherung und vorbeugender Unlustvermeidung [5]. Nach diesen Überlegungen über Wesen und Wert der „Objekt"-Bewertungsfähigkeit fällt es uns nicht schwer, auch die Frage nach der Eigenart und der Funktion der Bewertung des eigenen Lebens zu beantworten.

Das eigene Leben bewerten kann auch nichts anderes heißen als feststellen, ob, und wenn ja, in welchem Ausmaße, es sich zur Befriedigung der „Lebensanforderungen" eignet, die der Mensch an sein Leben stellt. Bei dieser Lebensbewertung weist also der Mensch seinem Leben gleichsam die Rolle eines „bedürfnisbefriedigenden Objektes" zu (es hat auch de facto keinen Selbstwert, sondern nur einen Mittelwert!), und er fragt, wie das Leben diese Rolle spielt, ob gut oder schlecht. Und da er leidenschaftlich wünscht, das Leben möge die in es gesetzten Erwartungen erfüllen, kann ihm das Ergebnis niemals gleichgültig sein. Es schlägt sich immer in seiner „Lebensgrundstimmung" nieder. Und es gilt: Solange uns das Leben mehr Freude als Leid bereitet, ist es lebenswert; es hört auf, es zu sein, wenn der umgekehrte Fall eintritt. Aber diese formale Bestimmung, über die Lebenswertheit des Lebens entscheide das Größenverhältnis von „Lebenslust" zu „Lebensunlust", sagt uns nicht viel. Die weiterführende Frage lautet: Wann erregt mein Leben in mir unlustbetonte Ablehnung, wann freudige Zustimmung? Da auch der Lebenswert eine Relationsqualität ist, so hängt die Lebensbewertung sowohl von den Anforderungen ab, die ich an mein Leben stelle („zentrale Lebenswünsche"), wie auch vom Vorhandensein oder Fehlen der zu deren Erfüllung benötigten Eigenschaften (den „Lebenswertfundamenten"). Wir müssen uns daher im folgenden über beide Relationsglieder Klarheit verschaffen.

Beginnen wir mit dem Faktum „das eigene Leben". Welche Gegebenheit bezeichne ich so? Der Begriff „das eigene Leben" umfaßt sowohl das Leben, das ich „habe", wie auch das Leben, das ich „lebe", es passiv erlebend und aktiv führend. Das Leben, das ich „habe", ist das von mir bei jedem Aufwachen vorgefundene, mir „schicksalhaft" aufgebürdete oder „geschenkte", mir in einer vorgegebenen Umwelt eine begrenzte Zeit hindurch zum eigenen freien Gebrauch überlassene Lebendigkeit als Mensch von bestimmter individueller leib-seelischer Beschaffenheit. Das Leben, das ich „lebe", ist das mir durch das Leben, das ich „habe", also durch die Lebendigkeit meines Organismus und die Beschaffenheit meiner Person und meiner Umwelt zu „erleben" ermöglichte Leben. Die nach jedem Aufwachen erfolgende „Lebensübergabe" verlangt ja von mir, mich um die Lebenserhaltung selbsttätig zu kümmern, und dies nur innerhalb der vorgegebenen Lebenslage tun zu können. Das Lebensangebot ist einmalig und unvertauschbar, aber es ist ständig meiner eigenen Entscheidung überlassen, das Angebot unter diesen schicksalhaften Lebensbedingungen anzunehmen. Die Entscheidung hängt von der Beurteilung des Wertes des angebotenen Lebens ab. Daher gilt: vermöchte ich mein Leben nicht zu bewerten, dann könnte ich auch nicht darüber entscheiden, und es lebte nur ein der tierischen Lebendigkeit ähnlicher „unfreier" Organismus, aber nicht „ich" (Funktion der „Lebensbewertungsfähigkeit"!). Es muß sich „lohnen" zu leben! Denn wie armselig wäre ich, wollte ich nichts anderes, als unter allen Umständen am Leben zu bleiben! Das Leben, das ich hic et nunc zu leben habe, besteht aus meinen Erlebnissen affektiv zuständlicher und kognitiv gegenständlicher Art. Verschwinden meine Erlebnisse (z. B. im tiefen Schlaf), dann existiere auch „ich" vorübergehend nicht mehr. Es sollten daher, da das Leben, das ich lebe, mit meinen Erlebnissen identisch ist, alle Erlebnisse die von mir gewünschte, wertvolle Beschaffenheit besitzen. Und wenn sie diese nicht bereits von Natur aus aufweisen, dann müßte es mir ermöglicht werden, sie nach meinen Wünschen, also „eigentätig" umzugestalten. Daher gehört zum Leben, das ich lebe, auch noch der Einfluß meiner volitiven Eigentätigkeit, also auch das von dieser Eigentätigkeit jeweils Erwirkte, dienend dem Bestreben, meinen vorgegebenen Erlebnisbestand und Erlebnisablauf in gewünschter Weise zu beeinflussen. Ich nenne meine in dieser Absicht unternommene zielstrebige Einflußnahme auf

Eintritt und Ablauf meiner Erlebnisse meine „Lebensführung". Das Leben, das ich „führe", ist daher ein sehr wichtiger Teilbereich des gelebten Lebens. Die „Lebensführung" ist der ursächliche Anteil meiner bewußten, überlegten und daher auch „verantwortlichen" Eigentätigkeit an meinem Lebensschicksal. Führend beeinflussen kann ich nur das Leben, das ich erlebe, aber dieses Erleben ist immer schon mitbestimmt von der Beschaffenheit des Lebens, das ich habe, also der vorgegebenen „äußeren" und „inneren" Lebenslage. Bei der Ermittlung des Wertes des erlebten und erlebbaren Lebens ist es unerläßlich, alle hieran beteiligten Faktoren, die Umweltlage, die Personbeschaffenheit und die Lebensführungsweise, als eine zusammengehörige Wechselwirkungseinheit aufzufassen und sie alle entsprechend ihrer jeweiligen Beitragsleistung in die Bewertung einzubeziehen. Auf eine Formel gebracht: Lebenswert = Lebensführungswert + Selbstwert + Umweltwert. Vom Ausgang dieser Bewertung hängt die Erhaltenswertheit der Existenz meiner Person, also die Entscheidung über die Übernahme des zu lebenden Lebens ab. Meine Existenz als Person selbst wiederum beruht auf der Intaktheit meiner naturgegebenen Existenzgrundlage, der Lebendigkeit meines Organismus. Im Falle der Lebenswertheit des erlebbaren Lebens ist sie ein Gut, ja als Voraussetzung hierfür das wichtigste Gut. Aber nur die Lebensbejahung, also der durch das Bewußtsein der Erhaltenswertheit des Lebens motivierte „Wille zum Leben" (der nicht identisch ist mit dem „triebhaften Drang" zur Lebenserhaltung um jeden Preis, ohne Rücksicht auf Wert und Sinn des Lebens!), gibt ihr diesen Wert.

Doch nun zum zweiten Relationsglied, dem Faktor „Lebensanforderungen", von uns auch „zentrale Lebenswünsche" genannt. Ohne sein Vorhandensein hätte der Mensch überhaupt kein Interesse an seinem Leben (daher heißen wir diese Lebenswünsche auch „Ich"- oder „Selbstinteressen"), und wir vermuten, je anspruchsvoller diese Interessen sind, also je mehr Anforderungen wir an das Leben stellen, um so größer muß auch die Eignung der äußeren und inneren Lebenslage und der Lebensführung sein, soll das Leben lebenswert sein und bleiben.

Was fordern nun die Menschen von ihrem Leben, was wollen sie in ihm erreichen? „Die Antwort darauf ist kaum zu verfehlen, sie streben nach dem Glück, sie wollen glücklich werden und so bleiben"[6]. Was aber heißt „glücklich sein"? Beim Wort „Glück" denkt jeder Mensch an das Erleben von Lust und Freude, beim Wort Unglück an Schmerzen und Leiden. Unglück ist andauerndes Leid, Glück andauernde Freude. Das Streben nach Glück ergibt sich, wie wir bereits wissen, unmittelbar aus unserer positiven Wertschätzung des Lusterlebens. Doch von welcher Qualität und Intensität soll diese andauernde Freude, das Glück sein, nach dem wir Menschen ständig streben? Als Höchstanspruch definiert, verlangte ein glücklich zu preisendes Leben die völlige Abwesenheit von Schmerz und Leid und das immerwährende Erfreutwerden von starker Lust und Freude. Überflüssig zu sagen, daß der Mensch, wenn er den Höchstanspruch des Glücks an sein Leben, so wie es ist, stellte, er es von vornherein negativ bewerten müßte. In der lapidaren Formulierung Freuds gesagt: „Die Absicht, daß der Mensch ‚glücklich' sei, ist im Plan der ‚Schöpfung' nicht enthalten"[7]. Die Realisierung dieses Glücksanspruches zu erwarten, wäre nur dann nicht utopisch, wenn dem Menschen das himmlische Paradies oder zumindest der Garten Eden zur Verfügung stünde.[8]

Wie aber lautet der zentrale Lebenswunsch des Menschen nach der „Vertreibung aus dem Paradies", also existierend in einer nicht restlos erfreulichen, sondern immer auch mit Schmerzen, Leiden, Plagen, Sorgen, Ängsten belasteten, „unwirtlichen" Welt? Die Antwort kennen wir alle. Wenn es schon das „paradiesische Glück" nicht gibt, so soll und darf das Leben uns doch auch nicht völlig freudlos und vor allem, es darf uns nicht ernstlich unglücklich machen. Was sind aber die unabdingbaren Minimalforderungen eines lebenswerten Lebens? Wir definieren: glücklich ist der Mensch, wenn er und solange er nicht unglücklich ist und mit den erreichbaren Freuden zufrieden sein kann. „Mehr als vergnügt und zufrieden sein, braucht man in dieser Welt nicht", mahnte die „Frohnatur" Goethes Mutter ihren großen Sohn.

Etwas gedämpfter, aber mit unserer Definition völlig

übereinstimmend, äußerte sich Freud, wenn man gesund und von besonderem Unglück verschont bleibe, dann dürfe man hoffen, zu erreichen, wonach wir streben, eine stille Zufriedenheit, die uns die Frage erspart, wozu wir eigentlich leben. Auch die bisher durchgeführten wissenschaftlichen Erhebungen mittels der Fragebogenmethode (Hauptfrage: Was ist der Sinn des Lebens?) bestätigen die Richtigkeit unserer Antwort. Es dürfte als Beleg genügen, ein einziges dieser Interviews, jedoch in vollem Wortlaut, wiederzugeben. Es entstammt einer 1964 von einer wissenschaftlichen Studiengruppe in der Sowjetunion auf breiter Basis teils mündlich, teils schriftlich durchgeführten Befragung, veröffentlicht in der Zeitschrift „Nauka i religija" 1965[9]:

Die Reporterin stellte einer gerade in ihrem Garten arbeitenden alten Bäuerin fünf Fragen und berichtete folgendes über den Ablauf der Unterredung:

„Maria Abramova, worin besteht der Sinn des Lebens?"

Sie schaute mich an, steckte ihre weißgrauen Haare unter ihr fast ausgeblichenes Kopftuch, überlegte kurz und gab zur Antwort:

„Ich lebe halt, und mir soll es recht sein."

„Aber dennoch", versuchte ich weiter das Gespräch in Fluß zu bringen. Ihre Antwort:

„Du bist nun einmal in die Welt gesetzt, und wohin solltest Du auch aus dem Leben weglaufen?" Sie fuhr fort, Mist auf dem Garten auszubreiten und in die Erde einzuarbeiten.

„Aber dennoch, worin besteht denn Ihr Glück?" verhörte ich sie weiter. Sie stützte sich auf den Spaten und sagte langsam, überlegend, als spräche sie zu sich selbst:

„Ja, Glück? . . . Mein ganzes Glück sind Sohn und Enkelkind. Von der Erde werde ich nicht fortgehen. Mein Blut wird in meinen Nachkommen leben. Leben muß man für das Leben selbst, so ist es nun einmal eingerichtet."

„Aber wer hat das Leben so eingerichtet?" Ich sah, wie sie eine finstere Miene machte.

„Wer . . . wer . . . ist doch bekannt! Man nennt es Natur."

„Maria Abramova, sagen Sie offen: sind Sie glücklich?"

„Ah! –" (sie winkte mit ihrer kleinen, schmutzigen

Hand ab) „Bei uns, bei den Menschen, bei wem gibt es das? Wer da faselt, daß er glücklich ist, von dem muß man annehmen, daß er betrunken ist. Nichts als ein Betäubungsmittel ist unser Glück. Unsere Gegenwart – Mist, das ist sie! Schlepp dich, krümm dich, arbeite, bis du schwitzt, gib dein Leben auch hin für die Bäume da . . . Jedoch ich erfreue mich an den kindlichen Freuden, wenn mein lustiges Enkelkind heranwächst . . . Dies ist mein Glück."

„Und kommt Ihnen auch der Gedanke an den Tod?" fragte ich.

„Du hast wohl nichts anderes zu tun, was?" brummte sie unzufrieden und warf Mist aus dem Karren. „Mit was für Zeug Du mir da kommst? Sucht sie da irgendeinen Sinn des Lebens, forscht neugierig nach dem Glück und landet bei einer Ausfragerei über den Tod. Wenn die Zeit kommt, werde ich den Tod hinnehmen! Und ist Gott uns gnädig, bin ich Dir auch dafür dankbar, Herr." Sie bekreuzigte sich, holte tief Atem und fügte hinzu: „Dazu ist auch das Leben gegeben, daß man nicht an den Tod denkt, sondern daran, wie man angemessen lebt, so daß man mit Kummer und Unglück nicht auf du und du steht. Du siehst, ich streue Mist, arbeite, ich dünge die Apfelbäume. Sie bringen Früchte, das Enkelkind wird seine Freude daran haben, und ich werde mich mit ihm freuen. Hier ist mein ganzer Lebenssinn und mein Glück."

Mir lag noch eine Frage auf der Zunge, und ich legte sie ihr vor:

„Also glauben Sie an Gott, aber – gibt es Gott?"

„Für den einen gibt es ihn, für den anderen nicht", war ihre schroffe Antwort. „Ich glaube, Du – nicht. Aber wir essen gleichermaßen Brot und trinken Wasser. Herumzuphilosophieren ist eine hohle Sache, ein einziger Schaden."

Sie nahm den Spaten und begann von neuem mit der Arbeit. Gehen wir daran, die sehr lebensnahen und aufrichtigen Antworten der Bäuerin begrifflich zu verdeutlichen und zu vervollständigen, also auch diejenigen Fragen, die sie selbst wiederum aufwerfen, beantwortend. Mit Hilfe des Interviews lassen sich alle wesentlichen Themen unserer Aufgabenstellung überdenken und zum Großteil auch klären! Die Aussagen der Bäuerin bestätigen zunächst einmal unsere Glücksdefinition wie auch Freuds These, das erreichbare Glück, die „innere Zufriedenheit", erspare dem Menschen die Stellung der existentiellen Sinnfrage. Ihre lapidare Antwort: „Ich lebe halt und mir soll es recht sein", beweist dies. Warum sollte sie die Sinnfrage auch stellen, wenn Tag für Tag das von ihr vernünftigerweise Erstrebte und Erwartete als Erreichbares vor ihr liegt? Ihr Leben hat ja bereits einen Sinn! Er besteht für sie, wir für jeden Menschen in dem, was zufrieden macht und zufrieden sein läßt! Aber auch von der „nichtradikalen" Sinnfrage wird unsere Bäuerin zur Zeit, als sie befragt wurde, offensichtlich nicht beunruhigt. Beweis: Befragt nach Todesgedanken, rät sie dem in der Fernzeit des Lebens befindlichen Tod gegenüber zur Ablenkung durch Arbeit!

An dieser Stelle unserer Überlegungen müssen wir aber noch ein paar Worte zur genaueren Unterscheidung der „radikalen" und der „nichtradikalen" Lebenssinnfrage einschieben. Wird bei der radikalen Sinnfrage, also der Frage, wozu lebe ich überhaupt noch weiter?, das Leben in seinem Bestand, seiner Existenz, ernstlich in Frage gestellt (daher existentielle Sinnfrage), so befragt der Mensch bei der nicht grenzsituativen Sinnfrage lediglich das Leben, so wie er es gegenwärtig führt. Und zwar fragt er sich: Können die aus der bisherigen Lebenseinstellung sich ergebenden „Lebenszielsetzungen", durch die er bisher seinen zentralen Lebenswunsch nach einem zufriedenen Leben am besten zu verwirklichen vermeinte, noch beibehalten oder müßten sie geändert werden? Den Anstoß zu einer solchen Überprüfung der bisherigen Lebensführung gibt in der Regel eine beunruhigende, bisher noch nicht erlebte Veränderung der Lebenslage, die langsam, aber auch plötzlich und überraschend eintreten kann, und die sich weder verhindern noch rückgängig machen läßt. Zu einer solchen Veränderung der äußeren und/oder der inneren Lebenslage (letzteres etwa bedingt durch eine Veränderung der organischen Triebgrundlagen, z.B. in der Pubertät), kommt es, wie jeder Mensch weiß, unvermeidlicherweise bereits durch den natürlichen Fortgang der Lebensentwicklung. Besonders prädestiniert hierfür sind die sogenannten „Krisenzeiten" des Lebens (Beispiele hierfür: Pubertät, Berufseintritt, Ehe, Gründung einer eigenen Familie, Beginn der zweiten Lebenshälfte, Klimakterium, Pensionierung, hohes Alter). Krisenhafte Veränderungen der Lebenslage können aber auch bedingt sein durch sehr schmerzliche äußere Ereignisse, so z. B. durch „Personenverluste" (Tod geliebter Menschen oder entehrende Untreue des Partners oder Trennung von ihm), durch folgenschwere berufliche Mißerfolge, durch Statusverlust, durch Vermögenseinbuße, durch Heimatverlust, aber auch durch schwere Erkrankung oder Invalidität. In all diesen Krisen- und Notzeiten geht es darum, sich von neuem zu orientieren, also zu ermitteln, ob sich das Leben auch noch auf eine andere Weise als bisher dazu gebrauchen läßt, erfreulich zu sein, und zu lernen, sich durch allo- und/oder autoplastische Veränderungen die Lebenswertheit des Lebens weiterhin zu sichern.

Es kann sich natürlich auch ereignen, daß eine solche „Lebensführungskrise" (z. B. infolge einer neurotisch bedingten, zu geringen „Ichstärke") in eine „radikale" Lebenskrise umschlägt, der Mensch also ernstlich den Wert des Weiterlebens zu bezweifeln beginnt. Diese Gefahr besteht so lange nicht, als sich der Mensch zutraut und zu hoffen vermag, seinem Leben auch in der neuen Lebenslage wieder Wert und Sinn geben zu können.

Unser Interview belehrt uns ferner darüber, was das leicht mißzuverstehende Wort von der „inneren Zufriedenheit" im Kontext unserer Lebenswunschbestimmung bedeutet. Es bedeutet zweierlei nicht, nämlich in resignierter oder fauler oder müder Weise sich passiv zu verhalten und, statt um das erreichbare Glück zu kämpfen, lediglich das Schicksal oder die Mitmenschen anzuklagen, daß sie uns nicht besser umsorgen. Es bedeutet aber auch nicht, sich mit keinem erreichbaren Glück zufrieden geben zu können, rastlos und mißvergnügt immer noch mehr haben zu wollen, also auf keine Freude verzichten und die nicht beseitigbare Unvollkommenheit der Welt nicht gelassen ertragen zu können. Der zur Zufriedenheit fähige Mensch grenzt sich von beiden Extremen ab. Was aber befähigt den Menschen, mit dem Leben trotz reduzierter Fröhlichkeit, trotz harter äußerer Lebensbedingungen, trotz gelegentlicher großer Angst und Besorgheit und Traurigkeit zufrieden sein zu können? Was befähigt ihn – denn dies ist die Voraussetzung hierfür –, Schmerzen und Leiden zu ertragen und sich mit dem oft sehr betrüblichen Entzug eines gegenwärtigen Glückes oder eines erhofften zukünftigen Glückes abzufinden, also hierauf zu verzichten? Es versteht sich von selbst, daß es sich bei der zu ertragenden Unlust nicht eigentlich um solche Unlusterlebnisse handelt, die sich ohnedies bald wieder beseitigen lassen und deren neuerliches Auftreten sich durch unsere volitive Unlustvorbeugung verhindern läßt. Das gleiche gilt für den Lustverzicht, wenn sich eine Wiederkehr der Lusterlebnisse durch das Glücksstreben erhoffen läßt. Aber auch diejenigen Unlusterlebnisse scheiden aus, die zwar hartnäckig, aber von erträglicher Intensität sind, so daß wir ihnen vorübergehend sogar unsere Aufmerksamkeit entziehen, uns also „ablenken" oder unsere Lage durch andere „Abwehrmaßnahmen" erleichtern können.[10] Freilich sinkt hierbei der auf Entspanntheit beruhende „Wohlbefindenspegel" merklich ab, aber das Leben bleibt trotz berechtigter Klagen bejahenswert. Zum Ertragen all dieser Übel reicht eine durchschnittliche Frustrationstoleranz aus, die der Mensch normalerweise bereits durch seine Erziehung erwirbt. Aber gibt es nicht im Leben mitunter Schmerzhaftes und Leidvolles, das uns schwerer und hartnäckiger belastet, und uns schwierigere Verzichts- und Ertragensleistungen abverlangt? Was hilft uns beim Ertragen dieser Übel? Und gibt es nicht auch Übel, welche die Frustrationstoleranz eines jeden Menschen übersteigen? Das Interview erhellt diese für unsere Überlegungen zentrale Problematik durch drei elementare Hinweise, die freilich eines erläuternden Kommentars bedürfen. Sie lauten: 1) Der Mensch erträgt auch ungewöhnlich schmerz- und leidvolle Belastungen wenn sie einen „Sinnbezug" haben. (Beleg: die Bäuerin nimmt die sehr unerfreuliche und für ihr Alter auch bereits recht beschwerliche Arbeit der Düngung der Obstbäume willig auf sich ob der Freude, die der Arbeitsertrag ihren Angehörigen bereitet.) 2) Die größte Widerstandskraft den Lebensübeln gegenüber verleihen eine gesunde, tätige Lebensweise (damit man „mit Kummer und Unglück nicht auf du und du steht") und ein gutes Zusammenleben mit geliebten Mitmenschen (z. B. mit einem „lustigen Enkelkind"!). 3) Dem Übel „Tod" kann der Mensch, wenn es in der Nahzeit des Lebens auftaucht, von sich aus keinen Sinn geben. Dies vermag nur ein religiöser Glaube (die Bäuerin sagt, sie werde wenn die Zeit komme, auch den Tod willig hinnehmen, Gott bittend, daß er ihr gnädig sei).

1.1 Über den Sinn der Leiden[11]

Wie die Erfahrung lehrt, lassen sich fast alle Unlustzustände ertragen, wenn sie in erkennbarer Weise zur Erreichung erfreulicher Ziele und Zwecke dienen. Diese Ziele können sein der Erwerb erstrebenswerter Güter (z. B. der benötigte Gelderwerb durch Arbeit, das gewünschte Kind nach einer schmerzlichen Geburt oder eine mühsame und gefährliche Bergbesteigung) oder die Beseitigung von Übeln (z. B. der Gang zum Zahnarzt oder die Tilgung einer Schuld). In all diesen Fällen erhalten durch eine solche vorhandene oder herstellbare wertvolle „Zweckdienlichkeit" Übel einen positiven Wert, der es rechtfertigt und ermöglicht, sie zu ertragen, ja sogar sie freiwillig auf sich zu nehmen. Wenn sie eine „Sinnfunktion" haben, hören sie auf, das Leben zu entwerten! Eine Bedingung allerdings muß dabei im Sinne des zum „Realitätsprinzip" weiterentwikkelten „Lust-Unlustprinzips" erfüllt sein: Der durch die „Übelmithilfe" erzielbare Wert muß den Unwert übertreffen, der dem Übel anhaftet. Daß man in diesen Größenvergleich nicht nur die gegenwärtigen Gefühlsverhältnisse, sondern immer auch die in Zukunft zu erwartenden einbeziehen sollte, versteht sich von selbst. Die Vernunft gebietet einen solchen langfristigen Wertvergleich. Die Übertragung dieser Erkenntnisse auf die Lebenssinnfrage ist leicht herzustellen. Die Lebenssinnfrage ist, von diesem Aspekt aus gesehen (da die Lebensfreude ja keiner Sinngebung bedarf), die Frage nach den Möglichkeiten und Grenzen des „funktionalen Sinnbezuges" der Schmerzen und Leiden, und zwar in erster Linie derjenigen, die die Lebenswertheit des Lebens bedrohen. Das Leben hat Sinn, so lange es möglich ist, allen – isoliert betrachtet – unerträglichen und nicht beseitigbaren Lebensübeln durch ihre Einordnung in einen wertvollen Zweckzusammenhang eine positiv zu bewertende „Sinnfunktion" zu geben, also unerträgliche Unlust durch ein erkennbares und wirksames „Wozu" zu einer erträglichen Unlust zu machen. Wir nennen diejenigen Gegebenheiten, die in entscheidender Weise zur Sinngebung und Sinnerhaltung des Lebens beitragen, insbesondere diejenigen, die sich als Mittel zur Beseitigung oder Verhinderung lebenssinnbedrohender Übel eignen, *Lebenssinngrundwerte*. Und es gilt daher: falls ein Mensch es unterläßt, sich entsprechend um sie zu kümmern, so gerät er früher oder später infolge seiner verfehlten Lebensführung in die Gefahr, mehr Übel ertragen zu müssen, als erträglich sind, und auf mehr Freuden verzichten zu müssen, als man entbehren kann. Eine negativ werdende „Lebenswertbilanz" aber beschwört vorzeitig diejenige Lebenslage herauf, die zu vermeiden letztlich das Hauptanliegen des volitiven Unglücksvermeidungsstrebens ist und aus deren Scheitern das Sinnlosigkeitsgefühl resultiert! Der Mensch gerät in den existentiellen Lebenssinnkonflikt. Aber auch, was Schmerzen und Leiden zu wirklich unerträglichen Übeln macht, können wir nun klar angeben. Für sie muß folgendes zutreffen:

1) Sie haben keine erkennbare Sinnfunktion, d. h. es gelingt nicht, sie in einen Sinnzusammenhang einzuordnen. Es gibt also für sie keinen Trost. Wir empfinden sie als sinnlose Quälerei, als „Pein". 2) Man kann auf ihre Beseitigung nicht hoffen. 3) Sie sind von einer sehr großen Schmerzhaftigkeit (Unlustintensität). 4) Infolge dieser Unlustintensität okkupieren sie nach kurzer Zeit das ganze Erlebnisfeld und engen es so sehr ein, daß auftretende Lust und Freude höchstens noch perzipiert, aber kaum mehr apperzipiert werden können. Das will sagen: Alle Lustzustände verlieren ihre Erfreulichkeit. Wir nennen eine solche, längere

Zeit anhaltende, qualvolle seelische Verfassung, in der auch die Erlebnisfähigkeit für Freude verlorengeht, eine seelische Depression.

Sollte jemand nicht wissen, wie schwer sich ein Leben ertragen läßt, dessen Lebenserfreulichkeit aus durchwegs reaktiven Gründen fast total geschwunden ist, wie elend es dem Menschen in einer existentiellen Lebenssinnkonfliktslage ergeht, und wie stark daher normalerweise das Bedürfnis sein muß, ihr zu entgehen, dann sei ihm mitgeteilt, was Freud in dieser Lage in einem Brief als 80jähriger Krebskranker schrieb: Angesichts einer Lebenslage, die das Leben entwertet durch unheilbares körperliches Leiden und ein hohes, dem Tode angenähertes Lebensalter, werde ich „gepeinigt vom Konflikt zwischen dem Wunsch nach Ruhe und der Angst vor neuem Leiden, die die Fortsetzung des Lebens bringt und dem antizipierten Schmerz, der Trennung von allem, woran man noch hängt".[12] Und als weiteren Beleg noch ein mündlicher leidvoller Ausspruch aus derselben Zeit: „Wenn ich allein wäre, hätte ich mit meinem Leben längst Schluß gemacht".

1.2 Über die sinngebenden Werte des Lebens

Verhindern wir zunächst ein naheliegendes Mißverständnis. Wer ernstlich nach dem Sinn seines Lebens fragt, fragt nicht danach, durch welche Zielsetzungen es in optimaler Weise möglich wäre, glücklich zu werden und zu bleiben (dieses Thema hat schon vor hundert Jahren Feuchtersleben anvisiert unter dem Namen „Diätetik der Seele"), sondern er begehrt, wenn er sich in einer existentiellen Sinnkrise befindet, zu erfahren, wie die Belastung durch sinnloses Leiden beseitigt und in Zukunft vorbeugend verhindert werden könnte. Er fragt also nach Gütern, die einen Lebenssinngrundwert haben. Diese ermöglichen es ja unter bestimmten Voraussetzungen, ein sinnlos zu werdendes Leben wieder erträglich zu machen (Lebenssinngebungsfunktion) oder das Auftreten eines Lebenssinn bedrohenden Übels zu verhindern (Sinnerhaltungsfunktion). Im ersten Fall erfolgt eine Umwandlung eines unerträglichen in ein erträgliches Leiden, durch die Einordnung in einen wertvollen Zweck und Sinnzusammenhang. Welches Gut aber geeignet ist, durch sein Vorhandensein das Auftreten sinnlosen Leidens zu verhindern, also sinnerhaltend zu wirken, dies macht uns erst ein realer Verlust unbezweifelbar klar. Verdeutlichen wir uns das zuletzt Gesagte durch zwei Beispiele. Der Lebenssinngrundwert des Gutes persönliche Freiheit wird erkennbar durch das Auftreten des Übels totaler Unfreiheit. Der Lebenssinngrundwert der gesellschaftlichen Zugehörigkeit wird erkennbar durch das Übel einer aufgezwungenen Robinson-Existenz, also leben zu müssen aus eigener Kraft, in völliger räumlicher Abgeschiedenheit von allen menschlichen Siedlungen. Daß sich tatsächlich vor einiger Zeit ein Mensch freiwillig in die Einöde des ewigen Eises begab, wobei ihm allerdings seine Eskimohunde, die er liebt, als Ersatz für menschliche Nähe dienen, das Verhalten dieses menschenscheuen Sonderlings entwertet nicht unsere obige Aussage. Es gibt viele wertvolle Lebensgüter zur Befriedigung unserer zahlreichen Bedürfnisse und Wünsche. Im Verlustfall ist fast jedes dieser Güter durch ein anderes voll oder teilweise ersetzbar. Der Verlust der Lebenssinngrundwertgüter nötigt aber zu einem sehr schweren Verzicht. Jeder Mensch, der sagt, er sei mit seinem Leben zufrieden, kennt solche Güter und besitzt sie im nötigen Ausmaß. Es ist daher auch nicht schwer, sie im Leben eines jeden zu eruieren. Versuchen wir sie im Leben unserer interviewten russischen Bäuerin aufzuspüren. Sie lauten, ein nicht in Zweifel gezogener, in der Tradition fest verankerter Glaube an Gott, das Sich-stark-und-fest-geliebt-fühlen in ihrer familiären Primärgruppe in der Rolle der Großmutter, schließlich ihre vollwertige, gemeinschaftsnützliche Mitarbeit im häuslichen Arbeitsbereich. Nicht erwähnt aber vorhanden, war der Lebenssinngrundwert ihrer Gesundheit. Die Gesundheit hat einen sehr hohen Lebenssinngrundwert, aber natürlich nur unter der Voraussetzung eines lebenswerten Lebens. Im Gefüge der genannten Grundwerte kommt zweifellos die meiste Bedeutung ihrem religiösen Glauben zu. Er ermöglicht ihr ja die Lebenssinngebung des größten menschlichen Übels, nämlich des Todes. Da sie an ein Weiterleben nach dem Tode glaubt, kann sie den Tod tolerieren. Er entwertet ihr Leben nicht. Was sie besorgt macht, ist die nach dem Sterben erfolgende moralische Überprüfung ihres Lebenswandels. Sie betet daher um einen gnädigen Richter. Dieser Umstand macht uns darauf aufmerksam, daß in ihrem Leben auch die erfolgreiche Bemühung um einen gottwohlgefälligen Lebenswandel einen Lebenssinngrundwert besitzt. Ihr Gottesglaube würde sie auch daran hindern, falls sie im weiteren Verlauf ihres Lebens alle Lebenssinngüter der äußeren Lebenslage einbüßte, so wie es dem Dulder Hiob im Alten Testament erging, ihr Leben in der Verzweiflung selbst zu beenden. Ihr Glaube verbietet dies. Sie hätte wahrscheinlich auch die in dieser Situation sehr nahe liegende Frage nicht zugelassen, die lautet: „Wie läßt sich Gottes Allmacht und Weisheit und Güte mit dem vielen unverschuldeten Leid und Unglück in der Welt vereinbaren?" (Thema des Theodizeeproblems) Unserer Meinung nach stimmte daher Freuds Argumentation nicht, daß auch dem Gläubigen, da ihm Gott nicht mitteile, aus welchen besonderen Erwägungen heraus er ihm sein persönliches Lebensschicksal auferlege, als „echte Trostmöglichkeit und Lustquelle im Leiden" nur die „bedingungslose Unterwerfung unter Gottes unerforschlichen Ratschluß" übrigbleibe; und wenn er zu dieser bereit sei, „so hätte er sich wahrscheinlich den Umweg über seinen Glauben ersparen können". Diese Argumentation übersieht den motivischen Unterschied. Jene ist eine tröstliche Unterwerfung, da der Gläubige trotz aller Uninformiertheit einer sich um das „Heil" der Menschen kümmernden gütigen Macht vertraut.

Doch fragen wir nun: Was leisten die übrigen oben erwähnten Lebenswertgüter für sich allein, also ohne Mitwirkung des Gottesglaubens? Was hätte uns unsere ungläubige Interviewerin, mit ihren eigenen Fragen konfrontiert, darüber zu sagen? Sehr wahrscheinlich das gleiche, was uns auch Freud über seine Lebenslage als achtzigjähriger, unheilbarer Krebskranker mitteilt. Die größte Bedeutung besitzen in diesem Falle die Grundwerte Gesellschaftszugehörigkeit und Arbeitsfähigkeit. Die Gesellschaftszugehörigkeit, also unsere sozialen Beziehungen, haben einen zweifachen Wert. Der Einzelmensch braucht die Mitmenschen und das von ihnen Geschaffene, um einerseits im Kampfe mit der unwirtlichen Natur halbwegs gesichert überhaupt überleben zu können und um andererseits sich selbst und sein Leben lieben zu können. Doch müssen wir gleich erwähnen: Die sozialen Beziehungen können auch lediglich um des Überlebensnutzwertes angestrebt werden. Es braucht also zwar jeder die Mitmenschen zum Überleben, aber nicht jeder braucht den Mitmenschen um sich selbst und sein Leben lieben zu können. Diesen Unterschied in der Verwertung des Lebenswertgutes Gesellschaft gibt es wirklich, wenn auch nur selten in einseitiger Ausprägung. In der Wirklichkeit des Lebens stehen sich einander gegenüber der stark sozial liebesbedürftige, gemeinschaftsgebundene Mensch, und der primär um seiner privaten Überlebenssicherung wegen unter Vermeidung starker emotioneller Bindungen, also nur vergesellschaftet lebende Mensch, von mir der vergesellschaftet lebende Robinson genannt. Jeder dieser beiden Lebensführungseinstellungen setzt das Vorhandensein arteigener Lebenswertgüter voraus, um verwirklichbar zu sein. Auch der Lebenssinngrundwert des Gutes Arbeitsfähigkeit verändert etwas seine Funktion. Versuchen wir festzustellen, welche Lebenssinngüter für die Verwirklichung der beiden erwähnten Lebensführungseinstellungen benötigt werden. Fragen wir zuerst den emotionell stark engagierten, sozial liebesbedürftigen Menschen, welche Güter ihm ein bescheidenes Zufriedensein mit seinem Lebensschicksal ermöglichen. Er wird uns zuerst sagen wollen, welche allgemein sehr geschätzten Lebensgüter auch für ihn schätzenswert sind, die er aber nicht als lebenssinngebend oder lebenssinnerhaltend einzuschätzen vermag. Dazu gehören zum Beispiel der Genuß der Tafelsfreuden bei festlichen Anlässen, der hohe Genußlustwert der Sexualpartnerschaft, der hohe Funktionslustwert der geselligen Vergnügungen und kulturellen Veranstaltungen. Für seine Lebenswertsicherung von entscheidender Bedeutung ist jedoch die Erfahrung, daß andere Menschen ihm die Freude bereiten, sich über sein Dasein zu freuen, und zwar nicht, weil er ein für ihr Überleben nützliches Gut zu sein vermag oder zu werden verspreche, sondern weil sein Dasein ihr eigenes Leben für sie lebenswert machen kann. Wir nennen eine soziale Beziehung, die dies vermag, Liebe. Um sie von der rein sexuellen Liebesbeziehung zu unterscheiden, nenne ich sie existentielle Liebe. Die existentielle Liebe ist ein Gut, das für den sozial liebesbedürftigen Menschen einen hohen Lebenssinngrundwert besitzt. Denn der sich existentiell geliebt fühlende Mensch erfährt, daß sich der ihn liebende Mitmensch sehr stark bereits darüber freut, daß er auf der Welt ist. Er liebt ihn also so, wie er ist, mit allen seinen guten und schlechten Eigenschaften, und erfährt, daß die Freude über ihn, den ihn Liebenden befähigt, sein Leben mit dem Geliebten in selbstloser Verbundenheit mitzuerleben, sich mitfreuend mit seinen Freuden, mitleidend mit seinen Leiden und Schmerzen und über seinen Tod trauernd. Diese Liebe ist ein Jasagen zu dem, was ist, und eine große Freude darüber, daß es ist. In der frühen Kindheit braucht der Mensch diese Liebe zum nackten Überleben (wie wir seit den Forschungen besonders von R. Spitz und J. Bowlby wissen), aber auch der Erwachsene benötigt zumindest bei Krankheit und im großen Unglück einen Mitmenschen, der ihm liebevoll beisteht, ihn bei Mißerfolgen wieder aufrichtet, ihm verzeiht, wenn er gefehlt hat. Auch die Erforschung der Psychodynamik der Selbsttötung aus seelischen Gründen lehrt das gleiche, denn das Hauptmotiv der „Flucht aus dem Leben" ist der Verlust des Selbst- und Lebenswertgefühls. Die Suizidhandlung ist nichts anderes als der krisenhafte Versuch, dieses gefährdete Selbst- und Lebenswertgefühl zu retten. Es nimmt sich niemand das Leben, dem seine Mitmenschen genügend Liebe und Aufmerksamkeit zeigen! Den Glauben an die Liebenswertheit seines Lebens gibt nur der auf, der Liebe zu erhoffen aufgeben mußte.

Nicht vergessen dürfen wir ferner den großen Wert unserer gesellschaftlich nützlichen Arbeitsleistung. Auf ihr vor allem beruht die soziale Wertschätzung unserer Person in der öffentlichen Lebenswelt. Das vermittelt uns das Gefühl der gleichwertigen Zugehörigkeit zu unserer Berufsgruppe, also in ihr geachtet zu sein. Unsere Arbeitsleistung ist aber auch, speziell für das Selbstwertgefühl, unabhängig von ihrer sozialen Wertung, und deswegen bedeutsam, weil uns das Könnenserlebnis die Schaffensfreude ermöglicht.

Doch fragen wir weiter, in welcher menschlicher Umgebung kann ein Mensch die Befriedigung dieser seiner Gemeinschaftsbedürfnisse erwarten? Wenn erstens zutrifft, daß auch die anderen Menschen so sind wie wir. D. h. wenn auch sie sich danach sehnen, geliebt zu werden, und der sozialen Achtung und Wertschätzung ebenso bedürfen wie wir. Und zweitens, wenn wir uns zur Befriedigung dieser ihrer Bedürfnisse eignen, also hierfür brauchbar sind und gebraucht werden. Von Mitmenschen gebraucht zu werden, wünschen wir mithin aus sehr verständlichen Gründen, und wir bemühen uns hierum durch unsere Bereitschaft, sie zu lieben, ihnen durch unsere Leistungen und unsere Hilfsbereitschaft nützlich zu sein und ihnen durch unsere „Anständigkeit" die Gewißheit zu verschaffen, daß wir ihre Zuneigung verdienen. Es überrascht uns daher nicht, daß die meisten Menschen auf die Frage, wozu sie glauben, auf der Welt zu sein, mit dem Hinweis auf einen bestehenden oder erhofften, wertvollen sozialen Zweck ihrer Person antworten.

Auch Freud teilte seinem Freund Fließ seine erst nach einer langen Identitätskrise gefundene soziale Lebensaufgabe, nämlich das „unbewußte Seelenleben" wissenschaftlich zu erforschen und ein Verfahren zur Behandlung der Psychoneurose zu entwickeln, mit den Worten mit, er wisse jetzt, „wozu er auf der Welt sei".[13]

Die soziale „Wozu"-Frage ist nicht identisch mit der Lebenssinnfrage. Bei dieser fragt der Mensch sich selbst, ob sein Leben für ihn noch einen Wert hat, bei jener fragt er seine Mitmenschen, ob sie ihn und wofür sie ihn brauchen. Wenn aber zutrifft, daß zur Lebenswertheit des Lebens am meisten das Geliebtwerden und das soziale Gebrauchtwerden beitragen, dann ergibt sich daraus der Schluß: Wer nur bereit wäre, sein Leben für sich allein einzusetzen, der könnte seinem Leben keinen ausreichenden Sinn geben. Und er dürfte sich über eine empfundene Sinnleere bei niemandem beklagen. Wer schuldlos vereinsamt *wird* krank. Wer aber durch eigenes Verschulden vereinsamt, *ist* bereits krank. Die nüchterne Betrachtung der sozialen Wirklichkeit scheint uns aber auch noch etwas anderes zu lehren. Es gibt Menschen, und wir erwähnten dies schon, die die Mitmenschen lediglich zur Befriedigung ihres persönlichen Überlebensbedürfnisses benötigen. Mehr brauchen sie von ihnen nicht und erstreben es auch nicht. Sie lieben nur ihr eigenes Leben und ihre eigene Person und setzen ihr Leben nur für sich selbst ein. Die Lebenssinngrundwerte ihrer Lebensführung können daher auch nicht gleich sein denjenigen des vergemeinschaftet lebenden Menschen. Deren Grundsätze lauten: Liebe und soziale Achtung durch gemeinschaftsnützliche Arbeit und charakterliche Anständigkeit.

Durch welche Lebenszielsetzungen läßt sich nun bei der Lebenseinstellung der nur „vergesellschafteten Robinsonexistenz" die Befriedigung des Lebenssinnbedürfnisses erwarten? Es kann dies geschehen durch zwei sehr divergente Lebenszielsetzungen. Nämlich, entweder maximal bedürfnislos oder maximal mächtig zu sein. Die Symbolfigur für das „Ideal" Bedürfnislosigkeit ist der Philosoph Diogenes in der Antike. Wir können aber auch unseren schon erwähnten Mann in der Polarzone hierfür verwenden, dessen einziger sozialer Kontakt darin bestand, in gewissen Abständen die Felle der erbeuteten Seehunde gegen unbedingt benötigte Kulturgüter umzutauschen. Der auf diese radikale Weise bedürfnislos lebende Robinson lebt zwar sozial kontaktarm, ist aber nicht unsozial. Dies unterscheidet ihn sehr von dem, nach überlegenem Machtbesitz strebenden, *individualistischen* Lebensführungstypus. Eine vorhandene Überlegenheit an Kräften und Fähigkeiten, die er entweder von Natur aus besitzt oder die er sich zu beschaffen weiß, ermöglicht ihm, sich für höherwertig zu halten und durch seine physische und/oder psychische Überlegenheit Mitmenschen zur Unterordnung zu zwingen. Er verwertet seine sozialen Beziehungen also dazu, sich ein

Maximum an Befriedigung seines persönlichen Glücksstrebens und Unglücksvermeidungsbedürfnisses zu verschaffen durch Beherrschung der Mitmenschen. Seine „Macht" ermöglicht ihm, sich eine unberechtigte, privilegierte soziale Stellung anzumaßen, schwächeren und einflußloseren Mitmenschen gegenüber überheblich zu sein, sie ungerecht zu behandeln, deren Arbeitskraft zu seinem Vorteil auszunützen, sie ungestraft zu verleumden, sie zu demütigen, sie sexuell zu mißbrauchen, ja, wenn sie Widerstand leisten, sich grausam zu rächen, sie zu martern und zu töten. Daß jede Art von Herrschaft, die keine andere Legitimation aufzuweisen hat als das „factum brutum" der machtmäßigen Überlegenheit, die Rechte und den Gleichwertigkeitsanspruch des Schwächeren mit Füßen tritt, läßt sie kalt. Unter der Voraussetzung des „oderint, dum metuant" benötigen sie die Wertschätzung ihrer Person durch die Beherrschten zur Aufrechterhaltung ihrer privilegierten Stellung nicht. Es scheint sie dafür der hohe narzißtische Genuß der Herrschaftsausübung, der Geltungs- und Machttriebsbefriedigung, die hemmungslos genossene Aggressionslust und der erreichte Wohlstand zu entschädigen. Es ist leicht anzugeben, welche Güter für diese Lebensführungseinstellung einen Lebenssinngrundwert besitzen. Es müssen Güter sein, durch die man sich eine machtmäßige Überlegenheit über die Mitmenschen erwerben und sichern kann. Zur Unterordnung zu zwingen vermag man durch überlegene physische Stärke (Körperkraft, Waffenbesitz) sowie durch größere geistige Leistungsfähigkeit (lebensnützliches Wissen im Monopolbesitz sowie den Monopolbesitz lebensnotwendiger Wirtschaftsgüter). Kürzer gesagt, die Lebenssinngrundwerte lauten Macht, Erfolg und Reichtum. Es fällt dem sich für Liebe, Achtung und moralische Anständigkeit einsetzenden, gemeinschaftsverbundenen Menschen begreiflicherweise schwer, bei der Beurteilung der Lebenssinngrundsätze des nur für sein eigenes Lebensglück sich einsetzenden Menschen sachlich zu bleiben. Es ist unbezweifelbar, daß Macht, Erfolg und Reichtum wertvolle, ja sogar lebensnotwendige Lebensgüter sein können, allerdings nur, wenn sie richtig gebraucht werden. Denn benötigt sie nicht jedes Staatswesen zum

Schutze seines Überlebens? Die Beziehungen der Staaten zueinander sind leider immer noch so, daß jeder einzelne Staat ständig, latent oder manifest befürchten muß, daß ein anderer Staat rücksichtslos über ihn herfällt, wenn er glaubt, wegen einer errungenen eigenen Überlegenheit an Machtmitteln stärker zu sein. Unter diesen Machtmitteln, die z. B. zur Führung eines Angriffskrieges unbedingt nötig werden, stehen an erster Stelle die physischen, die seelisch-geistigen und die wirtschaftlichen Kräfte. Aber sind die Güter, diese Güter, die für jeden Staat einen Überlebensgrundwert besitzen, nicht die selben, wie die des nur vergesellschaftet asozial lebenden Robinson im privaten Lebensbereich? Unter welchen Lebensbedingungen aber würden wir dem Einzelmenschen zubilligen, ja zubilligen müssen, ebenfalls das Recht zu dieser Art des Zusammenlebens mit den anderen Menschen zu haben? Nur dann, wenn zuträfe, er lebe tatsächlich einsam und verlassen unter lauter ihm grundlos feindselig gegenüber eingestellten Mitmenschen. Niemand helfe ihm, niemand schütze ihn, niemand liebe ihn. Er müsse daher nach dem Besitz von Machtmitteln streben, die ihn im Lebenskampf unangreifbar machen. Es sind dies aber die Güter Macht, Erfolg und Reichtum. Wer als Erwachsener allen Ernstes glaubt, er existiere unter diesen, ihn völlig isolierenden Lebensbedingungen, ist ein geisteskranker Paranoiker. Die Tiefenpsychologie und Psychotherapie der jüngsten Vergangenheit allerdings hat uns wissen lassen, daß es gar nicht so selten vorkommt, daß nicht geliebte und lieblos behandelte Kinder in der frühen Kindheit realiter den Eindruck gewinnen müssen, in eine feindselige Welt einsam und verlassen hineingeboren worden zu sein. Ihre bösen Erfahrungen prägen sich in ihre Seelen unauslöschlich ein, ein latentes Urmißtrauen erzeugend. Die positiven, vertrauenerweckenden Erfahrungen des späteren Lebens vermögen nicht immer das Urmißtrauen zu korrigieren, sondern nur zu verdrängen. Infolgedessen geraten sie im späteren Leben bei sozialen Unglücksbelastungen viel früher und stärker aus dem seelischen Gleichgewicht, als der nicht komplexbehaftete Mensch. Wer aber als Kind in einer solidarisch sich verhaltenden menschlichen Umgebung aufwuchs, also nie ernstlich oder nie für längere Zeit sich ungeliebt und verstoßen fühlte, wird als Erwachsener kaum in die Lage kommen, aus seelischen Gründen den Wert und Sinn seines Lebens ernstlich zu bezweifeln! Er ist ja zu einem solidarischen Zusammenleben fähig, und dies verstärkt ständig das „Urvertrauen", hält das Gefühl des Beschütztseins aufrecht und vermindert die geheime Angst vor hilfloser, einsamer Verlassenheit („Lebensangst").

Überflüssig zu sagen, daß die Mittel, die sich dazu eignen, schwer erträgliche, sinnlose Leiden und Schmerzen vorübergehend zu beseitigen oder zu mildern, nicht aber auf deren Verursachung einwirken, keinen echten Lebenssinngrundwert besitzen. Sich dieser, Drogen genannten, Mittel zu bedienen, ist zwar verständlich, aber da sie den Menschen in Lebensgefahr bringen, wenn er süchtig wird, sie also kein Gut, sondern ein sehr heimtückisches und gefährliches Übel sind, muß man gegen ihre Verwendung ankämpfen. Zur Droge greift nur der im Leben Alleingelassene, der zu schwach ist, den Lebensweg allein fortzusetzen, und dem niemand, weder in der privaten noch in der öffentlichen Lebenswelt, liebevoll und hilfreich seine Hand entgegenstreckt.

Anders erklärt sich die fehlende oder nur sehr schwache Gemeinschaftsbezogenheit der Lebensgrundeinstellung beim brutalen Machtmenschen, beim überheblich Geltungssüchtigen, beim sich rücksichtslos Bereichernden. Ihre Genese kennt jeder. Die Bibel berichtet bereits darüber bei der Erzählung der Ermordung des Abel durch seinen Bruder Kain. Der Versuchung zu widerstehen, im Besitze überlegener Macht den schwächeren Menschen zu zwingen, uns dienstbar zu sein, ihn zu nötigen, uns zur größeren, eigenen Triebbefriedigung das zu verschaffen, was wir uns selbst nicht verschaffen können oder ihn aus dem Wege zu räumen, wenn er hinderlich ist, dieser Versuchung zu widerstehen, erfordert offenbar eine starke, liebende Verbundenheit und/oder einen sehr starken, moralischen Gegenwillen, also Leistungen, zu denen viele Menschen nicht gewillt oder nicht fähig sind. Der Mensch ist von Natur aus ja nicht böse, sagt Lorenz,[14] aber fügt auch hinzu, er ist nicht gut genug zum Zusammenleben mit anderen Menschen bei zunehmender Population. Um den Zweifler von der Gültigkeit des Nachsatzes zu überzeugen: Ereignet sich nicht auch folgendes immer wieder, nämlich daß die zum Schutze gegen äußere, aber auch gegen innere Feinde des Staates bestimmten Machtmittel von den darüber Verfügungsgewalt besitzenden Mitbürgern mißbräuchlich, also egoistisch verwendet werden, und daß dies nicht nur vereinzelt geschieht, sondern daß alle im Staat Mächtigen sich zu den übrigen Mitbürgern verhalten können wie eine Räuberbande? Es wäre ein kindisches Wunschdenken, zu glauben, daß im menschlichen Leben die Guten siegen und die Bösen bestraft werden. Eher ist das Gegenteil wahr. Es gibt im menschlichen Zusammenleben keine moralisch ausgleichende Gerechtigkeit. Ein Übelstand, der den Soziologen und Philosophen Adorno veranlaßte, zu postulieren, es müsse, um ausgleichende Gerechtigkeit zu ermöglichen, ein Weiterleben nach dem Tode geben. Wir können im Rahmen unserer Themenstellung nicht näher auf die Frage eingehen, wodurch sich die brutale, inhumane Aggressivität der Menschen überhaupt erklärt. Dies gilt auch für die der Wissenschaft viel mehr zugängliche Frage, warum sich der einzelne Mensch innerhalb seiner Lebenswelt unsolidarisch statt solidarisch verhält. Aber gilt nicht, falls es der Mensch sowohl als einzelner wie auch in der Gruppe wirklich gänzlich unterlassen könnte, eine vorhandene machtmäßige Überlegenheit nicht egoistisch auszunützen, daß es dann sehr viel weniger soziales Leid geben würde? Es existierte dann nur das soziale Leiden aus Unwissenheit und das Einander-nicht-verstehen-können, sowie das Leiden, das sich aus den Leidensquellen: Übermacht der Natur und der Gebrechlichkeit und Endlichkeit des menschlichen Lebens ergibt. Gegenwärtig aber übertrifft das soziale Leiden dasjenige aus den anderen Leidensquellen bei weitem.

Nicht vergessen dürfen wir die Ermittlung der Lebenssinngrundwerte, die sich bei der Veränderung des Seelenlebens durch den Gruppeneinfluß, also der kollektiven Begeisterung, ergeben. Fragen wir daher, welche Güter gewinnen für den kollektiv Begeisterten einen Lebenssinngrundwert? Jede eine starke Begeisterung auslösende Begegnung mit einer begeisterten Gruppe oder Masse verändert ja naturgemäß die bisher grundlegenden Lebenszielsetzungen. Wir vermuten auf Grund unserer Vorkenntnisse über die beiden Arten der Begeisterung, der enthusiastischen und der fanatischen, daß die Lebensführungsveränderungen bei dieser stärker und folgenschwerer sein wird als bei jener, weil ja auch die Begeisterungs- und Anschlußbedürftigkeit verschieden stark ist. Den originären Fanatiker errettet ja bekanntlich in einer völlig verfahrenen, ja verzweiflungsvollen, für ihn untragbaren Lebenslage, in der alle bisherigen Lebenswertgüter ihren Wert verlieren, der im Fanatismusdurchbruchserlebnis gefaßte Entschluß, den sinnbedrohenden Übelstand radikal zu vernichten. Der kämpferische Einsatz für dieses Ziel ist das einzige Gut, das seinem Leben wieder Wert gibt. Verliert er den Kampf, so verliert er damit auch sein Leben, das ja nur mehr an einem einzigen Faden hing. Auch die Genese des induzierten, verführten Fanatikers setzt das Vorhandensein einer zumindest drohenden existentiellen Lebenssinnkrise voraus. Er kann sein Leben wieder lebenswert machen durch seinen idealistischen Einsatz für die Kampfziele seines Führers, dadurch seine starke Anschluß- und Begeisterungsbedürfnisse befriedigend. Sein primärer, neuer Lebenssinngrundwert heißt Führerliebe und Gefolgschaftstreue. Auch sein Gewissen paßt sich der neuen Lebensführungsweise an. Seine bisherigen Lebensgrundwertgüter verlieren zwar nicht völlig ihren Wert, aber ihre Bedeutung verringert sich. Dies dokumentiert folgende Stelle aus der bekannten Ballade von H. Heine über die Erlebnisse des vom verlorenen Rußlandfeldzug heimkehrenden Soldaten der napoleonischen Armee. Sie lautet: „Was schert mich Weib, was schert mich Kind? Ich trag nach Besserem Verlangen. Laßt sie betteln gehen, wenn sie hungrig sind! Mein Kaiser, mein Kaiser gefangen." Und was ist über die Veränderung der Lebenssinngrundwerte bei der enthusiastischen kollektiven Begeisterung zu sagen? Diese findet überhaupt nicht statt, und wenn, dann nur in sehr abgeschwächter Form. Die in der Begeisterung gewonnenen neuen idealistischen Lebenszielsetzungen bereichern lediglich die Lebenswertheit eines Lebens, welches nicht ernstlich existentiell lebenssinnbedroht war. Die enthusiastische Begeisterung ermöglicht eine echte Vergemeinschaftung auch innerhalb der öffentlichen Lebenswelt, was eine neue Dimension in dem so wichtigen Bereich des sich Gebrauchtfühlens und Brauchbarseins, also des Liebens und Geliebtwerdens, eröffnet. Die enthusiastische Begeisterung bietet die Chance zu einem sinnvolleren Leben.

1.3 Exkurs über den Tod

Unter den Leidensquellen bedroht keine den Menschen unerbittlicher und unabwendbarer als der Tod. Der Tod ist das der „Wozu"-Frage bedürftigste, zugleich aber einer Sinngebung unzugänglichste aller Übel. Daher ist vom ersten Anblick eines Toten ab dem Menschen das Leben unheimlich. Das Wissen um die eigene Vergänglichkeit ruft freilich solange keine lähmende Wirkung hervor, solange der Tod sich noch in der „Fernzeit" des Lebens befindet, der Mensch sich also der „Illusion" hingeben kann, es stürben zuerst alle anderen, er aber noch lange nicht. Aber einmal muß jeder der Annäherung des Todes tatenlos zusehen (außer der Tod reißt ihn gnädigerweise plötzlich aus dem Leben heraus). Jeder, den irgendein Ereignis des Lebens an den Tod denken läßt, fürchtet sich vor dem Tag, an dem er erfährt, daß er nicht mehr lange zu leben hat. Eine panische Angst überfällt ihn vor dem Schmerz, den dieses Wissen auslösen wird. Bei keinem anderen Übel ist der Wunsch nach Abhilfe stärker, aber keinem steht der Mensch ohnmächtiger gegenüber. Und weil niemand, der gerne lebt, gerne stirbt, so hat der Mensch allen Gund, das Tier zu beneiden, das lebt, ohne zu wissen, daß es sterben muß, das freilich auch lebt, ohne zu wissen, daß es lebt. Wegen des Todes ist über den Tod schon viel philosophiert aber von einigen biologischen Entwicklungszweckmäßigkeiten abgesehen, nichts Neues gesagt worden. Man kam nicht über die bereits von Sokrates erörterte unentscheidbare Alternative hinaus, der Tod sei entweder vergleichbar einem ewigen Schlaf, in dem man keine Empfindung mehr habe, oder der Tod bedeute ein „Auswandern der Seele von hier nach einem anderen Ort", es gäbe also ein Fortleben nach dem Tode. Die Todesgedanken der Menschen eignen sich nicht zu einem Thema ergiebiger wissenschaftlicher Untersuchungen, unterschiedlich ist nur die Sterbensart. Daher macht der Umstand, daß die Todesgedanken für den, der sie zum ersten Mal denkt, neu sind, sie nicht originell und mitteilenswert. Auch unsere Bäuerin erklärt im letzten Abschnitt ihres Interviews, das „Herumphilosophieren" hierüber sei „eine hohle Sache". Sie fügte freilich hinzu, auch „ein einziger Schaden". Denn ihrer Meinung nach verlören die Menschen auf diese Weise den Glauben, daß ihnen in ihrer Sterbestunde ein gnädiger Gott beistünde. In der Tat steht der Mensch ohne Jenseits- und Gottesglauben – oder buddhistisch gesehen: ohne Glauben, aus einem früheren Leben kommend, in ein späteres zu gehen –, dem Tod ziemlich ratlos gegenüber. Auch Freud schrieb einmal, mit dem Tod käme er nicht zurecht. Mit rein diesseitsbezogenen Überlegungen läßt sich der Tod kaum in einen tröstlichen Sinnzusammenhang einordnen und erträglich machen. Und doch wünscht verständlicherweise jeder Mensch, im Sterben nicht ganz verlassen zu sein. Es sollte also, weil uns die Mitmenschen allein lassen müßten (niemand kann für uns sterben), unser Sterben von den Urmächten des Weltalls bemerkt werden; denn die sind ja für alles Seiende, demnach auch für unsere Existenz, „mitverantwortlich"! Es sollte ein über das irdische Dasein hinausreichendes „Objektives Wozu" geben, etwa des Inhaltes, die „Götter" hätten den Menschen mit einem ehrenvollen Auftrag ins Leben hineingeschickt und beriefen ihn ab, sobald er genug hierfür getan habe. Aber dieser Gedanke tröstet nicht, wenn er nicht einem Glauben, sondern nur einer Sehnsucht Ausdruck verleiht. Für denjenigen, der sich vergeblich nach einer Sinngebung des Todes umsieht, dem die Götter nicht antworten, der mit Schopenhauer resignierend sagen muß: „Die Welt ist; ich möchte bloß wissen, wer etwas davon hat!" für den bleibt der Tod der radikale und totale Entwerter des Lebens. Doch fragen wir uns, ist der Tod, abgesehen natürlich von dem an ein Leben nach dem Tod glaubenden Menschen, ist er für alle Menschen, die nicht an Gott glauben, eine sehr kränkende, sinnlose Beraubung des Lebens, wie es Freud nannte? Könnte es denn nicht sein, daß der Tod auch in innerweltlicher Sicht positiv zu werten ist und dies nicht nur in dem Fall, weil er gnädigerweise ein hoffnungslos schmerzbeladenes Leben beendet? Könnte mein Sterben auch hilfreich sein für andere Menschen, ihr Leben schützend und erhaltend und könnte dies nicht dem Tod einen Sinn geben? Fragen wir uns nochmals, auf welche Weise können uns die Mitmenschen leben und vielleicht auch sterben helfen? Auf welche Weise kann ich überhaupt eine Mithilfe der Menschen an meinem Überleben oder an meiner Lebenswertsicherung erhalten? Auf dreierleiweise: 1. Durch Gewährung angemessener Gegenleistungen. 2. Sie ohne Gegenleistungen durch Einsatz meiner überlegenen Machtmittel erzwingen (egoistisch, rücksichtsloses Beherrschen) und 3. Ich erhalte sie freiwillig von dem Menschen, der mich liebt, sowie der Menschengruppe, zu der ich mich zugehörig und in der ich mich geborgen fühle, in der man sich über mein Existieren, so wie ich bin, freut und in der ich gebraucht werde für Ziele, die für mein Leben und vielleicht auch für mein Sterben einen sinngebenden Wert haben.

Meine soziale Gemeinschaftsbeziehung vermag sicher mein Leben sinnvoller zu machen, als ich es als Alleinlebender vermag, jedoch unter gewissen Voraussetzungen kann auch mein Sterben einen sozialen Wert bekommen. Einen Wert, den der für sich allein lebende Mensch dem Sterben niemals geben könnte. Die Chance durch das Gemeinschaftsleben auch meinem Sterben einen sozialen Wert geben zu können, ergibt sich z.B., wenn der Mensch sein Leben zur Errettung geliebter Mitmenschen einsetzt oder wenn es gilt, das Leben aufzuopfern im Kampfe für sein bedrängtes Volk. Es drängt sich aber die Frage auf, ob die liebende Verbundenheit und die gemeinschaftsbezogene idealistische Begeisterung für mein Volk nicht auch außerhalb dieser extremen Gefahrenlagen dem Tod einen Wert zu geben vermag, der uns bereit machen könnte, seine Bitterkeit ohne Haß hinzunehmen. Denn gilt z. B. nicht: In der kleinen Gemeinschaft der Urzeit fordert der bloße Kampf ums Überleben in der Wildnis jeden Gruppenzugehörigen tagtäglich auf, zur Aufopferung seines Lebens bereit zu sein. In ihr lebt man daher nicht nur, sondern stirbt man auch sinnvoll. Das Leben in der Großgruppengesellschaft entläßt aber den Einzelmenschen in die Freiheit des Auch-allein-leben-könnens, sofern es keine tagtägliche Bedrohung der Existenz der Gruppe mehr gibt. Die gemeinschaftsbezogene Sinngebung des Lebens und des Sterbens hört damit nicht auf da zu sein, aber man spürt sie nicht mehr, oder doch nur ganz schwach. Und damit wächst dem Tod gegenüber die Empfindung, ein sinnloses Übel zu sein. Nach wie vor gilt jedoch, daß der lediglich vergesellschaftet lebende Robinson dem Tod gegenüber keinerlei Sinnchancen hat. Der vergemeinschaftet lebende Mensch aber hat sie, wenn auch leider in unserer Zeit in einem sehr eingeschränkten Ausmaß. Diese Feststellung ist für den religiös ungläubig gewordenen, sich daher nach einer weltimmanenten seelischen Sterbenshilfe umsehenden Menschen, sicher nicht sehr befriedigend, ja schmerzlich. Er möchte sie nicht wahrhaben. Er möchte zumindest wissen, ob nicht die professionellen Lebenssinndeuter, nämlich die Philosophen, in den letzten Jahrhunderten der Neuzeit, infolge des weitverbreiteten Glaubensverlustes zur öffentlichen Stellungnahme herausgefordert, eine wenigstens etwas tröstlichere Sterbenshilfe anzubieten haben. Auch möchte er gerne wissen, ob es wirklich wahr ist, daß der in der modernen Hochkultur lebende Mensch zwar viel gesicherter, viel gesünder, viel länger und viel genußreicher lebt, als der Angehörige einer primitiven Urkultur, daß dieser aber leichter, unproblematischer, sinnvoller stirbt. Nicht alles in der zivilisierten Welt ist Fortschritt!

Zweites Kapitel

ERGÄNZUNGEN UND
ERLÄUTERUNGEN

Stellungnahme zu Viktor Frankls Lösung der Lebenssinnfrage

Der bekannte Wiener Psychiater Viktor Frankl hat das Verdienst[1], sehr bald nach Beendigung des zweiten Weltkrieges, darauf aufmerksam gemacht zu haben, daß sich in der westlichen Welt immer stärker das Gefühl einer Lebenssinnleere ausbreite. Ein sehr belastendes, ja sogar krankmachendes Übel, das es zu bekämpfen gelte. Seine Antwort auf die Lebenssinnfrage ist positiv. Sie lautet: Das Leben hört nie und niemals auf, einen Sinn zu behalten, auch nicht in einer unaufhebbaren und unabwendbaren Situation unerträglichen Leidens. Seine Begründung: Das Leben bietet dem Menschen immer die Sinnmöglichkeit, das Ertragen dieser Leiden in eine objektiv hochwertige moralische Leistung zu verwandeln und dadurch das Dasein daseinswert zu machen. Dieses tapfere Ertragen von Schmerzen und Leiden bis zum Tode sei eine rein geistige Leistung und geistige Werte hätten einen absoluten Wert. Es heißt, sie hätten eine vom Erkanntwerden durch den Menschen „unabhängige Existenz", vergleichbar den platonischen Ideen. Der Mensch müsse freilich imstande sein, sie richtig zu erkennen. Sie nicht zu erkennen, verrate eine vorhandene „Wertblindheit". Einem Wertblinden müsse man daher den objektiven Wert des tapferen Ertragens ins Bewußtsein bringen und ihn so zur „Sinnfindung" befähigen. Soweit Frankls Thesen. Man möchte wünschen, daß jeder Mensch dieser positiven Lösung der Lebenssinnfrage zuzustimmen vermag. Nur ein Teil der Leser seiner zahlreichen Schriften kann es. Frage: Wie erklärt sich dies? Die Möglichkeit zuzustimmen hängt offenbar vom Vorhandensein gewisser seelischer Voraussetzungen ab. Dank Nietzsches und Freuds Erkenntnis, die Stimme des Gewissens sei die Stimme von Vater und Mutter in uns, wissen wir: Die Fähigkeit z. B. das Ertragen von sinnlosen Leiden als eine insich wertvolle Leistung und als moralische Wertsteigerung der eigenen Person zu empfinden, wird ausschließlich dadurch erworben, daß der Mensch als Kind, falls er Schmerzen ertrug ohne zu jammern, gelobt wurde. Es wird das tapfere Ertragen von Leiden von geliebten Menschen gewünscht und erwartet und vorgelebt (auch bei Begräbnissen ist dies noch ein regelmäßiger Bestandteil des Tatenruhmes der Verstorbenen). Durch den Erziehungsprozeß wird das geduldige Ertragen zu einem Verhaltensideal verinnerlicht. Und durch diese Verinnerlichung entsteht hierfür eine *intrinsische* starke Wertungsdisposition. Erinnern wir uns: Zwischen extrinsischen und intrinsischen Wertungen besteht lediglich der Unterschied, daß man bei jenen um ihre Begründung weiß. Das ist z. B. die erfahrene Eignung des Wertobjektes zur Befriedigung eines bestimmten, klar empfundenen Bedürfnisses. Während sich die Geltungsüberzeugung der intrinsischen Wertungen ohne wahrgenommenen Begründungszusammenhang (der überdies meist überpersönlicher sozialer Natur ist) lediglich als Ergebnis des Verinnerlichungsprozesses einstellt.[2] Angewandt auf unser Beispiel heißt dies: Solange das Kind sich um das geduldige Ertragen von Schmerzen lediglich deshalb bemüht, weil es den geliebten Eltern dadurch eine Freude bereiten kann, solange wird dieses Ertragen, weil begründbar, extrinsisch bewertet. Nach erfolgter Verinnerlichung erweckt diese Leistung den Eindruck, ein Ziel zu sein, welches unmittelbar in sich wertvoll ist und keiner Begründung bedarf. Die extrinsische Herkunft dieser Bewertung verliert also durch den Verinnerlichungsprozeß seine Bedeutung. Sie wird vergessen und es entsteht der Eindruck, alle Menschen werteten so. Die Unmittelbarkeit des Werterlebnisses verbürge ihre Geltung. Im Erwachsenenalter freilich entdeckt der Mensch neuerlich ihre extrinsische Genese, also ihre Begründbarkeit, ja auch ihre Begründungsbedürftigkeit. Denn er bemerkt ihren unentbehrlichen sozialen Wert und er folgert daraus, alle gesellschaftlich normierten sittlichen Verhaltensregeln sind von verehrten, führenden, begeisternden, charismatischen Führerpersönlichkeiten in grauer Vorzeit bereits konzipiert als Mittel zu rational begründeten Zwecken und kraft des begeisternden Charismas des Verkünders vom Volk auch verinnerlicht worden. Als historisches Beispiel für dieses Geschehen bietet sich vor allem in unserem Kulturkreis die Gestalt Moses an, seine Verkündigung der Zehn Gebote Gottes am Berg Sinai. Ihre extrinsische Begründung lautet ja: Sie haben wegen ihrer Unentbehrlichkeit für ein gedeihliches Zusammenleben der Menschen und/oder zur Aufrechterhaltung einer stabilen Herrschaftsorganisation einen zumindest teilweise voll begründbaren, objektiven sozialen Wert. Daß soziale Lebensregeln, die lediglich im Erwachsenenalter kraft des eigenen vernünftigen Denkens und Wertens konzipiert werden und extrinsisch begründet sind, und daß die bloß kraft der Vernunft akzeptierten Lebensregeln nicht die gleiche Motivationsstärke haben, wie die in der Kindheit intrinsisch erworbenen sittlichen Anforderungen ist leicht zu erklären. Ihnen fehlt ja der aus der Primärgruppe stammende intrinsische Gefühlsbezug, also die Eigenschaft der kategorisch geltenden Verpflichtung. Diesen Mangel weist freilich eine solche Gewissensbildung nicht auf, die im Erwachsenenalter durch eine begeisterte Gruppen- oder Massenzugehörigkeit erzeugt wird. Aber inhaltlich weisen sie leider alle Nachteile der rein intrinsisch entstandenen Wertungsdispositionen auf.

Ergebnis unserer Kritik: 1. Nur wer bereits als Kind zur intrinsischen Bewertung des Ertragens befähigt wurde, vermag auf den Appell des „ärztlichen Seelsorgers" (von V. Frankl Logotherapeut genannt) zustimmend zu reagieren. 2. Alle Bewertungen, sowohl von Gegenständen der Außenwelt wie von Geschehnissen in der persönlichen Innenwelt, z.B. von verborgenen seelischen Handlungsabsichten, existieren nur in der Beziehung zu einem auf sie gefühlsmäßig reagierenden Menschen. Werte sind Relationsqualitäten. Einen Gegenstand unabhängig von seiner Gefühlsauswirkung in seinem Dasein und Sosein in Erfahrung zu bringen, ihn also subjektsunbezogen und unabhängig zur Kenntnis zu nehmen, ist mithin etwas völlig anderes, als zu ihm wertend Stellung zu nehmen. Das Vorhandensein von etwas wird erkannt, daß es einen Wert hat, wird gefühlt.

Dies gegen Frankls These, die Werte seien objektive Identitäten, die von allen, die gesunde Augen im Kopf hätten, wahrgenommen und erkannt werden können. Wertaussagen entstehen jedoch nicht auf diese Weise und sind auch nicht so verifizierbar. Alle intrinsischen Wertungen sind begründungsbedürftig, wenn auch nicht immer in benötigter Weise begründungsfähig, mit Ausnahme des allgemeinen Lust-Unlust-Prinzips. Das ist die positive Bewertung des Erlebens von Lust und Freude und die negative Bewertung von Schmerz und Leid. Nur diese beiden Wertaussagen, die sich aus der Verallgemeinerung jedes Gefühlserlebens von Lust und Leid unmittelbar ergeben, haben einen absoluten Wert.

Nachwort

DIE FANATISMUSGEFAHR IM NUKLEAREN ZEITALTER

Vor die Frage gestellt, warum ich ab 1945 über den Fanatismus nachzudenken begann, antworte ich: Weil es Hitler gab. Gefragt, warum ich über die enthusiastische Begeisterung der ersten deutschen Jugendbewegung meine Gedanken zu Papier brachte, antworte ich, weil es 1968 die deutsche Studentenprotestbewegung gab, die mich lebhaft an meine Zugehörigkeit zur ersten deutschen Jugendbewegung erinnerte. Befragt, warum ich das damals über die beiden Themata Gedachte jetzt in ein Buch einbringe, meine Erkenntnisse und Stellungnahmen vertiefend und erweiternd, antworte ich, weil es in Österreich vor kurzem einen überraschenden, wenn auch kurzlebigen Appell zur Vergangenheitsbewältigung gab und vor allem, weil sich Tschernobyl ereignete. Um die starke Motivationskraft von Tschernobyl für mein Buch dem erstaunt fragenden Leser verständlich zu machen, verweise ich auf die immense Bedeutung der immer mehr eskalierenden Erzeugung neuer und noch wirksamerer Atomwaffen. Hätten nicht die politisch führenden Männer der beiden großen Atommächte schon lange bemerken müssen, daß ein überraschender aggressiver Angriff mit der eigenen riesigen Atommacht, der das gegnerische Volk fast total dabei vernichtet, unvermeidlich auch den Tod des eigenen Volkes zur Folge haben müsse, also fast einem Selbstmord gleichkomme? Diesen Gedanken dachte man aber solange nicht, solange man hoffen konnte, eine militärische Atommachtüberlegenheit vermöchte diesen Gegenschlag zu verhindern. Die Hoffnung, ohne Gegenschlag einen atomaren Angriffskrieg siegreich führen zu können, hätte in dem Augenblick aufgegeben werden müssen, als feststand, daß in Folge der großen Anzahl produzierter Atomwaffen dem

Gegner immer noch genügend Atomwaffen zur Verfügung stünden, wenn er angegriffen würde. Dieser Sachverhalt hätte zur Erkenntnis führen sollen, daß die Atommächte aufhören müßten, untereinander Kriege zu führen. Aber ins *Gefühl* geriet dieser Gedanke erst durch die unbezweifelbare Erfahrung des Atomunglücks von Tschernobyl. Erst jetzt drang die erfreuliche Erkenntnis von der Unmöglichkeit eines Krieges zwischen den Atommächten ins allgemeine Bewußtsein. Dieses welthistorische Ereignis ist meines Wissens der einzige Fall, der Hegels bekannte These widerlegte, die lautet: „Die Geschichte lehre, daß die Menschheit aus ihrer Geschichte nichts lerne." Es bedurfte dazu allerdings eines Lernmotivs, das in der Menschheitsgeschichte bisher nie vorhanden war.

Ich verdanke die Information über die neue weltpolitische Lage C.F. von Weizsäcker, der sie schon vor drei Jahren kommen sah. Er stellte in seinem Buch „Die Zeit drängt"[1] hierüber unter anderem folgendes fest: Die Zeit ist gekommen, in der die politische Institution des Kriegs überwunden werden muß und kann. Aber letztlich kann der notwendige Weltfriede überhaupt nicht technisch, sondern nur politisch gesichert werden. Eine Waffentechnik, die zudem in ständigem Fluß der Weiterentwicklung begriffen ist, kann keine permanente Garantie gegen technisches Versagen, gegen Eskalation regionaler Konflikte oder gegen menschlichen Wahnsinn geben. Verlangt ist ein Bewußtseinswandel, politische Ordnungen zu schaffen, der eine seelisch unerlöste Menschheit daran hindert, sich selbst zu vernichten. Diese Vernunft kommt nicht ohne eine moralische Anstrengung, nicht ohne einen tiefen Liebesimpuls zustande, vor allem aber auch nicht ohne die intellektuelle Anstrengung, die heutigen politischen Realitäten zu verstehen.

Doch nun zurück zur Frage, was mein Buch mit Tschernobyl zu tun hat. Die, meiner Meinung nach, ernsteste Gefahr, daß es bei der heutigen Weltlage dennoch zu einem Atomkrieg zwischen den Großmächten käme, wäre ein Aufflammen des Fanatismus bei einer dieser Atommächte (von Weizsäcker als Wahnsinn anvisiert). Den Fanatiker schreckt ja der Gedanke nicht, einen Krieg zu führen wider alle Vernunft, belastet mit dem Risiko des eigenen Untergangs. Die Schlußfolgerung aus diesen Überlegungen lautet zumindest für mich: Der Fanatiker ist eine Weltgefahr in der geänderten politischen Konstellation. Erst diese Weltlage macht ihn zu einer solchen großen Gefahr. Es drängt mich daher, emphatisch auszurufen: „Gründet endlich eine Liga zur Verhinderung des Fanatismus auf der Erde!" Aber etwas in mir erwidert sofort auf diesen Gedanken: „Du bist kein Mann der Tat, sondern ein Mann der Wissenschaft. Begnüge dich damit, einen sehr bescheidenen Beitrag zur wissenschaftlichen Erforschung des Fanatismus geleistet zu haben." Der Kampf gegen den Fanatismus muß von Menschen mit großer enthusiastischer Begeisterung geführt werden. Die wissenschaftliche Erforschung der Gründe und Hintergründe der Weltgefahr Fanatismus kann, in klare, überzeugende Gedanken gefaßt, die enthusiastische Begeisterung, den Fanatismus zu bekämpfen, zwar begründen, aber nicht hervorrufen. Sollte der Leser dieses Buches, was ich durchaus verstehe, von mir noch wissen wollen, mit welchen Mitteln und mit welchen Erfolgsaussichten Massenfanatisierungen vorbeugend verhindert werden könnten, so muß ich ihn wegen der Komplexheit des Themas auf noch zu leistende Forschungsarbeiten und Erfahrungsberichte verweisen, die zu ermöglichen und zu fördern eine der ersten Aufgaben der herbeigewünschten Liga zur Verhinderung des Fanatismus auf der Welt sein müßte. Denn die moderne, zivilisierte Menschheit denkt nicht gerne daran: Der Fanatismus gleicht der Pest. Sein punktuelles Auftreten läßt sich ja nicht vermeiden. Er kommt wellenförmig solange immer wieder, bis die Wissenschaft seine Ausbreitung mit Sicherheit zu verhindern vermag. Es ist zu erwarten, daß wenigstens die zahlreichen Anhänger der Friedensbewegungen sich dieser Aufgabe annehmen werden.

Danksagung

Ich danke den Herren Univ. Prof. Dr. Walter Simon und Univ. Prof. Heinz Steinert, ganz besonders aber Frau Dr. Nora Nemeskeri für ihre Ermutigung und Mithilfe an der Niederschrift des Buches. Ich danke auch meinem Verleger Gerd Kimmerle und seiner Frau für die liebevolle Betreuung bei der Drucklegung des Buches.

ANMERKUNGEN UND LITERATUR

ERSTER TEIL

1. Kapitel

1 S. HAFFNER: Hitler heute. Hrsg. v. Guido Knopp, Aschaffenburg: Paul Pattloch Verlag 1979, S. 4
2 TH. GEIGER: Gesellschaft zwischen Pathos und Nüchternheit. Koppenhaven: Universitätsverlage Aashus Ejnar Munkgaard 1960
3 G. LE BON: Die Psychologie der Massen. Stuttgart: Kröner 1982
4 G. TARDE: Les transformations du pouvoir. Paris: F. Alcan 1895
5 S. FREUD: Massenpsychologie und Ich-Analyse. Frankfurt/Hamburg: Fischer Bücherei 1967
6 a) A. MITSCHERLICH: Massenpsychologie ohne Ressentiment. Frankfurt: Suhrkamp Taschenbuch 1972
b) A. u. M. MITSCHERLICH: Die Unfähigkeit zu trauern. München: Piper 1967
7 W. REICH: Die Massenpsychologie des Faschismus. Köln: Kiepenheuer und Witsch 1971
8 E. CANETTI: Masse und Macht. Hamburg: Claasen Verlag 1971
9 H. BROCH: Die Verzauberung, Bd. III, Massenwahntheorie, Ges. Werke, Bd. 12, Frankfurt: Suhrkamp 1979
10 H. THIRRING: Homo sapiens. Wien: Deutike 1947, Bd. 1
11 K. LORENZ: Das sogenannte Böse. Wien: Dr. G. Borotha – Schoeler Verlag 1963, S. 383 – 389
S. MOSCOVICI: Das Zeitalter der Massen. Frankfurt: Fischer Taschenbuch Verlag 1986
H. G. ZAPOTOCKY: Massenpsychologische Modelle des 20. Jahrhunderts mit besonderer Berücksichtigung der NS-Bewegung. (Manuskript)

2. Kapitel

1 O. Y GASSET: Der Aufstand der Massen. Stuttgart: Deutsche Verlags-Anstalt 1956
2 D.S. MERESZKOVSKIJ: Leonardo da Vinci. (Buchgemeinschaft Donauland Wien 1963 S. 34 – 37)

ZWEITER TEIL

1. Kapitel

1 K. SCHNEIDER: Die psychopathischen Persönlichkeiten. Wien 1959
2 Eine gute Typengliederung psychopathischen Verhaltens, bei der die beobachtbaren Verhaltensweisen bereits durchgehend als Korrelate struktureller Gegebenheiten und habitueller dynamischer Prozesse aufgefaßt werden, stellte A.M. BECKER auf: Zur Typengliederung der Psychopathie, in: Der Nervenarzt 30 (1959), Heft 4, S. 159 – 170.
3 D. FRANKE: Der Bedeutungsgehalt des Wortes „Fanatismus", in: Politische Beeinflussung. Voraussetzungen, Ablauf und Wirkungen (hg. v. K.D. HARTMANN), Frankfurt 1969, S. 117 – 122
4 So urteilte z. B. H. THIRRING in seinem unter der unmittelbaren Einwirkung des fanatischen Hitlerismus geschriebenen, schon erwähnten Buch: Homo sapiens.
5 An der Unterschätzung der zentralen Bedeutung der Über-Ich-Anomalien infolge eines überdehnten Fanatismusbegriffes leidet meines Erachtens auch das vorwiegend phänomenologische Informationen vermittelnde Buch von J. RUDIN: Fanatismus. Eine psychologische Analyse. Olten 1965.
6 E. KRETSCHMER: Körperbau und Charakter. Berlin 1921
7 G. PFAHLER: Vererbung als Schicksal. Leipzig 1932
8 M. WEBER: Politik als Beruf, in: Ges. Politische Schriften. München 1921, S. 439 ff.

9 Auf den Unterschied von paranoider Schizophrenie und schizoid-paranoider Denkungsart weist besonders nachdrücklich auch R. Waelder hin. Die paranoide Denkungsart „gibt Kraft durch die Ausrichtung allen Strebens auf ein einziges Ziel und durch die völlige intellektuelle Überzeugtheit, die Zweifel und Bedenken ausschaltet". Sie ist gleichzeitig aber auch „eine Quelle der Schwäche", da ihr wesentliche „Aspekte der Realität entgehen" (R. WAELDER: Grundzüge des Totalitarismus, in: Psyche 21 (1967), Heft 12, S. 862 ff.).
10 R. WAELDER nannte diese Gesetzmäßigkeit „Prinzip der mehrfachen Funktion"; vgl. seinen Aufsatz in der Internationalen Zeitschrift für Psychoanalyse, Band XVI, Wien 1930.
11 Die familiären Hintergründe des originären Fanatikers, besonders die Vaterbeziehung, versuchte E.H. ERIKSON in dem Kapitel: Die Legende von Hitlers Kindheit (Kindheit und Gesellschaft. Zürich 1957, S. 306 – 335) aufzuhellen.
12 H. KOHUT: Narzißmus und narzißtische Wut, in: Psyche 27, 1973, Heft 6
13 Wie recht hat doch PASCAL, der in seinen „Gedanken" (§ 895, Ed. Brunschvicg) schrieb: „Niemals tut man so vollständig und so gut das Böse, als wenn man es mit gutem Gewissen tut!" Ich fand dieses Zitat bei A. MITSCHERLICH: Psychoanalytische Anmerkungen über die Kultureignung des Menschen, in: Dialektik und Dynamik der Person. Köln 1963 (R. Heiss-Festschrift). In Mitscherlichs Arbeit findet sich auch eine sehr klare Unterscheidung zwischen dem rein erziehungsbedingten, „unmündigen", kollektiven, vorwiegend ich-fremden „Über-Ich" und dem einsichtigen, personalen, mündigen, daher nicht so leicht „bestechlichen" und „externalisierbaren" reifen Gewissen. Vgl. dazu auch E.A. TICHO: The Development of Superego Autonomy, in: The Psychoanal. Review, Vol. 59, Nr. 2, 1972.
14 Ich erwähne als besonders aufschlußreich die autobiographischen Aufzeichnungen des RUDOLF HÖSS, von ihm betitelt: Meine Psyche. Werden, Leben und Er-

leben. Erschienen unter dem Titel: Kommandant in Auschwitz (hrsg. v. M. BROSZAT), dtv-Dokumente 114, München 1963

15 Dieser Terminus entstammt der scharfsinnigen kleinen Arbeit von P. BRÜCKNER: Zur Psychologie des Mitläufers. (im Sammelband: Politische Beeinflussung, hg. von K.D. HARTMANN), Frankfurt 1969, S. 153 ff.

16 Der Begriff „Identität" wird hier im Sinne von E. ERIKSON verstanden; vgl. Identität und Lebenszyklus. Frankfurt 1966

17 In dieser Annahme stimme ich völlig überein mit E. HOFFER: Der Fanatiker. Eine Pathologie des Parteigängers (Reinbek 1965), einer Studie, die sich hauptsächlich mit der Problematik des induzierten Fanatismus befaßt. Aufschlußreiches enthält auch die schon erwähnte Arbeit: "Massenpsychologie ohne Ressentiment" von A. MITSCHERLICH.

18 So erklärte H. Göring: „Ich habe kein Gewissen. Mein Gewissen heißt Adolf Hitler!" Und die Umformung des Kantischen „Kategorischen Imperativs" im Dritten Reich lautete: Handle so, daß, wenn der Führer von deinem Handeln Kenntnis hätte, er dieses Handeln billigen würde! (H. FRANK: Die Technik des Staates. München 1942, S. 15 f.)

19 Zur „autoritären Einstellung": ADORNO, FRENKEL-BRUNSWIK u.a.: The Authoritarian Personality. 1950 (deutsch: Der autoritäre Charakter. Amsterdam 1968). Zur Sekundärliteratur hierüber: K. ROGHMANN: Dogmatismus und Autoritarismus. Kölner Beiträge zur Sozialforschung u. angew. Soziologie, Bd. I, Meisenheim/Gl. 1966, sowie P. HEINTZ: Zur Problematik der Autoritären Persönlichkeit. In: Kölner Zeitschrift für Soziologie, IX, Köln 1964

20 Beobachter des Eichmann-Prozesses in Jerusalem berichteten, daß sie nichts tiefer erschüttert habe als die offensichtliche Beziehungslosigkeit des Angeklagten zu den ihm zur Last gelegten Verbrechen. Eichmann betonte immer wieder, er habe nur als „Idealist" seine „Pflicht" getan – und man muß es ihm glauben! Er war, so berichtet H. Arendt, „nicht Jago und nicht Macbeth,

und nichts hätte ihm ferner gelegen als mit Richard III. zu beschließen, ein Bösewicht zu werden!" Außer seiner übergroßen Beflissenheit, alles zu tun, was seinem Fortkommen dienlich sein konnte, hatte er überhaupt keine Motive (!), abgesehen natürlich von der „maßlosen Verehrung" für den Mann, der es „vom Gefreiten zum Kanzler des deutschen Reiches" gebracht hatte. (H. ARENDT: Eichmann in Jerusalem. Ein Bericht von der Banalität des Bösen. München 1964, S. 15 f., 187)

21 Die wichtigsten Aufschlüsse über die Über-Ich-Anomalien des fanatisierten Fanatikers verdanken wir Freuds bahnbrechender Arbeit „Massenpsychologie und Ich-Analyse" (s. Teil I/1, Anm. 5). Die Eigenart der „verabsolutierten Kameradschaft der Männergemeinschaft" charakterisiert zutreffend M. BROSZAT. Sie erfordere nicht das Sich-Einlassen auf das Besondere und Individuelle des Partners, sondern werde von der vorgegebenen Situation der Gruppe bestimmt und werde jedem gewährt, der „dazugehört". Sie sei für die introvertierten Einzelgänger eine „Kompensation" für ihr Unvermögen, als einzelne mit anderen einzelnen einen gefühlswarmen, herzlichen Kontakt zu finden (in: Kommandant in Auschwitz. S. 21; s. Teil II/1, Anm. 14).

22 E. KRETSCHMER: Geniale Menschen. Berlin 1931, S. 20

23 F. SCHALK: Über fanatique u. fantisme. in: ders. Exempla roman. Wortgesch. (1966); R. SPAEMANN: Fanatisch, F., in: Histor. Wb. der Philosophie. hg. v. J. RITTER, Bd. 2 (Neuausg. Basel 1972). s. Teil I/1, Anm. 2

2. Kapitel

1 T. MANN: Bruder Hitler. Paris: Pariser Emigranten Zeitschrift „Das neue Tagebuch" 1939, in Ges. Werke, Bd. 12 S. 845, Fischer 1960

2 L. BOLTERAUER u. M. HAIDER: Parzivalkinder, in: L. BOLTERAUER: Aus der Werkstatt des Erziehungsberaters. Wien: Verlag Jugend u. Volk 1960, S. 131–174

3 A. HITLER: Mein Kampf. München: Zentralverlag der NSDAP, Franz Eher Nachf. 1938, S. 177; S. 222 – 225; S. 243 – 244

3. Kapitel

1 I. KERSHAW: Der Hitlermythos. Volksmeinung und Propaganda im Dritten Reich. Deutsche Verlagsanstalt 1980
2 H. DAHMER: Analytische Sozialpsychologie. Bd. 1 und 2. Frankfurt: Suhrkamp 1980, S. 551 – 576
H. STIERLIN: Adolf Hitler, Suhrkamp Taschenbuch 236, 1975
E. JÄCKEL: Hitlers Weltanschauung. Entwurf einer Herrschaft. Stuttgart: Deutsche Verlagsanstalt 1981
S. HAFFNER: Anmerkungen zu Hitler. München: Kindler 1978

DRITTER TEIL

1. Kapitel

1 P.R. HOFFSTÄTTER: Fieber und Heil in der Jugendbewegung. In: Jugend in der Gesellschaft. Ein Symposion. München: Deutscher Taschenbuch Verlag 1975, S. 118 – 154
2 G. WYNEKEN: Was ist Jugendkultur? München 1914
3 H. SCHELKSY: Die skeptische Generation. Düsseldorf 1957, S. 488 f.
4 W. KINDT (Hg.): Die Wandervogelzeit. Quellenschriften der deutschen Jugendbewegung. Düsseldorf/ Köln: Diederich 1968, S. 261
5 E. SPRANGER: Weltfrömmigkeit. Leipzig: L. Klotz 1940
6 G. KORTH: Wandervogel 1896 – 1906. Frankfurt: dipa 1967, S. 194 f.
7 E.H. ERIKSON: Identität und Lebenszyklus. Frankfurt: Suhrkamp 1966
8 S. BERNFELD: Über eine typische Form der männlichen Pubertät. Imago 9, 1923, S. 169 – 188

9 H. BLÜHER: Wandervogel. Geschichte einer Jugendbewegung. Charlottenburg 1912
10 K. ALLERBECK/L. ROSENMAYR: Einleitung in die Jugendsoziologie. Heidelberg: Quelle & Meyer 1976, S. 26
11 L. BOLTERAUER: Die Schwierigkeiten des Jugendbewegten beim Eintritt in den Beruf. In: Neuland 9, Heft 5, S. 97 – 101, Innsbruck: Tyrolia 1932
12 E. BUSSE-WILSON: Die Frau und die Jugendbewegung. Hamburg 1919, S. 327
13 S. BERNFELD: Antiautoritäre Erziehung und Psychoanalyse. In: WERDER/WOLFF (Hrg.): Ausgewählte Schriften. Darmstadt 1969, S. 674
14 K. AHLBORN: Das Meißnerfest der freideutschen Jugend. In: W. KINDT (Hg.): Grundschriften der deutschen Jugendbewegung. Düsseldorf/Köln: Diederich 1963, S. 115
15 H. MAU: Die deutsche Jugendbewegung. Rückblick und Ausblick. In: Zeitschrift für Religions- und Geistesgeschichte, I, Heft 1, 1948, S. 134 – 144
16 s. Teil I/1, Anm. 5
17 S. BERNFELD: Antiautoritäre Erziehung und Psychoanalyse. s. Teil III/1, Anm. 13
18 M. MITSCHERLICH: Das Ende der Vorbilder. Vom Nutzen und Nachteil der Idealisierung. München: Piper 1978, S. 9
19 ebenda S. 11 ff.
20 S. BERNFELD: Die Psychoanalyse in der deutschen Jugendgewegung. Imago 5, 1917, S. 283 – 289
21 TH. GEIGER, s. Teil I/1, Anm. 2
22 R. DÖBERT/ G. NUNNER-WINKLER: Adoleszenzkrise und Identitätsbildung. Frankfurt: Suhrkamp 1975, S. 58 ff.
23 H. MAU: s. Teil III/1, Anm. 15, S. 136 ff.
24 U. AUFMUTH: Die deutsche Wandervogelbewegung unter soziologischem Aspekt. Göttingen: Vandenhoeck/Ruprecht 1979
25 O. NEULOH/ W. ZILIUS: Die Wandervögel. Eine empirisch-soziologische Untersuchung. Göttingen: Vandenhoeck/Ruprecht 1982

26 H. GIESECKE: Vom Wandervogel bis zur Hitlerjugend. München: Juventa 1981, S. 84
27 L. LIEGLE: Familie und Kollektiv im Kibbutz. Weinheim: Beltz 1977
28 B. BETTELHEIM: Die Kinder der Zukunft. Wien: Molden 1971
29 G. HEINSOHN (Hg.): Das Kibbutz-Modell. Frankfurt: Suhrkamp 1982
30 H. MAU: s. Teil III/1, Anm. 15
31 H. PLEßNER: Grenzen der Gemeinschaft. Eine Kritik des sozialen Radikalismus. Bonn: Cohen 1924
W. KINDT (HG.): – Bd. 1: Die Wandervogelzeit. Quellenschriften der deutschen Jugendbewegung.
– Bd. 2: Die deutsche Jugendbewegung 1920 – 1933. Beide Bände erschienen in Düsseldorf/Köln: Diederich 1968 (Bd. 1) und 1974 (Bd. 2)
T. KOEBNER/ R.-P. JANZ/F. TROMMLER (Hg.): Mit uns zieht die neue Zeit. Der Mythos Jugend. Frankfurt: Suhrkamp 1985
W. LAQUEUR: Die deutsche Jugendbewegung. Köln: Verlag Wissenschaft und Politik 1978

2. Kapitel

1 A. MITSCHERLICH: Massenpsychologie und Ich-Analyse. Ein Lebensalter später. In: Psyche 31, 1977, S. 516–539
2 M. WEBER: Politik als Beruf. In: Gesammelte politische Schriften. München 1921.
3 N. ELIAS: Über den Prozeß der Zivilisation. Bd. 1 u. 2 Suhrkamp Taschenbuch Wissenschaft 158, 159 (1976)
M. WEBER: Soziologie. Weltgeschichtliche Analysen. Politik. Stuttgart: Alfred Kröner Verlag 1956
BUNDESMINISTERIUM DES INNERN: Analysen zum Terrorismus. Wendekreis Verlag 1981–1982.

VIERTER TEIL

1. Kapitel

1 I. KANT: Kritik der Urteilskraft. §87
2 J. HABERMAS: Legitimationsprobleme im Spätkapitalismus. Frankfurt 1965
3 F. NIETZSCHE: Nietzsches Werke. Hrsg. v. Nietzsches Archiv, Leipzig 1894–1912, Bd. XV
4 ebenda, Bd. XII
5 ebenda, Bd. VI
6 R. REININGER: Friedrich Nietzsches Kampf um den Sinn des Lebens. Der Ertrag der Philosophie für die Ethik. Wien 1925
7 H. ARENDT: a) Über die Revolution. München/Zürich 1965
b) Vita activa oder vom tätigen Leben. München/Zürich 1985
O. HÖFFE: Einführung in die utilitaristische Ethik: Klassische und zeitgenössische Texte. München 1975
H. KÜNG: Existiert Gott? Antworten auf die Gottesfrage der Neuzeit. München: Piper 1978
H. LÜBBE: Religion nach der Aufklärung. Graz: Styria 1986

2. Kapitel

STEPHAN W. HAWKING: Eine kurze Geschichte der Zeit. Die Suche nach der Urkraft des Universums. Rowohlt 1988

ANHANG

1. Kapitel

1 M. SCHLICK: Der Sinn des Lebens. In: Symposium I, S. 331 ff.
2 S. FREUD: Briefe, 1873–1939. Frankfurt: Fischer 1960, S. 452

3 C.G. JUNG: Die Beziehungen der Psychotherapie zur Seelsorge. Zürich: Rascher 1932
4 V.E. FRANKL: Ärztliche Seelsorge. Wien: Deuticke 1946
5 L. BOLTERAUER: Lust und Unlust als Motivationsfaktoren im Entscheidungsgeschehen. In: Psyche 23, 1969, S. 641–665
6 S. FREUD: Das Unbehagen in der Kultur. In: Ges. Werke Bd. 14, London: Imago 1948, S. 433
7 ebenda, S. 434
8 Unter dem Gesichtspunkt, daß die Menschen ihre „Paradies"- und „Garten-Eden"-Vorstellungen im Kontrast zu den Versagungen der eigenen Lebenslage entwickeln, schrieb A. HAHN eine gehaltvolle Studie: Soziologie der Paradiesvorstellungen. Trier: Neu 1977
9 H.F. STEINER: Marxisten – Leninisten über den Sinn des Lebens. Essen: Driewer 1970, S. 309–363
10 In instruktiver Weise berichtet Menninger darüber, „welcher Mittel sich der Mensch bedient, um unter für ihn widrigen Lebensumständen sein „Lebensgleichgewicht" aufrechtzuerhalten, angefangen von den „Bewältigungsweisen des Alltagslebens" über die psychopathologischen „Funktions"- und „Kontroll"-Störungen bis hin zum totalen „Kontrollverlust", der „Selbstzerstörung". (K.A. MENNINGER: Das Leben als Balance. München: Piper 1965)
11 Meines Wissens überdachte die Möglichkeiten, den Unlusterlebnissen einen „Sinn" zu geben, innerhalb der Psychoanalyse zum ersten Mal S. FERENCZI: Das Problem der Unlustbejahung. In: S. FERENCZI: Bausteine der Psychoanalyse. Bd. 1, Leipzig: Intern. Psa. Verl. 1927, S. 84–101
12 s. Teil IV/1, Anm. 2, S. 450
13 S. FREUD: Aus den Anfängen der Psychoanalyse. Briefe an Wilhelm Fließ. Abhandlungen und Notizen aus den Jahren 1887–1902. Frankfurt: Fischer 1950, S. 125
14 K. LORENZ: Das sogenannte Böse. Wien: Dr. G. Borotha-Schoeler Verlag 1963
H. GOLLWITZER: Krummes Holz – aufrechter Gang.

Zur Frage nach dem Sinn des Lebens. München: Kaiser 1970

E. RINGEL: Der Selbstmord. Abschluß einer krankhaften Entwicklung. Wien/Düsseldorf: Maudrich 1953

2. Kapitel

1 V.E. FRANKL: Ärztliche Seelsorge. Wien: Deuticke 1946

2 Die Termini „extrinsisch" und „intrinsisch" stammen vom Soziologen H. HYMAN (The values systems of different classes. In: R. BENDIX/S.M. LIPSET (Hg.): Class, status and power. Glencoe: The Free Pr. 1953, S. 426–442).

A. WHEELIS' Termini „instrumentelle" und „institutionelle" Werte bedeuten das gleiche (Wer wir sind und was uns bleibt. Der Mensch von gestern in der Welt von morgen. München: Sczesny 1958, S. 203 ff.). Als erster dürfte auf diesen Unterschied der Bewertungsweisen M. WEBER mit seinen Termini „zweckrationales" und „wertrationales" Handeln aufmerksam gemacht haben (Wirtschaft und Gesellschaft. Tübingen: Mohr 1956, S. 12). Die Eigenart der intrinsischen „moralischen" Werte beleuchtet H. HARTMANN (Psychoanalyse und moralische Werte. Stuttgart: Klett 1960).

NACHWORT

1 C.F. v. WEIZSÄCKER: Die Zeit drängt. München/Wien: Hanser Verlag 1986

Drucknachweise

Zweiter Teil, 1. Kapitel: „Der originäre und der induzierte Fanatismus" ist die erweiterte Fassung eines vor dem 17. Kongreß der Internationalen Psychoanalytischen Vereinigung (Amsterdam, 1951) unter dem Titel „Beiträge zur Psychologie des Fanatismus" gehaltenen Referats (auszugsweise in englischer Sprache im Kongreßbericht veröffentlicht; deutsch erschienen in „Gelebte Pädagogik", hg. v. Kapfhammer u. a., Graz 1974). Veröffentlicht in „Psyche", XXIX. Jahrgang, 4. Heft, 1975.
Dritter Teil, 1. Kapitel: „Lebenssinngebung durch begeisternde Gruppenideale. Aufgezeigt am Gemeinschaftsexperiment der ersten deutschen Jugendbewegung. Eine psychohistorische Studie" – Erweiterte Fassung eines in der Wiener Psychoanalytischen Vereinigung am 5. Juni 1984 gehaltenen Vortrages.
Vierter Teil, 1. Kapitel: „Das Ringen der neuzeitlichen Philosophie um den Sinn des Lebens" – Erweiterte Fassung eines Vortrags, gehalten beim Internationalen Wittgenstein-Symposium, Kirchberg 1985
Anhang, 1. Kapitel: „Über das Lebenssinnbedürfnis und die sinngebenden Werte des Lebens" – Erweiterte Fassung eines veröffentlichten Beitrages zur Festschrift für A. Mitscherlich zum 70. Geburtstag, betitelt: Provokation und Toleranz. Hrsg. v. S. Drews u. a., Frankfurt: Suhrkamp 1978, S. 152–184.

Bibliographie

Mitarbeit in:
EISLER: „Wörterbuch der philosophischen Begriffe". Band II und III, (Hrsg. v. K. von Roretz) 1926–1928
BOLTERAUER, L.: Die Gegenstandstheorie und Erkenntnislehre A. v. Meinongs (1853–1920), Dissertation unveröffentl. 1928
BOLTERAUER, L. und HAAGER, M.: Fest- und Tanzmusik aus Österreich, 1929
BOLTERAUER, L.: Die Schwierigkeiten der Jugendbewegten beim Eintritt in den Beruf, „Neuland" 9/Folge 5, S. 97–101, 1932
BOLTERAUER, L.: Über die Wirklichkeit des Geistigen, „Neuland" 10/Folge 1, S. 1–9, 1933
BOLTERAUER, L. und HAUSER, R.: Logik und Anfangsgründe der Philosophie, 1937
BOLTERAUER, L.: Woher? Wohin? Wozu? Antworten der Philosophie auf die großen Daseinsfragen der Menschheit, Herder, 1937
BOLTERAUER, L.: Philosophie als Religionsersatz, in: K. Rudolf (Hrsg.): Aus christlichem Denken in der Neuheit der Tage, Pfliegler-Festschrift, S. 113–143, Freiburg, Wien, 1941
BOLTERAUER, L.: Denkpsychologische Untersuchungen an Hirnverletzten, unveröffentl. Habilitationsschrift, 1946
BOLTERAUER, L.: Über die sogenannte Spaltungsfähigkeit des Bewußtseins, Wiener Zeitschr. für Philosophie, Psychologie und Pädagogik, Bd. I, Heft 2, S. 127–139, 1947
BOLTERAUER, L.: La régression de la criminalité juvénile de guerre et d'après-guerre lors du retour à des conditions de vie plus normales, Revue internationale de l'enfant, Vol. XI, Nr. 2–3, 1947
BOLTERAUER, L.: Psychologie der Erzieherpersönlichkeit, Erziehung und Unterricht, Heft I–II, S. 591–608, 1948
BOLTERAUER, L.: Das Pfadfindertum, eine Erziehungsgemeinschaft, Österreichischer Bundesverlag, 1955

BOLTERAUER, L.: Der seelische Bezug des Kindes zu Familie und Gesellschaft. Aus „Jugend und Not" Bd. 6 Schriften zur Volksbildung. Herausgegeben vom Bundesministerium für Unterricht Wien, Österreichischer Bundesverlag, 1958

BOLTERAUER, L.: August Aichhorns pädagogische Errungenschaften, eine Würdigung aus Anlaß der 10. Wiederkehr seines Todestages, Erziehung und Unterricht, Heft IV, S. 3–7, 1960

BOLTERAUER, L.: War August Aichhorn ein Vertreter der antiautoritären Erziehung? Sammelband anläßlich des 25. Todesjahres A. Aichhorns, S. 649–656

BOLTERAUER, L. und HAIDER, M.: Parzivalkinder, in: Aus der Werkstatt des Erziehungsberaters, Jugend und Volk, S. 151–174, 1960

BOLTERAUER, L.: Lust und Unlust als Motivationsfaktoren im Entscheidungsgeschehen, Psyche 23, S. 642–665, 1969

BOLTERAUER, L.: Der Fanatismus, Psyche 29, S. 287–315, 1975

BOLTERAUER, L.: Zur tiefenpsychologischen Fanatismusforschung, Zeitgeschichte 3, Nr. 7, S. 203–215, 1976

BOLTERAUER, L.: Über das Lebenssinnbedürfnis, in A. Mitscherlich zum 70. Geburtstag, „Provokation und Toleranz" Suhrkamp, 1978

BOLTERAUER, L.: Die narzißtisch gestörte Persönlichkeit im psychoanalytischen Aspekt von H. Kohut und im individualpsychologischen Aspekt von H. Künkel, Zeitschrift für Individualpsychologie, 7. Jahrg., S. 76–142, 1982

BOLTERAUER, L.: Philosophie als Religionsersatz – Wesen und Schicksal der neuzeitlichen Gnosis. In: „Die Aufgaben der Philosophie in der Gegenwart", Akten des 10. internationalen Wittgenstein Symposions, 8.–25. August 1985, Kirchberg a. Wechse (Österreich), Schriftenreihe der Wittgensteingesellschaft Bd 12/1

BOLTERAUER, L.: Eine Replik zu Freuds Studie über den Determinismus. SIGMUND FREUD House BULLETIN VOL 10/Special Issue, 1986